·福建省哲学社会科学规划项目成果（FJ2018B017）

·国家社会科学基金项目阶段性成果（19BGL172）

·福建省"双一流"建设公共管理高原学科建设项目成果（122-712018020）

·福建农林大学科技创新专项基金项目成果（CXZX2016199）

Fujian Agriculture and Forestry University
Public Administration Research Series
福建农林大学公共管理研究丛书

村民行为与城中村集体产权重构研究

黄静晗　著

厦门大学出版社　国家一级出版社
XIAMEN UNIVERSITY PRESS　全国百佳图书出版单位

图书在版编目(CIP)数据

村民行为与城中村集体产权重构研究/黄静晗著.—厦门:厦门大学出版社,
2020.12
ISBN 978-7-5615-7584-0

Ⅰ.①村… Ⅱ.①黄… Ⅲ.①产权—经济体制改革—研究—中国 Ⅳ.①F121

中国版本图书馆 CIP 数据核字(2020)第 252987 号

出 版 人 郑文礼
责任编辑 江珏玙

出版发行 厦门大学出版社
社 址 厦门市软件园二期望海路 39 号
邮政编码 361008
总 机 0592-2181111 0592-2181406(传真)
营销中心 0592-2184458 0592-2181365
网 址 http://www.xmupress.com
邮 箱 xmup@xmupress.com
印 刷 厦门兴立通印刷设计有限公司

开本 720 mm×1 000 mm 1/16
印张 17.75
插页 2
字数 300 千字
版次 2020 年 12 月第 1 版
印次 2020 年 12 月第 1 次印刷
定价 58.00 元

厦门大学出版社
微信二维码

厦门大学出版社
微博二维码

本书如有印装质量问题请直接寄承印厂调换

总　序

党的十九届四中全会将"坚持和完善中国特色社会主义制度、推进国家治理体系和治理能力现代化"列为全党的一项重大战略任务。这为中国公共管理学科的发展提供了新的历史性机遇,也对公共管理理论研究和实践总结提出了新的期待与要求。作为国家治理体系的重要组成部分,有效的乡村治理体系是乡村振兴的重要保障。在加快推进乡村治理体系和治理能力现代化的过程中,党和政府提出一系列新理念新思想新战略,乡村发展也面临重大理论与实践新问题,并将产生大量公共管理实践新经验,亟待农林院校公共管理学科的参与解释、总结和探索。

公共管理是一门综合性与应用性很强的交叉学科。在新时代背景下,福建农林大学公共管理学科建设,既要符合主流公共管理学的话语、理论和学科的建构要求,也要立足地方院校的现实基础,更要突显农林背景的行业特色,稳扎"三农"问题研究"主战场",从中国乡村振兴实践创新提炼、全球乡村治理趋势应对和多学科融合发展等维度,探讨公共管理学科在特定区域和具体领域的创新发展路径,以有效回应新时代农业农村发展的重大需求,更好地应对乡村社会转型和城乡融合发展趋势,为区域乡村振兴提供强有力的智力支持。

经过近二十年发展,福建农林大学公共管理学科取得了长足的进步,先后被评为福建省重点学科、福建省高原学科,当前正朝着农林特色鲜明,在全国同类院校、省内同类学科中位居先进水平的目标方向而努力。

我们以"顶天立地"为研究取向,努力把握公共管理学科前沿问题和乡村发展趋势,同时面向区域农业农村发展现实需求,并根据本学院的学科基础以及教师研究专长,精心组织"公共管理"研究丛书选题,涵盖农村经济、社会、政治、文化和生态等领域的治理问题。为确保研究成果的时效性,以及内容观点的深入可靠,本丛书根据研究进度分期分批出版。第一批付梓出版《农民工回乡建房及其福利效应》《中国农村土地制度变革的法理检视与调适策略》《乡村振兴法治保障研究》《台湾海峡海洋环境保护两岸合作法律机制研究》《林业专业合作社利益分配研究——以福建省为例》《中国渔业组织演化、效率及发展对策研究》等,后续选题著作也将在近期一一出版。

在研究过程中,我们广泛采用公共管理及其他学科的研究工具和方法,以期与同行学界沟通对话,并立足农林高校特色和优势,试图推动乡村治理研究范式、理论建构和实践创新,以乡村治理研究成果丰富中国特色公共管理学科的内涵。我们秉承"把论文写在田间地头"的理念,直面乡村治理新场景、新实践、新问题,并在农村实际场域中校正研究视角和价值取向。我们不仅开发利用了国家农业农村部"农村固定观察点"积累三十多年的面板数据,还组织师生深入农村一线,持续开展实地调查和入户访谈;既如实反映农村实际和农民呼声,也客观评价政策的实施效果,并提出了一系列有针对性的对策建议,希望助力乡村治理体系和治理能力现代化,为实施乡村振兴战略贡献我们的智慧。

郑逸芳

2019 年 11 月

序　言

　　21 世纪以来,农村土地制度安排及其引发的各种矛盾,一直是中国甚至海外高度关注的热点问题。因为,当以美国"IT 泡沫"崩溃为主的新经济危机和以"9·11"事件为代表的政治危机同步于 2001 年爆发之际,恰好中国正式加入了 WTO(世界贸易组织)。于是,遭遇危机打击的美国及西方产业资本大量向发展中国家转移,基础设施建设最好的中国,自然是承接外资涌入的规模最大的国家,这不仅带动了中国 2002 年的经济复苏,而且使中国成为 2003年"全球 FDI(外商投资)排名第一",由此陡然促成了中国 21 世纪之初的经济高涨。

　　几乎同时期,各地为竞争吸引产业资本而大规模征占农村土地,引发大量对抗性冲突,群体性治安事件年增上万起！一方面使中央三令五申实行"严格的耕地保护、严肃查处土地违规违法事件、严厉处置在土地征用中发生的腐败案件";另一方面,被称为"农村集体产权制度改革"的一场以土地为中心的城乡接合部的财产制度重新安排的风潮,也在大城市郊区和发达的沿海地区普遍发生。

　　本书所讨论的城中村土地和集体产权制度问题,虽然自从 1995 年确立加快城市化战略以来就是问题,但成为迫在眉睫必须解决的问题,却是随着 21世纪全球化八面来风的新时代而演化的⋯⋯

　　农村产权制度改革是实施乡村振兴战略、推进城乡融合发展的一项重要改革,是完善农村基本经营制度的一件大事,习近平总书记指出改革"对推动农村发展、完善农村治理、保障农民权益,对探索形成农村集体经济新的实现形式和运行机制,都具有十分重要的意义"。

以"村民持股"为特点的农村集体产权制度改革,最早在全面推进家庭承包制的 1984 年发端于山东省淄博市周村区近郊的长行村。

据我当年做的调查,长行村早在 1970 年代已经兴办了社队企业,形成的机器设备厂房等资产都属于不可拆分的实物资产。1984 年上级要求分配集体资产到户的压力较大,后经全体村民开大会同意,村办工业实物资产不分,但按清产核资的价值量对参加集体劳动的社员做股到户,并且配有管理干部任职期间可以分享的贡献股、外来投资人不参与本村劳动得到的优先股等多元股权设置。接续这个股份制改革的研究,我还参与了 1990 年代对乡镇企业股份化改革之后的股权"直接融资"试点。①

1990 年代初期,农村经济遭遇"融资难"的瓶颈约束,很多企业资产负债率接近 100%。此时,这种实物资产价值化做股的改革风行于广东珠三角集体工业比较发达、负债也较高的"四小虎(包括南海、顺德、中山、佛山)"地区。② 早在 1997 年广东省委既已正式发文,在全省推进"以土地为中心的社区股份合作制"。此后,江苏等省也发文促进乡镇集体企业的产权改革。

据此可知,早期农村产权股份化改革化解的是集体财产从实物形态向价值形态转化;首先是在 1980 年代东部沿海地区的工业化程度较高、厂房设备等实物资产难以拆分的城中村或城郊村率先发轫,并逐渐扩展到全国其他类型的村庄。也就是说,二三十年过去了,各级政策部门虽然不断强调"制度创新",但免不了"今天的你我还在重复昨天的故事……"

值得关注的是,乡镇企业大面积股份化改制之后,村级集体经济组织一般都"退出"了实体产业的直接经营领域,改为对占用集体建设用地和厂房设备的私人企业家收租,在做了"必要扣除(例如村内基本建设和公共福利)"之后,再用于对所有村民股东做分配。

---

① 我把这个农村股改第一村作为案例写入《中国农村基本经营制度研究》,中国经济出版社 2001 年第一版,后来 2010 年再版时更名为《三农问题与制度变迁》。

② 有关经验研究也可以查阅我的上述著作。

更值得关注的是：当年推行股改的时候，越是简单化地以在村户籍为根据一次性平均做股到人，从此"生不增死不减"的村集体，后来发生的股权纠纷越多；凡属于股权设置多元化并且村集体依据人口和财产关系变化实行"三年一调整"的村集体，往往有矛盾也能内部化处置。

2016年中共中央国务院发布《关于稳步推进农村集体产权制度改革的意见》，要求力争用5年左右时间在全国范围基本完成经营性资产股份合作制改革。党的十九届四中全会又明确了"深化农村集体产权制度改革，发展农村集体经济"的时代任务，2019年中央1号文件对全面推开农村集体产权制度改革作出了"以三变改革重构新型集体经济"的具体部署，推进产权改革的步伐不断加快。

农村集体产权制度改革是一项异常复杂的全局性、系统性改革。改革的进程非常曲折，长期以来处于局部地区的村社自发改革探索的诱致性制度变迁状态，2016年中央意见出台标志着改革制度的顶层设计已经形成，改革进入了强制性制度变迁的新阶段。

但是，随着"两山思想"指导下的生态文明战略的深入贯彻，大量外部投资进入乡村圈占空间生态资源，一方面构成对"山水田林湖草"综合规划、系统开发的压力；另一方面，生态资源本身具有"非标化"和"结构性黏连"的特点，各地如果不能先在村内完成非标资源的初次定价，而是直接与外部投资对接，往往不利于保护集体收益；可现实中很多基层的干部群众对如何推进生态资源价值化内部定价缺乏经验。由此可见，把中央的要求贯彻落实到各地，特别是全面落实到村社基层仍然艰巨。

体现"空间正义"为内涵的、兼顾公平与效率的村社集体产权的重新界定，是一个权利与利益重新分配与平衡的政治过程。这，也是中央在确立乡村振兴战略时强调"正确的政治方向"的原因。以往教训表明，在差异化的制度环境下往往引发多元行为主体的冲突与博弈，产生高额交易成本。为此，推进改革亟须深入探索多元行为主体冲突与博弈背后的制度性因素，重视行动者在制度变迁中的作用，提出尊重村社和村民的偏好与制度需求的制度设计，找到行动者之间力量平衡的合约安排。

本书正是聚焦改革的行动者寻找对改革的解释,作者从行动者视角展开对城中村集体产权制度改革的整体考察和典型村社改革案例的动态解析,展现了在城中村二元结构场域中村民的制度选择行动以及多元主体力量彼此互构的真实图景,讨论了集体产权重构过程中村民的制度选择逻辑以及行动者主体性对制度再生产的影响,研究切入的视角恰适,得出的结论有价值。

本书的重要特点是理论联系实际。作者的研究来源于长期的跟踪调查和改革试点实践探索,其研究团队对东南沿海特别是福建城中村集体产权制度改革进行了长期调查研究,并在厦门、福州开展城中村集体产权制度改革试点的方案设计和跟踪研究。通过对田野历时性和纵深度的比较探索,掌握了具体而翔实的材料,从丰富经验中去理解和把握村社社会和改革逻辑,增强了本书对改革更普遍的解释能力和更广泛的对话能力。

可以说,本书在主体行动与制度建构关系上丰富了对农村集体产权制度改革的研究,拓展了研究的深度。作者对城中村集体产权制度改革治理经验和行为逻辑的讨论与总结,对推进广大农村地区集体产权制度改革具有借鉴意义。

此书付梓之际,我们在祝贺之余,特别期待作者对农村集体产权制度改革进行更持续深入的研究,取得更有价值的研究成果。

2020 年 8 月 31 日

摘　要

2016 年中共中央、国务院发布《关于稳步推进农村集体产权制度改革的意见》，吹响了农村集体产权制度改革在全国范围内全面推进的号角。这是牵动我国改革全局的一次重大制度创新，对探索农村集体经济有效实现形式和新的运行机制、完善农村治理、保障农民权益、推动城乡融合发展具有重大意义。

早在 20 世纪 80 年代，我国东部沿海地区的部分村庄已经自发开展集体产权制度改革探索，城中村是改革的先行和主要区域。三十多年的城中村集体产权制度改革探索取得了明显成效，但由于利益重新分配引发的行为主体矛盾尖锐、政策供给不足，改革整体推进艰难。产权制度是对人与物、人与人的关系进行限制或赋权的社会关系，要真正理解产权制度安排及其变迁，不能忽略行动者因素在产权建构、制度变迁过程中的作用。村民作为集体产权实践的主体，在利益攸关的集体产权重构过程中扮演什么角色？做出什么样的制度选择？因何做出这样的选择？村民等主体的行动与互动如何建构出新的产权关系等等问题，都有待深入研究和回答。因此，本书以城中村为观察场域，剖析农村集体产权重构过程中的村民行为，在城乡二元的社会关系网络和多样化产权实践中去认识和理解制度变迁中的主体行为，寻找村民在产权重构实践中进行制度选择的逻辑，以及行动者因素对集体产权制度再生产的影响和作用，在此基础上提出推进农村集体产权制度改革的建议。全书的结构与主要内容如下：

第一章导论，提出研究问题，介绍研究的缘起与背景、研究意义、研究回顾、研究目标内容与方法、研究特色与创新。

第二章构建理论分析框架，界定核心概念，寻求制度变迁理论、产权理论、场域理论、公共选择与自主治理等相关理论对本研究问题的解释与指导，构建全书的理论分析框架。

第三章描述改革发生的场域与制度背景，讨论城中村的形成与演变，城中村集体产权制度改革的缘起与演进、成效与困境。

第四章分析城中村集体产权制度改革的主要利益主体，讨论中央与地方政府、村社组织、村民等行为主体的动机、目标与行动，分析集体产权制度变迁过程中村民角色、地位的演化历程及作用，用动态博弈模型讨论村民与政府围绕改革展开的利益博弈，分析村民内部基于不同的利益目标产生的群体分化。

第五章到第七章讨论集体产权重构过程中的村民行为，围绕集体资产量化、集体经济组织重构和集体经济发展等集体产权制度改革的主要内容与关键环节，分析从外部利润出现到打破原有的制度均衡、重新界定产权的过程中，普通村民与村社精英的利益目标、实施策略、冲突与博弈，探讨改革的制度安排如何形成。基于对福州市 C 区城中村的问卷调查数据，采用二元 logistic 回归模型对村民集体产权制度改革意愿及影响因素进行实证分析。

第八章建构出村民制度选择行为的结构模型，讨论城中村村民在产权重构实践中进行制度选择的逻辑，以及村民行为对集体产权制度再生产的影响。

第九章结论与推进农村集体产权制度改革的政策建议。

研究得出以下主要结论：

（1）在资源要素相对价格变化的作用下，城中村集体产权制度矛盾激化，外部利润催生了村民等利益主体的共同集体行动，突破了制度的阈值，城中村成为国内最早进行农村集体产权制度改革的场域，改革主要表现为自下而上村民自发的诱致性制度变迁，在制度安排上多采取股份合作制的形式。改革在部分地区获得适应性效率的同时，也长期被锁定在低速度、不均衡、低水平的发展状态，利益冲突引发的摩擦成本过高，制度供给不足，共同制约着集体产权制度改革推进的效率与效果。

（2）集体产权制度的重构是行为主体之间力量博弈与竞争的过程。村民是改革中最主要的利益主体和初级行为主体，是村社集体产权制度变迁的发起者、制度方案的设计者和决策者。但村民并非抽象、均质的整体，普通村民与村社干部、"村内人"与"村外人"基于差异化的利益目标围绕权利分享与利益分配形成各自的行为策略与冲突关系。

（3）个人现期收益最大化是村民行为的动机和目标，他们从理性计算出发，在产权重构过程中进行群体与群体、个体与个体之间的利益冲撞与较量，灵活援引、应用或排除各种正式与非正式规范，试图建构对自己最为有利的集体资产分配结构。村社精英在制度变迁过程中占据关键位置、行使支配权力，基于对改革成本收益、贴现率的不同评价做出改革的选择,村社精英改革成本主要包括决策与组织成本、直接和间接个人经济成本、阻滞成本,收益由物质收益和声誉、信任等精神收益组成。

（4）村民还未形成对集体产权制度改革的一致认识与强烈意愿,村民的改革意愿主要受到村民个体和家庭特征、收益预期、改革认知和村庄信任等因素的影响。村民的受教育程度、征地后家庭收入主要来源、对改革后集体资产收益预期、对集体资产所有权归属的认知、是否关心村集体经济运作、是否信任村社干部等变量对村民的改革意愿产生显著影响。

（5）村民在产权重构实践中进行制度选择的逻辑主要有:①利益是村民评估是否支持改革以及如何改革的核心变量。②村民的行为受到村社共同认同的价值与规范的影响,为村社社会规则所约束。③改革制度供给非均衡造成制度的空白与张力,留出了利益主体冲突与斗争的空间。④正当性的程序与良性的结果之间具有很高的相关性,公开透明的制度设计机制和改革程序能够增强村民的改革意愿。⑤股份合作制的产权残缺留下结构性冲突的隐患,随着利益主体力量的此消彼长,村民试图推动再分配的冲突和斗争将不断产生。

（6）行动者对制度再生产的影响表现如下:①集体产权制度重构是村民个体理性、村社理性、政府理性博弈与统合的结果。②村社精英是制度变迁过程中处于决策地位的制度企业家,决定了改革的方向和内容。③普通村民形成集体行动的力量通过影响制度的交易费用与生产效率实际影响制度变迁的绩效。④制度变迁是关键行动者主导下对制度的重新定义,是当时当下主要行为主体力量博弈的结果,以及不同制度规范权衡取舍后的混合,这就形成了不同村社之间制度方案的差异性。

目　录

第一章　导论 ……………………………………………………………………… 1

　第一节　研究背景与意义 …………………………………………………… 1

　第二节　文献综述 …………………………………………………………… 5

　第三节　研究目标、内容与方法 …………………………………………… 27

　第四节　研究的贡献与不足 ………………………………………………… 30

第二章　理论分析框架 ………………………………………………………… 32

　第一节　概念界定 …………………………………………………………… 32

　第二节　理论基础 …………………………………………………………… 38

　第三节　研究分析框架 ……………………………………………………… 51

第三章　城中村集体产权制度改革的发展与困境 ………………………… 53

　第一节　城中村的形成与演变 ……………………………………………… 53

　第二节　城中村集体产权制度改革的缘起与演进 ……………………… 57

　第三节　城中村集体产权制度改革的成效与困境 ……………………… 74

　本章小结 ……………………………………………………………………… 78

第四章　集体产权重构过程中利益主体的博弈与分化 …………………… 79

　第一节　利益主体识别 ……………………………………………………… 79

　第二节　村民在制度变迁中的地位与作用 ……………………………… 88

　第三节　村民与外部利益主体的动态博弈 ……………………………… 91

　第四节　村民群体的内部分化 ……………………………………………… 94

　本章小结 ……………………………………………………………………… 97

第五章　集体产权重构过程中的普通村民行为 …………………………… 99

　第一节　资产量化过程的决策与选择 ……………………………………… 99

　第二节　组织重建和集体经济发展的决策和选择 ……………………… 112

第三节　个案呈现与思考 …………………………………………… 115

本章小结 ……………………………………………………………… 118

第六章　集体产权重构过程中的村社精英行为 …………………… 119

第一节　村社精英的角色 …………………………………………… 119

第二节　改革中的决策与选择 ……………………………………… 122

第三节　村社精英改革的成本与收益分析 ………………………… 136

本章小结 ……………………………………………………………… 140

第七章　村民行为意愿及影响因素分析 …………………………… 141

第一节　研究假设 …………………………………………………… 141

第二节　数据来源与样本特征 ……………………………………… 145

第三节　样本数据的描述性统计分析 ……………………………… 147

第四节　村民改革意愿影响因素的回归分析 ……………………… 151

本章小结 ……………………………………………………………… 158

第八章　村民行为的结构与制度再生产的逻辑 …………………… 160

第一节　村民行为的结构 …………………………………………… 160

第二节　村民行为的机理 …………………………………………… 165

第三节　制度再生产的逻辑 ………………………………………… 170

第九章　结论与建议 ………………………………………………… 174

第一节　研究结论 …………………………………………………… 174

第二节　政策建议 …………………………………………………… 177

参考文献 …………………………………………………………………… 182

附录一　调查问卷 ……………………………………………………… 205

附录二　中央与地方改革文件 ………………………………………… 210

中共中央　国务院关于稳步推进农村集体产权制度改革的意见 ……… 210

积极发展农民股份合作赋予农民对集体资产股份权能改革试点

方案 …………………………………………………………………… 217

农业部关于稳步推进农村集体经济组织产权制度改革试点的指导

意见 …………………………………………………………………… 222

中共福建省委　福建省人民政府印发《关于稳步推进农村集体产权制度

改革的实施意见》的通知 ………………………………………… 227

厦门市关于加快推进农村集体资产改制发展社区股份合作经济的
　　指导意见 ··· 235
中共福州市委　福州市人民政府关于稳步推进农村集体产权制度
　　改革的实施意见 ·· 239
福州市仓山区人民政府关于印发《福州市仓山区农村集体经济组织
　　成员身份界定指导意见》的通知 ······················· 247
附录三　城中村集体经济股份合作组织章程 ················· 253
　M 股份经济合作社章程 ·· 253
　Y 股份制经济合作社章程 ··· 260
后　记 ··· 266

第一章 导论

第一节 研究背景与意义

一、研究背景

农村集体产权制度改革是实施乡村振兴战略的重要抓手,也是牵动我国改革全局的一次重大制度创新,对探索农村集体经济新的实现形式和运行机制、完善农村治理、保障农民权益、促进农村新型集体经济发展具有重大意义。2016 年 12 月,中共中央、国务院发布《关于稳步推进农村集体产权制度改革的意见》,做出了目前为止对农村集体产权制度改革最全面系统的部署,要求力争用 5 年左右时间在全国范围内基本完成农村集体经营性资产的股份合作制改革。2017 年党的十九大报告再次强调要深化农村集体产权制度改革,改革进入由点及面、在全国范围内全面推进的阶段。

秘鲁经济学家赫尔南多·索托(Hernando de Soto,2005)在《资本的秘密》一书中认为,发展中国家贫穷的重要原因是人们拥有的资产不能被纳入合法的所有权制度,缺乏将资产转化成为资本的机制,因而成为"僵化的资本"。根据我国农业农村部的统计,到 2017 年全国农村集体经济组织除土地以外的各类账面资产已达 3.1 万亿元(不含西藏),村均 555.4 万元,东部地区资产总额 2.36 万亿元,村均接近 1 000 万元,部分富裕村的集体经营性资产数以亿计[①]。但如此巨额的农村集体资产却在相当长的一段时间处于"沉睡的资本"状态。巨额的集体资产难以转化为资本的主要原因是受制于农村集体产权制度本身的缺陷。

学者们普遍认为农村集体产权制度的最大缺陷在于权利主体缺位,农村集体资产归谁所有,一直没有明确、一致的表述。模糊的产权界定导致农民个体不能成为实际拥有集体资产的行动者。单个成员的无权利状态,使得村委会、村集体经济组织等基层组织的管理者成为集体资产的直接代表,实际经营管理集体资产。而权利主体的模糊抽象性又导致对经营管理集体资产的激励和监督不足,少数管理者可以随意处置集体财产、决定集体收益的分配,集体经济组织和农民的收益权不能得到有效保障,很难合理分享经营集体资产带来的增值收益。名义上人人所有,但实际中人人不管的无主局面,导致集体资产使用和维护锁定在低效率状态。因此,迫切需要通过改革明晰产权权属,确权赋能,明确和保障农民对集体资产的合法权益和利益,为集体资产成为资本创造制度条件,实现集体资产的保值增值,在与各种要素的优化配置中获取市场实现能力,推动农村集体经济发展和农民增收。

自 20 世纪 80 年代开始,我国沿海地区的部分村庄,主要是城中村,自发开展集体产权制度改革探索。在工业化和快速城镇化的背景下,城中村受益于城乡接合部的区位优势,受到城市集聚和扩散效应的双重辐射,土地资源迅速增值,集体经济得到了前所未有的发展,集体资产价值庞大。外部利润的出现引发了城中村内外的利益冲突,产生了资源重新配置的需求,农村集体经济的产权矛盾日益尖锐。在传统的农村集体产权制度下,产权主体界定不清,权能不完整,政企不分,集体经济组织形式和经营管理体制不能适应市场经济发展的要求。由于产权虚置造成的管理与分配问题,使得外部利润在既有的制度安排结构内无法实现(戴维斯、诺思,2014a),集体产权制度改革势在必行,迫切要求通过产权制度创新消除既有制度性缺陷,创新集体经济的实现形式与分配方式,促进集体资产的保值与增值,增加村民的财产性收入,保护村民与集体经济组织的合法权益。在外部利润的刺激和农村集体产权制度内在缺

---

① 张红宇.农村产权制度要改革,也要盘活[EB/OL].2018-5-18.http://www.zgxcfx.com/m/view.php? aid=110209

陷的双重作用下,城中村具备了实施改革的充分必要条件,成为改革的先行地区,因此本研究将城中村作为研究的主要场域。

从部分城中村社区自发推动自下而上的农村集体产权制度改革变迁至今,历经三十多年的时间,改革取得了一定的成绩,但由于制度供给不足、利益主体多元化且矛盾尖锐,改革整体推进速度不快,覆盖范围有限,区域间的差异性较大,总体上被锁定在低速度、不均衡、低水平的发展状态。在集体资产量化、集体经济组织重建和集体经济发展上面临的一系列问题在理论或实践中都未得到有效解决。随着城乡一体化进程加速,当前农村集体产权制度改革已到"非常必要、非常紧迫"的情势(韩长赋,2016)。

二、问题的提出

经济学的研究视角经历了从生产到生活,再到人的演进,越来越重视对人以及人与人之间关系的研究,研究人的行为和心理,人与人行为之间的互动与影响,人与人之间的利益冲突与平衡、竞争与合作。正如斯蒂格勒(E.J.stigler,1987)强调的,经济学"分析的主要因素是人,是那些反过来受到我们分析的实践和政策影响的人"。"人及其行为"已经成为经济学研究的核心和主题。城中村集体产权制度改革围绕着利益重新分配展开,产权制度变迁中的人是制度安排的对象,受到既有制度环境的形塑和制度变迁的影响,但人所具有的主观能动性使其在利益重新分配的激励下成为行为主体,在制度变迁过程中扮演重要角色,他们的行动直接影响集体产权制度改革的效率和效果。正如布坎南、塔洛克(Buchanan & Tullock,2014)所指出的,集体或社会从来不会有真正意义上的选择行为,也不会对某种目标采取最大化努力,任何制度安排最终要由行为主体做出,个体是集体选择中的唯一真实的决策者。因此,要真正理解产权制度安排及其变迁,必须把行为主体纳入分析视野。

在集体产权制度改革过程中,不同村民群体、地方政府、中央政府是制度变迁中的行动主体,基于各自的目标函数对不同制度或习惯做情境性和权宜性的诠释和援引,改革的过程成为个体与个体、群体与群体之间冲撞、角力与妥协的过程。本书以城中村为观察场域,从微观、动态的行为主体视角观察制度的形成过程,村民在利益攸关的产权重构过程中扮演什么角色? 做出什么样的选择? 因何做出这样的制度选择? 以村民为代表的行动者因素在制度再生产中的影响和作用机制是什么？笔者试图通过对城中村集体产权重构过程中村民行为及逻辑的观察和剖析,揭示村社共同体中集体产权制度再生产的实践规则,在此基础上进一步探讨推进农村集体产权制度改革的建议。

三、研究意义

(一)理论意义

本书以制度变迁过程的产权实践主体为视角,分析行为主体在集体产权重构过程中的角色与行动,探讨村民作为主要行为主体在制度再生产过程的行为机理,以及行为主体与制度变迁之间的互动关系,并关注产权实践场域的能动性,本书的讨论有助于在产权和制度理论层面延展对农村集体产权制度改革研究的深度。

(二)实践意义

近年来国家从战略层面做出了全面推进农村集体产权制度改革的顶层设计,本书基于对三十多年以来城中村集体产权制度改革实践经验的研究,探讨既往集体产权制度改革的治理经验,基于对复杂产权实践现象背后普遍性逻辑的解释,提出合理机制和策略,对深入推进广大农村地区改革的制度变迁和路径选择有启发和借鉴意义,对于突破改革困境、降低改革成本、推进农村集体产权制度改革进程、壮大集体经济、促进乡村振兴具有实际应用价值。

同时,城中村问题是直接关系我国新型城镇化发展质量的重大课题,本书对于城中村集体产权制度改革的讨论,对于实现城中村转型发展、推动农业转移人口市民化、提高新型城镇化质量具有重要的实际应用价值。

第二节　文献综述

一、关于城中村的研究

城中村是我国工业化和城市化进程中产生的独特现象,作为一个研究对象其研究历史并不长。20 世纪八九十年代以来,随着市场经济的发展,越来越多地处城市边缘的村庄被卷入城市化的洪流中,它们既具备城市社区的一些特征,在某些方面又保留着小农村社的特质。这种"亦城亦村,亦村亦城"的城中村现象开始成为国内学者研究的热点。社会学、经济学、地理学、管理学、城市规划学等不同领域的学者们基于自己的学科背景,展现出多元化的研究视角,取得了较为丰富的研究成果。既往研究采用的研究视角主要有:

(一)社会变迁视角下的城中村研究

社会学、人类学学者主要通过田野调查等方式,对村落进行追踪研究,探索城中村的发展由来与变迁轨迹。

城中村特殊的空间、制度特点,展现与交织着城乡区域发展的冲突与矛盾,一直是社会学、人类学者密切关注的场域。自社会学家杨庆堃于 20 世纪40 年代末开始对广东"南景村"的研究之后,不少学者对这一原名为"鹭江村"的村庄展开了追踪研究,研究的内容包括该村庄的权力结构、家庭结构与家庭消费、宗族演变、社会分化及其城市化进程等(周大鸣、高崇,2001;孙庆忠,2003)。周大鸣和高崇(2001)对广州市南景村 50 年来社会变迁的历史脉络进行了深入研究,提出城中村是中国特殊土地征购政策和户籍管理政策的产物,已经成为中国城市化过程中普遍存在的一种社区类型。作者分析了南景村从一个市郊的农村变成现在的"城乡接合部社区"主要经历的三个阶段,从"都市边上的村庄"到"都市扩展中的村庄",再到"都市里的村庄"的发展历程。作为"都市里的村庄",南景村表现出了城中村的一般特征:产业结构和职业结构非农化,"食租阶层"逐渐形成,村民的生活方式和思想观念改变,经历着由乡村生活方式过渡到城市生活方式的巨变。但同时,城乡分割的二元户籍制度、土地制度,以及无序的空间形态,成为城中村彻底城市化的障碍。关注南景村变迁的还有学者孙庆忠,他从 1999 年 12 月开始对南景村进行追踪调查,记录了南景村与都市渐趋融合的变迁过程。孙庆忠(2003)将南景村作为中国乡村都市化的一种典型模式,对南景村改革开放后经济生活变迁的基本形貌进行了研究,记录了南景村乡村经济的转型、村庄股份经济的发展、村民生计方式的转换和生活方式的变迁。南景村个案中蕴含的普遍意义,使其成为珠江三角洲地区乡村都市化的代表,它的变迁轨迹也浓缩了传统农民终结的演进历程。

在村落城市化的变迁过程中,一些学者观察到发生在以城中村为典型的某些村落的单位化和再组织化现象,分析了这一变化的形成逻辑、组织结构、运作模式、存在的合理性以及走向终结的不易(王颖,1990;毛丹,2000;李培林,2004;蓝宇蕴,2005;周锐波、闫小培,2009;包路芳,2009;刘杰、向德平,2014;田毅鹏、齐苗苗,2014)。

单位原本是城市社会中公有制体制内人员的组织方式,在城市化过程中,乡村对于城市生活和基层组织格局的客观趋近和主观模仿,出现了以单位制为特征的社会体制和组织结构的变迁(毛丹,2000)。毛丹(2000)认为村落单位化形成的原因还包括单位制作为一种社会体制具有通贯性,同时乡村中存在着人民公社式的单位变体,村级组织对村办集体企业进行单位化管理,这种单位化管理向整个村落延伸,以至于整个村落社区被纳入单位化的组织过程和系统之中。李培林(2004)提出"村落单位制"是由三方面原因促成的:一是村社共同生活的社会关系网络的影响,这种深层的传统力量奠定了村落大家庭的基础框架;二是村落集体行政管理制度的制约,这是集体化的制度遗产;三是村落集体经济的分红和福利,这是"村落单位化"成为可能的物质基础。另外,进入城市的村庄像是汪洋里的孤岛,包围着它们的是体制不同的陌生世界,为共同抵御风险和外部压力,农民转为居民以后对村落社会关系网络仍然具有较大的依赖性,进一步驱动和强化了城中村的单位化取向。包路芳(2009)通过对京郊城中村的观察也得出类似结论,单位化村庄大多呈现基层组织有力、经济发展、社会稳定的局面,与许多一盘散沙似的农村相比具有更旺盛的生命力。

蓝宇蕴(2005)提出了"新都市村社共同体"这一概念,将城中村视为与传统小农村社共同体相对应、相区别的一种村社型组织,是建立在非农化经济基础之上,并在非农化过程中依赖自身的经济、权力、历史、文化和社会心理等资源进一步凝聚起来的共同体组织。她对城中村的研究更注重村落的社会层面和本土资源,揭示一个城中村生成与存在的实践逻辑。城中村作为弱势的农民(村民)走向城市社会最重要的过渡性社会空间,以城市廉租屋、流动人口聚居区的方式发挥它在城市社会中的功能,为众多流动人口进入城市提供便利之时,还以民间力量的形式,及时与必要地替代了政府提供廉租屋的功能,正是这种及时与必要的替代,城中村获得了城市条件下的生存发展空间及社区属性。

从学者的研究中可以发现,村落能够在快速城市化背景下实现再组织,集体经济发挥了关键的作用。王颖(1996)提出乡村社区的再组织化是建立在工业化基础上的,集传统家族文化、地缘关系、群体基础结构、行政组织单位、社会实体、情感归属与社会归属于一体的综合性概念,是"新集体主义"在社会意识、关系模式、组织方式上的实现。周锐波、闫小培(2009)认为在传统村落逐步瓦解的情况下,集体经济成为村落再组织的纽带,集体经济组织承担起了集体资产的经营管理职能,同时也是村落社区社会事务的管理主体;在集体经济的再组织下,传统村落成为基于共同财产关系的经济社会综合体。

从再组织村落的治理结构看,在单位制或集体自治状态下,城中村的治理组织架构由三套班子组成,经历了从行政村到股份公司的阶段变化,在行政村阶段主要是"党支部—村委会—经济组织"的组织架构,在集体资产改制之后,转变为"党支部—股份公司—居委会"的组织架构(谢志岿,2005)。在治理模式上,城中村建构了经济关联型与拟家族化相结合的权力运作模式(蓝宇蕴,2005)。在社区组织内,许多制度性与非制度性的规定往往都带有经济性的处罚与激励,几乎所有公共活动的参与以及违规违法行为都与社区经济"奖励"或"处罚"联系在一起。同时,城中村社区通过家长制的拟家族化的治理模式来进行权力运作,在社区内规范权利与义务关系以及进行资源和利益分配时,它主要依赖于长期以来形成的一种关系网络,其效力来源于对本土化知识的熟悉以及与"特殊主义人际关系结构"联系在一起的机制,具有强烈的内部封闭性和外部排斥性。

村落的变迁是一个漫长复杂的渐变过程,从乡村到都市的社会空间转换、从村民到市民的身份转变,都是一个艰难的历程。这些被卷入都市化洪流中的村落,最终将走向终结似乎是注定的宿命。学者已预示这必然不是一场轻松欢快的旅行,而是充满利益的摩擦和文化的碰撞,而且伴随着巨变的失落和超越的艰难(李培林,2004)。

(二)制度经济学视角下的城中村研究

从经济学尤其是制度经济学的视角,主要关注城中村的形成路径、演变机制与转型的制度安排等内容。学者们普遍认同城乡分割的二元制度安排是城中村形成的根源,城中村改造是既有利益的调整过程,利益重新分配产生的高额交易成本是城中村改造困难的关键原因。周新宏(2007)使用新制度经济学的制度变迁理论和产权理论分析城中村的形成路径与演变机制,认为制度和经济因素是形成城中村的根本原因。土地产权、行政管理、社会保障、计划生育等城乡二元制度安排形成了对农民的第一次制度性利益剥夺,土地征用是政府对农民的第二次制度性利益剥夺,政府和村民关于城中村违法建筑形成的博弈与抗争被作者视为是第三次利益抗争。通过对政府与村民这三次利益博弈演进过程的分析,作者提出城中村的形成是政府与村民动态利益博弈的结果,制度供求结构的失衡、制度供给的不足与过剩导致制度非均衡状态的结果集中反映在城中村这个场域中。

杨爽、周晓唯(2006)认为城中村一旦形成,就产生了路径依赖效应,既得利益集团强烈依赖于当前的制度安排,利益重新分配将产生高昂的社会成本和经济成本,使得城中村的状况陷入长期的非效率的锁定状态。作者认为地方政府是具有自我利益的集团,其推动城中村改造的强制性制度安排不是经由社会群体的博弈而产生的,往往不能兼顾各群体的利益,制度供给与制度需求之间难以实现均衡。

如何实现村落的终结?谢志岿(2005)从系统的制度安排的角度,探讨中国城市化过程中村落终结的路径。他认为村落的终结需要实现土地、行政、人口、规划、税收等多方面的制度转型,消除城乡二元分割的体制。中国的制度背景决定了中国的城市化(村落终结)是一种政府推动的制度变迁,也就是"转制型"的城市化,政府的作为和如何作为是实现村落终结的决定性因素。

同时,从制度经济学视角关注城中村的一个重要议题是发生在城中村社区的集体产权制度改革。对传统产权制度下集体经济存在的种种制度性缺陷,学者们已经进行了充分的论述,由于产权虚置导致"公地悲剧",以及特殊的委托—代理关系(傅晨,2006),造成集体资产的滥用和流失,村民作为集体资产名义所有者的权益受到严重侵害,引发社区内的矛盾与冲突。在工业化和快速城镇化背景下,城中村的土地迅速增值,集体资产空前膨胀,如何实现集体资产的保值增值? 如何分配丰厚的集体资产收益? 当制度的因素造成潜在的外部利润无法在现有的制度安排结构内实现,引发制度变迁的诱因就已出现(戴维斯、诺思,2014a)。在城中村集体资产管理体制下,管理、分配上的问题使得外部性带来的外部利润无法让村庄内的成员合理分享,制度变迁势在必行。傅晨(2006)认为,农村传统集体财产制度缺陷是集体产权制度改革的深厚根源和必要条件,强大的集体经济和凸显的外部利润成为改革的催化剂,解释了为什么农村集体产权制度改革为什么首先从城中村开始,到目前为止主要发生在城中村。

(三)空间生产视角下的城中村研究

列斐伏尔(Henri Lefebvre)的空间生产理论认为,空间是社会的产物,空间即社会,社会即空间,空间中弥漫着各种意识形态和复杂的社会关系,空间生产是生产关系的再生产,空间差异源于社会结构的不平衡(王志弘,2009)。学者认为空间生产理论注重空间的历史性和历史过程,很适合作为城中村研究的元理论,成为城中村研究的一种新理论视角(张京祥,胡毅,孙东琪,2014)。

城市地理、经济地理、城市规划等领域的学者们从空间生产的理论视角,研究城中村的形成演变与结构转型,把城中村视为工业化和快速城镇化背景下产生的特殊空间形态,纳入城市空间结构转型、社会关系重组和社会秩序建构的分析框架中。张京祥等(2014)分析了城中村空间生产的历史性变迁、社会关系的再生产和制造的新空间,提出城中村的变迁本质上是城中村的社会空间再生产过程,在这个过程中形成了对人群的分层和环境的差异性制造,改变了村民的社会生活和生产关系。人为制造的新空间的生成,意味着新的生产关系和社会结构的建立,以及同旧的社会关系的决裂。

学者们拷问城中村这一怪异空间结构的内在生产逻辑、空间形态特点,以及这种独特的空间结构状态如何影响与作用于它的经济社会存在方式时,发现准企业型政府下的低成本城市化策略以及与此相关的公共职能缺位或者力度不足,使得村落以自发方式完成空间的城市化过程,这在很大程度上导致了城中村形成空间结构的非理性与孤岛式的存在状态。传统村落空间结构路径依赖、集体土地制度中的模糊地带及其利益争夺、城市化农民生存理性与经济理性行动的冲击力,共同影响着城中村空间形态的生产与再生产(蓝宇蕴,2008)。

陈双(2010)认为城中村异化的空间形态实质上是城市在现代化过程中农民权益缺失而引发对抗的空间图示化表现,其在由分割、对立到渐趋融合的城乡空间动态演化的大背景之下,分析城中村这个特殊空间形态产生的内在社会机理、村民在其这一过程中的行动轨迹,村落社会结构的特征等内容,意图揭示城中村空间形态的演化规律及改造的困难。

有的学者试图将城中村研究拉回规范的城市地理学研究范畴(仝德,冯长春,邓金杰,2011),把城中村视为一类客观的城市空间形态,分析城中村的时空演化特征,与一般城市空间结构演化规律进行比较,探讨其异同并剖析原因,认为应当尊重城中村作为特殊城市空间形态的发展诉求。马学广(2010)分析了城中村作为特殊类型的城市空间生产的经济基础、特征、类型、过程、模式和治理机制等,提出城中村空间的生产是制度变迁和社会行动者互动博弈的产物,产权变革是城中村空间治理的突破口。

学者们从空间生产的理论视角,将城中村置于城市整体空间结构中,正视其作为快速城市化背景下形成的客观的城市空间组成,来分析城中村空间形态的形成逻辑、演化轨迹与变迁趋势,讨论城中村与一般城市空间结构与功能的差异性,解释与审视空间与社会的相互建构,寻找城中村空间治理的路径。但在讨论城市空间重构的同时,如何实现城中村社会关系和社会秩序的重构仍是个有待继续探索的难题。

(四)城市管理视角下的城中村研究

20 世纪 90 年代以来,城中村问题一直备受关注,城中村被视为"问题村",是"社会—经济塌陷带"(田莉,1998)。早期学者对城中村的研究多集中在它所引发的社会问题上,他们从犯罪、社会治安、人口管理、环境卫生、文化冲突等多方面进行了论述(史永亮,2001;代堂平,2002;胡莹,2002;郑庆昌,2002),指出城中村普遍存在建筑密集杂乱、环境污染严重、土地资源浪费、人口拥挤、社会治安问题突出、村民就业困难、社会保障滞后等一系列经济社会问题。大多数学者认为,城中村的存在已成为一个严重的社会问题,在整个社会发展中处于边缘状态,正在或者已经被"甩出"社会结构,如果不采取科学的方法治理城中村,将会极大地制约城市的发展。鉴于此,城中村改造论开始兴起。学者主要从"社会问题"或改造更新的角度出发,站在自上而下的视角,讨论了政府合理规划、治理或改造城中村的必要性,对治理与改造城中村提出了思路与对策建议。但遗憾的是,忽视了城中村形态存在的长期性和客观性,城中村内部关系格局与利益格局的复杂性(李怀,2006),忽略城中村内包括村民和流动人口在内的居民的利益,一系列改造措施并未取得明显成效(魏立华,闫小培,2005)。

学者们开始重新审视城中村,有的学者从我国社会经济转型和经济全球化的宏观背景出发,分析了人口流动的必然性和长期性,流动人口进城之后有"聚居"的内在要求,城中村由于城乡分割的制度、优越的区位优势、提供低收入住房而成为"天然的流动人口聚居区",有其长期存在的合理性(魏立华,闫小培,2005)。也有研究在城市化大背景中思考城中村,认为城中村有自身动力系统,与城市系统进行不断的能量交换,不但能够发挥城市流动人口聚居区的核心功能,还能够保护和争取城市化农民的多层面利益,具有极大的过渡性价值(蓝宇蕴,2005)。在城中村改造过程中应当更多地考虑社会公共利益,关注城中村内居民的利益与诉求,建构主要利益相关者的良性互动机制(蓝宇蕴,2011)。由此,学界开始探索在城中村存续前提下的改造,反思大规模推倒重建的理念和做法。

由于城中村是我国在工业化和快速城镇化背景下城乡二元结构的特殊产物,是我国特有的概念和场域,国外没有与此相类似的城市空间与社会结构现象。但国外关于贫民窟(slum)[①]、非正规居住区(infomal housing)[②]、半城乡(peri-urban)、城市敏感地区(zones urbanies sensibles)[③]等空间形态的研究具

[①] 联合国人类居住规划署对"slum"的定义是"以低标准和贫困为基本特征的高密度人口聚居区"。

[②] 1972 年国际劳工组织将未经政府承认、支持或不受管制的经济活动界定为非正规部门,之后非正规研究的领域不断拓展,非正规居住成为其中一个重要的分支,非正规居住区指自然形成的、由居民自发建设的、不在政府官方规划控制范围内的城市空间形态。

[③] 法国统计与经济研究院对"zones urbanies sensibles"的定义是:"城市中城市化质量较低的区域,这类区域在城市政策中享受优先权,而确定依据是居民在这类区域内的居住条件与生活条件较为困难。"

有一定的类比性和参照意义。

二、关于集体产权制度改革的研究

(一)关于集体所有制的研究

1.内涵界定

所有制是关于财产权利的制度安排,是国家在不同政治制度下做出的选择,本质上是一种政治和法律安排。我国是实施公有制的社会主义国家,在农村确立集体所有制这一基本经济制度是社会主义国家的政治选择(刘守英,2014)。集体所有制作为公有制的一种具体形式,是社会局部范围内的劳动者公有制,即在一个集体范围内生产资料由全体集体成员共同所有。

对于集体所有制学者有不同的理解。有学者认为集体所有制是按马克思主义政治经济学理论设计的,是国家为解决农村土地的私人垄断问题和提高土地资源配置效率而实行的农村土地由劳动者所有、劳动者受益、劳动者集体管理和国家规范调节的一种制度结构,基本目标是要从根本上解决我国经济发展中的公平和效率两大问题(秦中春,2015)。周其仁教授(2002)则通过阐释我国在农村确立这一财产所有制形式的历程与经验,认为集体所有制是国家为了获取工业化积累需要强化对经济资源的集中动员和利用,最大限度地集中农业剩余而在农村形成的特有的制度安排。集体所有制既不是一种共有的、合作的私人产权,也不是一种纯粹的国家所有权,而是由国家控制但由集体来承受其控制结果的一种农村社会制度安排。

关于集体所有制的性质,学界也未形成共识,主要存在三种不同观点:第一种观点是将集体所有视为共有(李周,2016),第二种观点认为集体所有类似总有(韩松,1993;王利明等,2012;于飞,2014;方志权,2015),第三种观点认为集体所有制与共有、总有这些团体所有权制度都不完全相同(韩俊、叶兴庆等,2015),不同团体所有权制度的比较详见表 1-1。比较集体所有制和共同共有、按份共有以及总有这几种不同团体所有制制度,从定义、集体与成员之间的权能关系、权利的获取和丧失这些方面来看,集体所有与总有之间有更多相似之处,但也不完全相同。集体所有制的独特性在于,在权利安排上集体和成员之间存在着权利叠加,二者不可分割;同时不论集体还是成员,所享受所有权权能都是不完整的。可见,集体所有制这一结合中国实践形成的独特制度不适合使用既有的团体所有制形式进行简单类推。

表 1-1　集体所有制与其他团体所有权制度的比较

	集体所有	共有		总有
		共同共有	按份共有	
定义	农民集体所有的不动产和动产,属于本集体成员集体所有。	共同共有人对共有的不动产或者动产共同享有所有权。	按份共有人对共有的不动产或者动产按照其份额享有所有权。	物的所有权属于团体共同所有,团体和成员都享有所有权。
权利获取	依身份获得。	以法律规定成为共有人。	依约定成为共有人,按照出资额享有份额。	依身份获得。
集体与成员之间的权能关系	所有权权能残缺,在集体与成员之间不可分割。	所有权由共有人共同行使。	所有权由共有人共同行使。	所有权中管理、处分等支配权能属于团体,使用、收益等利用权能属于成员。
权利丧失	不得请求分割财产。因身份丧失而失去所有权。	共同共有人在共有的基础丧失或者有重大理由需要分割时可以请求分割财产。	有约定的依照约定,但共有人有重大理由的可以请求分割。没有约定或者约定不明确的,可以随时请求分割。	不得请求分割财产。因身份丧失而失去所有权。

资料来源:韩俊、叶兴庆等(2015),王利明、周友军(2012),《中华人民共和国物权法》。

学者对集体所有制的评价相左。有的学者认为集体所有制在制度设计上具有先进性,是一种设计十分精巧的制度结构(秦中春,2015)。也有学者认为集体虽然占有经济资源,但却只是国家意志的贯彻者和执行者。国家对集体所有制的侵入造成严重的产权残缺,导致集体经济的低效率(周其仁,2002)。学界的观点存在较大分歧,乃至形成对立的价值判断。

2.内在缺陷

多数学者认为集体所有制最大的缺陷在于权利主体缺位。集体所有制的权利主体到底是谁,农村集体资产归谁所有,一直没有明确、统一的说法(叶兴庆,2015)。不论是《民法通则》第 74 条规定的"劳动群众集体所有",还是《土地管理法》第 8 条规定的"农民集体所有"都是模糊的概念,无法对集体所有制的权利主体做出清晰明确的界定(王利明、周友军,2012)。"集体"究竟指什么?学界存在巨大争议,有学者认为"集体"这个名词以及法律形态不是传统民法的概念,而是在中国特殊历史环境下使用的政治语态概念,缺乏法律依据(孙宪忠,2014)。也有学者认为,集体所有权的主体模糊是经过审慎考虑之后的"有意的产权模糊",目的是搁置争议、减少矛盾(陈丹、唐茂华,2009)。总的来说,学界普遍认为集体所有制是所有权主体缺位的所有制(韩俊等,2015)。

集体所有制权利主体的模糊抽象性,造成了集体成员的权利虚化以及集体资产所有权的异化。"属于所有人的财产就是不属于任何人的财产"(奥斯特罗姆,2012),集体所有制下农民作为集体成员处于实际的无权利状态,不能充分体现其作为集体资产所有者的地位(农业部课题组,2006)。产权虚置引发了集体资产所有权的异化,作为集体成员代理人的村社自治组织管理者或者基层政权机构成为集体资产的直接代表,实际掌握和支配了集体资产(中国社会科学院农村发展研究所"农村集体产权制度改革研究"课题组,2015)。

同时,集体所有制下的产权权能是不完整的。产权是所有制的核心,包括占有、使用、收益、处分四大权能。周其仁教授(2002)认为国家侵入了并控制着农村的所有权,对农民产权的使用、收益和处分权利进行某种限制、管制和干预,取消了权利排他性,造成农民所有权的残缺。产权权能的残缺既是滋生侵权、难以形成稳定产权构造的制度根源,同时也形成了农村集体产权制度后续创新变化的制度基础(李行、温铁军,2009)。

但也有学者指出上述批判存在片面性,根源在于对集体所有制理论认识的不足,以及脱离了中国的制度实践。国内研究者按照西方产权理论以个人主义、市场经济等前提假设对照和剪裁中国的制度实践,得出集体所有权主体不明、权能残缺等结论,只揭示了集体所有权的部分特质,不能概括我国农地集体所有权的自然秉性、社会性质和价值选择,不符合集体所有权的制度主旨(童列春,2014)。集体所有权在本质上是集体公有制的反映,不能用私人所有权主体明确性的判断标准,我国已经明确了集体所有权的主体是本集体成员,只要明确了特定的农民集体的集体成员资格,明确了成员集体的团体性及其形式,明确了集体所有权行使中的集体组织与集体成员的权利义务和行为规则,就明确了集体所有权的主体(韩松,2011)。中国的集体所有权是本土性问题,不应用域外、理想化的所有权理论公式简单套用去判断中国所有权形态的合理性(童列春,2014)。现有解释将作为制度实施环境的现实复杂状态简单按静态假定状态处理,忽视了制度设计背后的思想性、隐含假设和前置条件,是从简单、静态和封闭的角度看待问题(秦中春,2015)。

可以看出,学界对于集体所有制的认识及判断相去甚远。但无论认为集体所有制是个粗糙的体制外壳(韩俊等,2015),还是一种设计十分精巧的制度结构(秦中春,2015),都赞同农村集体所有制的改革势在必行。

(二)关于集体所有制下产权重构的研究

产权是所有制的核心和实现形式。农村集体产权制度改革主要围绕农村集体经济组织所拥有的各类资源(主要是土地资源)、资产和资金展开,包括集体土地产权制度、农村集体经济组织产权制度、乡镇集体企业产权制度改革等。

集体土地产权制度改革是理论界讨论的重点,探讨如何明晰土地产权、确定权属关系,让产权主体从"虚置"到"做实",落实村民作为集体经济组织成员的权利,消除所有权的异化(中国社会科学院农村发展研究所"农村集体产权制度改革研究"课题组,2015)。

在改革方向的讨论上,存在着走向土地私有化和保持公有制两种主张的争议。有学者认为无须讳言私有制,土地私有既不是禁忌也不是灵丹妙药,可以成为改革的一个政策选项(华生,2014);也有学者坚持土地私有是农村改革的方向,希望从根本上改变当前的基本土地制度,允许农户自由退出强制性的集体所有,认为这是中国走出当前严重过时的土地制度的唯一选择(文贯中,2014),应当还产于民、还权于民(陈志武,2005)。反对的观点则认为土地私有化这一思路是在本土问题上简单套用西方理论,属于主观建构的理论逻辑,无论在发展中国家还是东亚国家都找不到支持这一逻辑的经验依据,与中国的国情更是背道而驰(温铁军,2013),土地私有制带来的土地细碎化问题难以克服,不利于提高农业的规模经济效益和综合效益,同时私有化还会引发土地兼并,造成严重的社会治理问题(韩松,2009;叶兴庆,2015)和巨大的政治风险(刘国臻、刘东汶,2006)。而集体所有制能够克服土地私有制国家在农地使用上的种种弊端,是我国经受历次危机考验,没有堕入现代化陷阱,总体上保持稳定的制度优势(温铁军,2013;贺雪峰,2017)。因此在中国当前的社会、经济发展环境下,坚持土地集体所有更加适合并且有效。

更多学者绕过了"私有"或"公有"的争论,选择在既有的制度约束条件下,寻找改革方案。曹景清(2017)认为,思考当代中国三农问题首先要正视现实的制度约束,在坚持党的领导、社会主义道路、既有土地制度这三大条件下去探索集体经济的有效实现形式,赋予集体经济新的时代内容。王景新(2008)提出考虑到现有的约束条件,比较稳妥的改革办法是避开集体土地公有或私有的陷阱,用农民集体成员"按份共有"的实现形式,改造农村土地集体所有制度,使其所有权主体具体化、人格化,"明确所有权,稳定承包权,放活流转权,保障收益权、尊重处分权"。未来农村土地制度改革的方向将从赋予农民长期而有保障的"土地使用权"的阶段目标,拓展为赋予农民长期而有保障的"土地财产权利"的终极目标。王利明等(2012)也提出类似观点,认为从根本上改变土地集体所有的性质不符合我国社会现实,应当基于《物权法》上集体土地"成员集体所有"的制度设计,探寻通过明晰集体土地所有权主体而完善这一制度的新路径。同时通过具体的成员权制度设计以及其他相关的制度设计,贯彻《物权法》上的成员权制度构想,充分保障农民的土地权益。学者们大多认同集体所有制改革是在约束条件下的渐进改革,需要规避政治风险,寻找成本低且可行的改革方案,改革需要回应的关键问题是明确集体所有制的权利主体,完善集体资产所有权的权能,保障农民作为集体资产所有者的地位以及权益。

在不改变集体所有制的前提下,寻找更有效率的集体产权制度安排成为多数学者的共识。对集体所有权进行改造,使之更接近个人支配的权利形态(于飞,2014),是集体所有制下产权重构的现实路径。

(三)关于城中村集体产权制度改革的研究

城中村是农村集体资产产权制度改革最早和最主要的场域,既有相关研究的讨论多从城中村改革开始。由于城中村的土地多被征用,因此城中村集体产权制度改革主要针对经营性资产展开,包括城中村的厂房、店面等固定资产以及土地征用补偿款等现金存款。这些经营性资产如何在坚持集体所有制的前提下进行产权重构,同样是全面深化农村改革的重要任务(叶兴庆,2015)。

除了土地等资源性资产之外,农村集体资产还包括经营性资产和非经营性资产。

1.关于改革动力机制的研究

学者们普遍认为集体产权虚置给集体经济发展带来了严重弊端,是推动集体产权制度变迁的主要原因。有效配置集体资产,完善集体经济的实现形式及分配方式,保护集体经济组织及其成员的合法权益,解决集体资产流失以及因利益而出现的逆城市化问题,成为集体经济改革与发展面临的新问题(农业部集体经济产权制度改革研究课题组,2005)。傅晨(2003)用制度需求—供给分析模型提出强大集体经济和产权矛盾是制度变迁的必要条件但不是充分条件,集体经济发展后形成的巨大"外部利润"无法在农村现有的制度结构内获得,是制度创新的诱因,社区政府推动是产生制度变迁的动因。实行城中村集体产权制度改革成为必然趋势,通过改革明晰集体资产产权归属,建立管理有效的集体经济组织,实现城中村的转型发展,进而融入城市现代经济体系(郑庆昌,2002;郑风田等,2006)。

2.关于改革内容与绩效的研究

学者们希望在不改变农村集体所有制的前提下,找到一种更有效率的产权制度安排,把农村土地等集体资产的占有、使用、收益、处分等各项实际财产权利界定清楚(张英洪,2015)。股份合作制被认为是集体产权制度改革的有效形式,这种制度形式在不改变集体所有制的前提下,把社区内集体资产折股量化到每个成员头上,参照股份制的治理结构重构集体经济组织,统一经营,民主管理,按股分红(傅晨,2003)。

学者对于股份合作制的研究重点在于股本结构与股权设置、组织设计与管理机制、组织外部环境的协调与可持续发展等方面的规范与实证研究,关注的内容主要集中在集体资产量化范围、集体经济组织成员资格界定、股权设置、股份权能与管理、集体资产股份的流转、改革后集体经济组织形式以及集体经济的可持续发展等几个方面(傅晨,2006;郑风田等,2006;农业部课题组,2014)。傅晨(2003)将社区股份合作制称为"广东贡献",运用制度经济学理论和工具研究了广东珠三角地区的社区股份合作制改革的制度变迁、产权制度和治理结构等内容。傅夏仙(2003)基于浙江案例研究了股份合作制的制度特点、产权和治理结构等内容。孔有利(2004)对江苏无锡市农村集体经济组织产权制度变迁进行剖析,研究了股份合作制的形成过程、产权结构和变迁绩效。农业部调研组(2013)调研浙江改革,农业部课题组(2014)调研北京、上海、广东,对改革的做法、成效与问题等进行分析评价。

对于股份合作制改革绩效的研究,学者们基于对股份合作制改革实践的经验考察,基本认同这一制度变迁在一定程度上具有了诺思意义上的"适应性效率"(赵全军,2008)。陆学艺(2007)对宁波市江东区进行实地调研后,认为股份合作制改革是适应城市化发展要求的、具有制度创新意义的改革,这一改革成功地使原来集体经济组织的人、财、物都得到了妥善的安置,并为破解城乡二元结构难题、实现城乡一体化奠定了基础。王宾、刘详琪(2014)对北京市昌平区农村集体产权股份合作制改革政策效果的调查显示,81.9%的农民认为集体产权制度改革后生活水平有所提高,74.3%的农民对改革的成果表示满意。农业部课题组(2014)认为从建立"归属清晰、权责明确、保护严格、流转顺畅"的现代产权制度的目标来看,农村集体资产的股份合作制改造明确了社员拥有的集体资产产权权利,保持了集体资产的完整性,创新集体资产的组织形式和运行机制,壮大了集体经济实力,为城乡社区要素平等交换奠定了制度基础。

3.关于改革存在问题与发展路径的研究

傅晨(2003)认为股份合作制改革之后存在的问题主要有:产权仍不完整、集体经济组织功能冲突、社区福利主义、社区精英牟利等。郑风田、赵淑芳(2006)提出在改革过程中出现清产核资的过程不公开、不规范,产权界定和股权分配不公等现象,改革后原村民不能纳入统一的社会保障体系,法人治理结构形同虚设等。王权典、江惠生(2008)发现政府在改制过程中将集体土地通过收归变为国有于法无据,损害了农民的根本利益;社区集体经济组织改革目标定位模糊,法律地位不明确,治理结构不完善,政企不分,负担沉重;相对封闭僵化的组织体制与运行机制与现代企业制度要求差距甚远;政府部门对改制指导和监管不力;"村改居"配套的改革政策措施不到位,弱化了社区集体经济组织的生产经营职能。农业部课题组(2013)认为改革后的集体经济组织成员股权流转困难、工商登记后集体经济组织税费负担过重,集体经济组织的可持续发展存在挑战。法人治理结构不完善、集体经济缺乏长效发展机制等问题是发展迄今还未解决、亟须解决的问题(孔祥智等,2017)。除股份合作制外,还有一些地区集体产权制度改革采用了有限责任公司、虚拟的股份有限公司等形式。但轩明飞(2008)对山东济南槐荫区前屯改制的研究发现,前屯的股份制改革名义上采用的是股份公司制,实际上却保留了大量股份合作制的特点,只能算是形式上的、虚拟化的股份公司制。

罗必良等(2004)认为股份合作制改革未来的发展需要实现三个转变:从社区型向企业型转变、从传统集体经济组织向现代企业制度转变、从封闭型向开放型转变。农业部课题组(2006)提出改革要把握四条原则:坚持农民自愿自主,尊重农民创造;坚持因地制宜,分类指导;坚持公开、公正、公平;坚持规范操作,加强指导。要协调好社区公共利益和社区成员个人利益,处理好股份合作经济组织与村级基层组织的关系;调整集体经济组织功能与政府职能的关系。一些学者已经开始把关注重点转向改革后集体经济组织的规范与集体经济的培育发展,陈志新、江胜蓝(2010)提出应当政社分开、允许股权合理流转、引入外部经理人等措施,张应良等(2017)提出深化我国农村集体产权制度改革的主要方向在于培育和扶植多种组织形式的农民"集体",改善产权实施环境,因地制宜,并辅以相应保障制度。

三、关于村民行为的研究

城中村集体产权制度的变革仰赖于城中村内外行动者的认知、意愿与能力,村民是其中最主要的利益主体和行为主体。许多地区的城中村村民户籍已经转为城市户口,也不再从事或基本上不从事属于农业耕种养殖等相关职业,生活方式也慢慢融入城市,但价值观念、文化认同、行为习惯、社会交往依然保留农民的特征,关于城中村村民行为的认识有必要追溯和借鉴农民行为的相关研究。

(一)关于人的行为的研究

长期以来主流经济学建构的行为假设把人当作完全理性、追求利益最大化的主体,假设经济人将追求自身利益作为行为的根本动机,能够充分掌握、正确处理和运用信息,根据成本和收益对比做出最大化选择,几乎赋予经济人如神一般的能力。于是,完全理性假设自提出开始就不断受到质疑与挑战,其中制度经济学、行为经济学的学者对理性人假设进行了批判与修正。

首先,批评者认为现实中的人不可能是完全理性的。阿罗(Kenneth J. Arrow,2004)提出了"有限理性"(bounded rationality)的概念,即人的行为"是有意识地理性的,但这种理性又是有限的"。赫伯特·西蒙(Herbert A. Simon,2002)解释说,由于人类认识能力、计算能力的有限性,加上环境的复杂性、信息的不完全性等原因,导致人的行为理性是有限的,而绝非完全的。行为人对行为目标的认识程度、对信息的掌握程度以及计算的局限性等因素将影响行为人对于一项决策的判断,因此按照效用函数计算出来的最佳方案在实际决策过程中并不一定会成为行为人的最佳选择。

其次,人的行为是否完全利己,以追求个人利益最大化为行为目标？自19世纪晚期开始,学者就围绕人的行为是"利己"还是"利他"这个议题展开争论。批评经济人利己假设的观点认为人类的自利是有限的,由于受到情感、非理性的价值观的影响,个体不完全是利己主义的,同时也具有非利益动机。坎内曼与特维尔斯基(Kaheman and Tversky,1979)的"预期理论"在解释背离理性选择的行为时认为,人类存在利他、公正、民主等"非经济动机""非物质动机",一味强调人的自私自利是片面的。米塞斯(Ludwig von Mises,2015)认为行为人的选择是由他自己从他个人的愿望和判断来决定的,无论行为是利己还是利他,个人主义还是集体主义,只要他觉得达成行为的目的之后会获得满足和快乐。诺思(Douglass C.North,2016)则用意识形态去解释经济理性之外、明显不符合成本利益计算的行为。

奥地利学派批评荒唐无稽的"经济人"和统计观念的"平均人"(米塞斯,2015),认为在现实世界中认识与分析人的行为,应基于对"实际的人"的研究。"实际的人"不会是理想的人、完全的人,而是理性与非理性、利己与利他的结合,是实实在在的有弱点和限度的人,应当将这些实际的人的实际行为作为研究对象。

(二)关于农民行为的研究

经济学、社会学、政治学、人类学等不同学科对农民行为的讨论,自20世纪20年代以来形成了鲜明的两相对立的理论脉络(郭于华,2002),集中于对农民行为是否符合经济理性的讨论。经济学中的"理性"是为了表达行为人能够充分认识到自身利益所在,并将追求自身利益作为行为的根本动机,面对约束能够有效配置稀缺资源,做出反映期望、偏好的选择,以有效促进自己的利益(Becker,1976)。学术界关于村民行为理性的讨论,分析逻辑在于村民是否以利润或效用的最大化为目标,通过行动试图以最小的经济代价获取最大的经济利益。学界在这一问题上形成了以恰亚诺夫、韦伯、波耶克、斯科特等为代表的"道义经济"(the moral economy)说,和以舒尔茨、波普金等为代表的"理性小农"(the rational peasant)说,被称为"斯科特—波普金论题"。

道义经济说认为,农民是缺乏经济理性的,他们并不追求利润的最大化,而是寻求规避风险、获得生存安全。恰亚诺夫(Chayanov,1996)是最早从经济学视角分析农民行为是否理性的学者,他认为小农的动力是追求生存最大化,一切经济活动以生存为目标,"全年的劳作乃是在整个家庭为满足其全年家计平衡的需要的驱使下进行的"。波耶克(Boeke,1953)对印度尼西亚的研究也证明,农民缺乏赢利的欲望,在生活达到一定水平时,农产品价格上涨反而导致生产萎缩,出现反常的"向后转"的供应曲线。斯科特(Scott,2001)提出了农民的道义经济学说,他极其强调农民的生存伦理,通过对东南亚地区农民的研究,斯科特认为农民首先追求的是生存安全,而不是利润最大化,把生存作为目的的农民处于对食物短缺的恐惧,不愿意冒险追逐平均收入最大化,"安全第一"的生存经济学体现在农民秩序的技术、社会和道德安排中。韦伯(Weber,2010)认为农民这种不求利益最大化的传统主义劳动特征是资本主义产生的一大障碍。

舒尔茨、波普金等学者提出了截然相反的观点。舒尔茨(Schultz,1987)批评道,那些认为农民缺乏理性的观点是错误的,传统农业中的农民与资本主义企业家拥有同样的理性,全世界的农民都在与成本、利润打交道,"每一个便士都要计较",是时刻计算个人收益的经济人。农民在既有的技术、市场等约束条件下已经最大限度地利用了生产机会,实现了资源的最优配置,是"贫穷而有效率的"。波普金(S.Popkin,1979)进一步深化了舒尔茨的观点,在《理性的小农》一书中认为小农可以在权衡长期、短期利益以及风险因素之后,为追求利益最大化做出合理选择,是"理性的小农"。林毅夫(1988)认为,许多被视为小农行为非理性的典型事例是对小农所处环境缺乏全面了解之下做出的判断,那些被认为不理性的行为恰恰是外部条件限制下的理性选择,小农已经在所允许的范围内做出了最佳选择。

从以上对农民行为选择的两派观点来看,"道义经济"或是"理性小农"的纷争源于对究竟何为理性的理解差异。古典经济学提出的经济人假设中的理性(rationality),是行为主体能够根据市场情况、自身处境和利益所在做出判断,使自己追求的利益尽可能最大化。也就是说,只要行为主体在既有条件下选择了自己认为的最佳行动方案,认为这个方案能够使他未来的境况变得更好,那么这就是一种理性选择,对于他来说这已经是当下所能做出的最好选择,就不应认为非理性的。同时,理性是建立在行为主体自我选择和自我评价的基础之上,别人不能根据他人对成本和收益的理解和判断,去评断某个行为主体是否理性,只要行为主体自己认为他个人的选择能为自己获得利益,这个选择就是符合理性的(鲁照旺,2017)。农民选择生计第一、安全第一,为规避风险拒绝较高回报甚至宁可损失收益的投资行为,是农民在"水深齐颈"的危机境况下基于生存环境和个人利益做出的最大化选择,是基于当下的生存逻辑,在特定时空的宏观经济、社会、文化和技术背景下能够做出的最好选择,这并非仅是一种生存理性(郭于华,2002),也完全符合经济人假设中的经济理性。

(三)关于中国农民行为逻辑的研究

第一,对于中国农民行为理性与非理性的讨论。

美籍学者黄宗智对中国农民的研究颇有影响。黄宗智(1986)认为简单的理性或非理性分析都不足以解释农民采取行动的动机。他通过对华北地区、长江三角洲地区小农经济的研究,认为中国农民以边际效用递减的方式,在有限土地上投入大量的劳动力来实现总产量的增长,农民之所以能够忍受不符经济理性的农业内卷,是在人口压力和阶级关系双重压力之下为了维持生计做出的不得已选择,这是农民维持家庭生活最有效的办法。黄宗智主张采用综合分析的视角去看待小农行为的多面性,认为中国农民是受剥削的耕作者、维持生计的生产者,同时也是追求利润者。农民的行为兼具多重逻辑,贫困时为了生计,富裕则考虑利润。随着商品化过程传统小农生产方式被经营式农业生产所取代,农民就能摆脱生存逻辑,向舒尔茨的"理性"过渡。郭于华(2002)也赞同不能够仅仅用理性或非理性这一标准来简单评断现实中农民的行动选择,认为将农民的行为逻辑区分为"道德"的或"理性"的,在理论层面或许是合乎理性的假设,却与现实存在距离。并非农民不想做出利益最大化的选择,而是受制于生存境况和制度性安排,农民缺少选择的机会。对农民行为的分析需要在特定、具体的生存境遇、制度安排和社会变迁的背景下进行分析,而不是进行简单的标签化。

在理性与道义的论争之外,还有学者提出了新的分析范式。徐勇、邓大才(2006)等学者认为,经典理论已经很难解释改革开放以后巨大社会变迁之下中国农民的动机和行为了,需要跳出了农民行为理性与非理性的传统分析框架,从新的视角对农民行为进行再认识,他们提出"社会化小农"这一理论范式来解释农民的动机与行为。社会化小农是指融入了市场经济、社会化程度较高的农户,受到货币支出压力,社会化小农的一切行为围绕货币展开,货币收入最大化是其行为伦理。

第二,关于中国农民行为逻辑公与私的讨论。

对中国农民行为逻辑的研究还有另外一个视角,即中国农民的行为逻辑是公还是私的讨论。费孝通先生(1998)在对中国农村社会调研的基础上提出,中国传统思想是自我主义的,一切价值以己为中心,缺乏团体的道德,为自己可以牺牲家,为家可以牺牲族,中国从上到下没有不患"私"这一毛病的。而梁漱溟先生(1949)的伦理本位理论则认为,中国人的行为逻辑是"互以对方为重"的利他主义,中国人重视家庭,个人服从家庭,家庭伦理就是农民的行为逻辑。两位学者的观点是中国农民行为逻辑研究的代表,学者们对二人观点或认同印证,或在此基础上修正延伸,以及提出新的见解。

汪和建(2006)将中国人视为自我行动者,他将自我主义的行动归纳出三个特征:(1)自我是积极的、有反思能力的、有着很大自主性的行动主体;(2)自我永远处于其所在社会关系网络的中心;(3)自我主义行动最为突显的特征是自我有着充分的经济动力或经济理性去建构和利用他的关系网络。经济理性与关系理性双重理性驱动和约束着自我主义行动,经济理性引导自我实现经济和社会目的,关系理性使自我依照"人伦"处理人际关系。自我行动的逻辑进程是从自我行动到关系行动,再到小集团或派系行动。赵晓峰(2012)则赞同传统中国农民的行为逻辑是群我主义的,"以群为重、以己为轻",农民会划分出清晰的群己界限,在宗族、村落等界限之内的"自己人"范畴,遵循个体利益服从群体利益的行为逻辑,在界限之外则遵循截然相反的陌生化的人际交往逻辑。

吴理财(2013)进一步分析了农民行为逻辑何以形成,认为有什么样的国家—社会型式,就有什么样的农民行为逻辑,不存在普遍的、超历史的农民行为逻辑。郭星华、汪永涛(2012)的研究印证了这一观点,在传统社会中,家庭伦理观是中国传统社会的核心价值观,中国农民遵循"以对方为重"的家族集体主义行为逻辑;在人民公社时期,农民的行动逻辑演变为国家本位的集体主义;改革开放后,受国家退出和市场经济等影响,农民表现出个人主义的行为取向。

(四)关于城中村村民行为的研究

村民行为受到时代变迁、制度背景的形塑,同时打上了所处场域的烙印。在"斯科特—波普金论题"之争中即有讨论涉及村庄共同体对于村民的意义以及对其行为的影响。在斯科特(2001)的道义经济分析框架下,乡村社区被视为是具有高度集体认同感的内聚型的共同体,它可以通过再分配体制以及互惠、庇护关系提供非正式的社会保障,达到群体生存的目的。而在理性小农逻辑中,村庄只是一个松散的开放体,各农户之间相互竞争以实现各自收益的最大化,冲突与合作、权力斗争和普遍利益是村庄的分配模式和集体行动中的固有属性(郭于华,2002)。

我国的城中村同时兼具了传统性和现代性、村社性与城市性、内聚性与开放性,城中村的特殊双重性形塑了村民的行为。李培林(2004)认为,城中村是一个"村落单位化"并存在坚固的"社会关系网络"的社区,传统力量巩固了村落作为单位化共同体的基础框架,村落集体经济的福利与分红奠定了村落共同体的物质基础。城中村的村民依附于这个共同体,在这里获得生存资源和安全感,抵御陌生城市世界的风险和压力,他们宁可当村民而不愿意成为城市的居民。蓝宇蕴(2005)延续了李培林的观点,认为城中村是基于小农村社共同体的"新都市村社共同体",城中村进入城市后,既具有历史延续性,又发生了现实变异性,城中村作为进城村民的庇护,村民的权益和利益高度依附于城中村,同时村民表现出自主治理的行动和精神,在与政府不断的讨价还价中争取更多的利益。

王颖(1996)把20世纪90年代以来广东等地出现以股份合作制企业、集团公司等为主体联合起来的农村经济混合发展模式称为"新集体主义",朱逸、纪晓岚(2013)称之为"新集体化",指村级集体经济组织发展壮大,实现公司化管理,推动由村级集体经济所引导与支撑的村庄整体变革,认为在这一嬗变过程中,村民行动受到传统的"礼"和现代的"法"的共同影响。毛丹、王燕锋(2006)对恰亚诺夫、斯科特的理论进行整理和修正,提出有关农民行动基于安全考虑的分析框架,通过对浙江城郊村撤村建居案例的考察,分析农民拒绝转入城市、保持农民身份的主要原因是其有不安全感,包括经济、社会和政治的不安全,农民行动的衡量尺度是农民安全经济学。

不少学者关注在城中村产权制度改革、撤村改居、更新改造等事件过程中,村民与相关利益主体之间的关系。轩明飞(2006)通过对济南市前屯居集体资产股份制改革的分析,关注村庄精英之间的关系与权利冲突,分析改制后情境和规范的变化对精英行为方式的影响。有学者运用博弈等理论分析村民与政府、房地产商等内外部主体之间的利益博弈过程(运迎霞等,2006;周新宏,2007),提出建构主要利益相关者的良性互动机制等建议(闫小培等,2004;

蓝宇蕴,2011)。

(五)村民行为与制度变迁的关系研究

在社会与文化发展历程中,个人与制度在互相依存、互相影响中不断演化。个人塑造制度,制度也塑造个人(Hodgson,1999)。个人无法脱离社会系统,需在制度环境之下开展行动、进行决策。制度作为形塑个人行动与互动的正式规则、非正式约束及实施特点,影响个人的信念与偏好,提供个人开展行动决策进行预测、计算以及实施决策的依据与环境。制度无法同时独立于个人存在,个人行为以及行为之间的互动构成了制度环境的一部分,成为社会系统的组成部分。哈耶克(Hayek,1997)认为规则、传统、风俗、习惯等正式与非正式制度,是在人类社会在长期实践过程中,特定个人在与特定生活环境相调适的过程中产生出来并积累而成,是众多分散的、偶然的个体行动共同作用的结果。个人受制度形塑,同时创造制度,不断修正制度,"在社会过程的舞台上,制度与人类行为、互补与对比永远相互塑造"(斯密德,2018)。

在对农民行为的研究中,强调国家属性、社会制度结构对农民行为的决定与影响,是常用且受到推崇的研究方式。这种结构功能主义取向的研究方法着力于从宏观社会经济或整体制度结构去观察和描述社会现象,分析和解释特定社会结构如何决定人们的行动,影响行动者的角色和行动逻辑。如费孝通(1998)将中国乡土社会的基层结构命名为"差序格局",由私人联系构成的网络,这种社会结构格局决定了村民的道德观念与行为规范,形成以己为中心的自我主义,由己及人,根据远近亲疏而差别行事。黄宗智(1986)在中国的社会经济结构、农村长期演变的情势下研究 20 世纪 30 年代中国华北农民,他探讨帝国主义侵入、中国国家政权体制变化、人口增长、阶级分化等因素所形成的结构性基础,在社会经济变迁背景影响之下华北小农呈现出的三重面貌和经济行为。

学者们在对当代农村农民的研究中继承发展了制度—结构取向的研究分析方法,张静(2000)使用"结构—制度分析"这一概念,从结构与制度分析的角度去观察和探讨乡村基层政权,强调人的行动是由行动者身处其中的正式或非正式制度所刺激、鼓励、指引和限定。吴理财(2013)在"国家—社会"关系架构下审视农民的行为,他以传统社会、集体化社会、改革开放后的个体化进程为例,论述了特定历史时期的国家—社会关系结构是如何形塑农民行为逻辑的。

但学者也批评这一分析范式过于强调制度结构对行为的规范与决定性作用，而忽略了行动者的主体能动性和时间的动态性。加芬克尔（Garfinkel，1967）认为，结构功能主义者把行动者视为没有自主性的判断傀儡，是对人的自主性的忽视。在人们的日常生活实践活动中，行动与环境是不断处于相互建构之中的。人们的行动具有能动性，环境本身是行动的一部分，它与行动一样是社会成员通过努力构成的成果。吉登斯（Giddens，1998）"结构二重性"观点认为，社会结构是由规则和资源构成，对行动者的行动具有规范和导向作用；但不像结构功能主义和结构主义认为的那样，社会结构决定人们的行动；也不像解释社会学和现象社会学所宣称的那样，人的行动如何构成社会。社会结构既是由人类的行动建构起来的，同时又是人类行动得以建构的条件和中介。行动者的行动既维持着结构，又改变着结构。行动与结构之间这种相互依存、互为辩证的关系反映在处于时空之中的社会实践中，"我们在受制约中创造了制约我们的世界"。

为了克服既有分析框架的局限性，学者们不断探索与创新本土化研究分析模式。徐勇、邓大才（2006）认为既有分析框架只有治理载体，缺少治理主体，他们尝试建构了一个能够包含农民、村庄、社会（包括市场）、国家的分析框架——社会化小农分析框架，以此来解释中国乡村治理及其转型。孙立平（2001）首创"过程—事件分析"分析框架，强调社会现实是动态的、流动的过程，试图摆脱传统的结构分析或制度分析方法，从社会的正式结构、组织和制度框架之外，从人们的社会行动所形成的事件与过程之中去把握现实的社会结构与社会过程，"力图将所要研究的对象由静态的结构转向由若干事件所构成的动态过程"。折晓叶、陈婴婴（2000）在研究产权变革与村民行动之间的关系时，发现无论用"社会结构决定论"还是"理性选择理论"来解释都有失偏颇，因而选用"选择结构"作为客观结构与主观选择之间的中间变量。"选择结构"是指社区总体在选择中所遵从的规则和秩序，它强调在社区既有的社会结构与社区成员面临变革时在主观上采用的选择策略之间，具有不可分离、相辅相成的内在联系，两位学者尝试用"选择结构"建构出社会结构与主体选择行动之间的分析框架。

从结构—制度取向、理性选择取向开始，学者们不断拓展既有研究的视野，前辈学者的努力与成果为我们研究村民行为与制度变迁的关系扩展了视野，奠定了坚实的研究基础。同时启发研究者们去探寻合适的研究视角和分析框架,把握制度结构与村民行动之间互动塑形的过程和真实样态,关注在具体历史过程中微观视角下的行动主体在制度建构中的主体性与作用。

四、研究评述

既有研究主要表现出以下特点:

第一,学者们对农村集体产权制度改革相关问题进行了大量的思考和分析,但更多是进行整体、宏观层面的讨论,着重于对制度变迁的结构化分析,对制度演化过程中行为主体的行动与互动关注不足。在既有制度结构下村民有何种制度需求,正式制度和非正式制度如何左右村民的行为选择,村民之间、村民与其他内外部利益主体之间冲突与妥协的行动与逻辑,村民行动与制度建构、施行之间的关系等研究被化约。

第二,场域在改革实践中具有主体性价值,既有研究更多从个体理性的视角讨论村民的产权主体地位如何在实践中表达,较少从村社视角去看待改革,对传统与现代杂糅的城中村在产权重构中的空间特殊性和主体能动性的讨论有待深入。对村落地方性知识等村社内部非正式产权实践逻辑在制度变迁中的认识,正式制度和非正式制度在博弈中再生产的机制和逻辑的讨论不足。

第三,既往的改革实践主要是在部分地区进行一村一策、因地制宜的制度探索,还有一系列问题如股权固化的争议、股权权能的处置等等在学术讨论和政策实践中尚存在争议,有待更深入的观察和分析诠释,形成系统规范的理论支持体系,指导实践推动改革发展。

第三节　研究目标、内容与方法

一、研究目标

(1)讨论在城中村集体产权制度重构过程中,村民的目标函数、行为角色、制度需求、行为的意向性及影响因素,分析特定场域中村民在成本约束条件下如何做出产权重构的决策和选择。

（2）以村民行动为视角，分析行为主体的行动与互动对制度变迁的影响，寻找在"一村一策"多样化的改革实践背后普遍的产权实践规则，阐释村社共同体中集体产权制度变迁过程的地方性实践逻辑。

（3）通过对城中村集体产权制度改革实践经验的调查，对改革的制度设计与绩效进行比较评价和学理思考，获取城中村改革中形成的治理经验，为改革向全国范围推广提供可参考的政策建议。

二、研究内容

本书共分为九章。

第一章导论，介绍研究背景、问题的提出与研究意义，梳理国内外研究现状，提出本书的研究目标与研究内容、研究方法与技术路线，概括本书的特色与创新。

第二章理论分析框架，界定本书涉及的核心概念，阐述变迁理论、产权理论、场域理论、公共选择与自主治理等相关理论基础，提出研究分析框架。

第三章城中村集体产权制度改革的发展与困境，分析城中村形成与演变，城中村集体产权制度改革的缘起与演进，包括改革的形成逻辑、进程与趋势、内容与做法、实践与特点，讨论改革的成效与困境。

第四章集体产权重构过程中利益主体的博弈与分化，分析城中村集体产权制度改革的主要利益主体，讨论中央与地方政府、村社、村民等行为主体的动机、目标与行动，分析集体产权制度变迁过程中村民角色、地位的演化历程及作用，以及村民内部基于不同的利益目标产生的群体分化。

第五章集体产权重构过程中的普通村民行为，主要基于福州市城中村的调研数据和典型案例，分析了在集体资产量化、集体经济组织重建和集体经济发展等集体产权制度改革的主要环节中，普通村民如何围绕权利与利益分配，做出决策和选择的博弈过程。

第六章产权重构过程中的村社精英行为。以村社干部为主体的村社精英是制度变迁过程中占据关键战略位置、行使支配权力的制度企业家，本章分析村社精英在产权重构过程中的角色、目标函数与行为策略，借鉴"滞后供给"模式的变形建立成本—收益模型分析村社精英改革的成本与收益。

第七章村民行为意愿及影响因素分析,基于福州市 C 区城中村的调查数据,使用 Logistic 回归模型对村民改革意愿及影响因素进行实证分析。

第八章村民行为的结构与制度再生产的逻辑,探讨集体产权制度改革中村民行为的构成要素,构建村民制度选择行为的模型,分析村民在产权实践中进行制度选择的逻辑以及对制度再生产的影响。

第九章结论,提出推进农村集体产权制度改革的政策建议。

三、研究方法

本书将规范分析与实证分析相结合,综合采用多元研究方法,结合长期相关研究积累,以问卷调查数据为基础进行统计分析,通过实地调查和深入访谈剖析典型案例,将面上调查和点上解剖相结合,量的研究与质的研究相结合,致力于增进研究结果的科学性和可靠性。

(1)文献研究法。通过数据库、图书馆积累的文献资料,以及 2000 年以来持续跟踪调查福建、广东、浙江等沿海地区农村集体产权制度改革与基层治理机制改革,从调研对象和政府部门等处获取相关资料,梳理国内外关于城中村集体产权制度改革的理论及经验研究成果,奠定了本书写作的基础。

(2)实地研究法。笔者与所在研究团队对福州市和厦门市城中村集体产权制度改革进行了持续多年的实地调研和跟踪研究。福州、厦门是全国最早进行改革开放的沿海城市,也是国内较早进行城中村集体产权制度改革的地区,改革的历程、面临的主要矛盾和问题在全省乃至全国都有普遍性。2000年研究团队进入厦门实地开展农村城镇化与城中村转型发展研究,2006 年担任 M 村集体产权制度改革咨询顾问,2007 年 M 村改制方案以 97.1% 的赞成率通过,成为厦门市首个双试点(资产改制、社区服务)社区。2013 年进入福州城中村实地调查并提供改制咨询,经历了福州 C 区城中村集体产权制度改革的完整过程,实地调研 X 村、G 村、W 村、L 村、Y 经合社、S 经合社、H 经合社和 T 经合社等村社,其中跟踪观察 Y 经合社、S 经合社、X 村的改革过程,参与改革的动员、讨论、制度设计和实施过程,参加了村民会议、镇街会议与区政府会议等各类会议,对涉及的利益主体,如集体经济组织成员、社区内的非集体经济组织成员、村社干部、省市区街各级相关政府官员等进行了问卷调查或深度访谈。

（3）问卷调查法。本书的调查数据主要来源于对福州 C 区城中村村民的问卷调查，共形成有效问卷 291 份。通过对问卷调查数据的描述性统计、交叉列联表等方法分析村民的改革意愿，使用 Logistic 回归模型对村民改革意愿的影响因素进行实证分析。

（4）案例分析法。奥斯特罗姆（Elinor Ostrom，2012）认为特定案例的丰富解释通常在实质上和理论上都非常有价值，可以获取情境化、动态、更全面的解释性理解。本书对典型城中村改革案例的跟踪与剖析，有助于深入理解在经济社会文化背景和特定制度环境下，主体行动与制度变迁的动态过程，以及产权实践的地方性逻辑。

第四节　研究的贡献与不足

一、研究的贡献

第一，在研究选题上，既往关于农村集体产权制度改革的研究对制度演化过程中行为主体的行动与互动关注不足，对主体行动与制度建构之间关系的研究较为单薄。据此，本书以行动者为视角，分析在农村向城市转型的经济社会变迁背景下，在城中村这一特殊场域空间中，村民等行为主体重构集体产权的行动及逻辑，关注微观视角下的行动者在制度建构中的主体性与作用，以期能够补充丰富这一问题的研究。

第二，在研究方法上，基于长期跟踪研究和典型案例的深入调查，获取动态、系统、较为完整的调研资料，将对个案经验的比较研究，与改革整体情况的综合把握有机结合，力图实现动态的、过程的分析，更好地理解和认识研究问题。

第三，在学术观点上，认为：（1）改革需要内外因共同推动。当前的改革是由外部因素冲击原有均衡引发，但依附并受制于所在社会网络，城中村作为改革的场域具有独特的结构和运行逻辑，是影响行为主体行动逻辑和制度变迁效率的重要因素。（2）地方性知识等非正式制度与正式制度共同建构行动者的产权实践逻辑。在改革关键制度安排上出现的产权残缺、社区排他、流转限制等矛盾，是非正式制度对正式制度的诠释、拆解、整合以及被制度化。(3)村民、精英、政府等改革中的行动者都具有影响和改变改革进程的能力，引致制度实践产生不同演进过程和方向，其中村社精英是决定制度变迁的方向与内容的关键力量。(4)集体产权重构必然在制度设置的关键环节统合村社理性、政府理性和个体理性，实现了不同行动力量、空间与主体、正式制度与非正式制度的某种均衡。

二、研究的不足

第一，研究的调查数据主要来源对福州市 C 区城中村村民的 291 份问卷调查，样本量相对有限，代表性受到一定限制。其中村社精英的样本数量较少，不能充分支持对其开展定量研究。

第二，行为意愿的影响因素具有复杂性和不确定性，给研究中的变量操作带来了困难，未来研究中还需努力寻找提高对村民行为意愿解释力的变量。

第三，集体产权制度改革是一个历时较长的过程，村民的行为可能随着时间和环境的变化发生改变，但受制于研究时间和数据的约束，以及笔者的能力，还不能充分突破片段化、静态化的研究局限。

第二章 理论分析框架

第一节 概念界定

一、城中村

城中村是我国城乡二元体制的特有产物。改革开放三十多年来,我国城镇化率年均提高 1 个百分点,城镇化增速远超出世界平均水平,特别是自 2000 年以来城镇化发展迅速,2000 年到 2018 年城镇化率年均增速达到 1.3 个百分点。在快速城镇化进程中,城市不断向周边蔓延,地处城市周边的村庄被纳入城市规划范围内,它们或已经进入城市之中,或位于城市周边,产权制度和管理制度不同于城市,生产方式与生活方式已基本非农化,但保留着乡村色彩浓厚的社会关系网络,形成兼具城市与乡村特点的二元混合社区,被称为"城中之村""都市村庄"或"城中村"。

二、城中村村民

在中国,农民是一个阶级概念,在很长时间内也是一种身份概念,现在力图从身份转变为一种职业。村民与农民不同,村民是个户籍概念,判断村民身份的主要依据是户口是否在所属的农村社区。城中村村民极其重视自己的村民身份,在土地被征用、城中村也实行了"村改居"后,即便村民户口已转成非农业的城市户籍,也就是实际上已经由"村民"转变成为"市民",但村民依然坚持他们的村民身份,也就是坚持保留"村籍"。"村籍"是李培林教授(2004)提出的一个身份概念,他在调查中发现城中村村民宁可为"村民"而不愿为"市民",固执地保留着"村籍",因为具有"村籍"就意味拥有村集体经济的股东资格,享受高于一般租客和市民的经济地位。城中村村民对身份认同和固守的背后是经济利益使然。

村民的"村籍"来自先赋或通过婚姻等方式获得,与土地制度和资产管理制度相联系。按照是否具有村籍,城中村村民分化为两类群体:有村籍和没有村籍的,或者说"村内人"和"村外人"。在城中村集体产权制度改革过程中,有村籍的村民可以凭借"村内人"资格被认定为村社集体经济合作社的股东,按份共有享受村集体资产的权益,获得集体经济的分红收入与福利。没有村籍的村民则被排除其外。村籍,划分出了村社的社会边界(贺雪峰,2002)。另外,按照拥有组织权力和占有资源的不同,村民可划分为村社精英和普通村民,主导集体产权制度改革的主要是体制内精英,主要包括村党支部和村委会的领导干部。

本书研究的村民涉及村社精英和普通村民,包括有村籍的"村内人",以及不具有村籍,但和村庄有紧密联系,有一定资源、权力争夺村籍的"村外人"。

三、农村集体产权

西方主流经济学中没有"集体产权"一词,这是一个中国语境下的概念(党国英,2012)。一些学者(傅晨,2003;朱冬亮,2013)认为中国的集体产权可大体视为西方的公共产权类型。公共产权的主体是社团的全体成员,财产的权利归属于整个社团共同体。在社团内部公共产权具有非排他性,每个社团成员都可以行使对财产的权利,但不能排除他人同样对财产行使权利。公共产权还具有不可分性,由社区内的全体成员共同共有,但任何一个成员都不能对财产声明所有权,也不能自由地将个人的利益转让给其他人,除非得到其他成员的许可(傅晨,2003)。

阿尔钦(Alchian,2014)在分析公共产权时认为"共有的"组织形式可以维持团体中每个成员的平均价值最大化,或保证现有成员从中获得更大的团体价值。这种公共产权制度安排的优势还体现在,可以获得规模经济效益,通过最大限度地集中整合社区资源,减少个体分散经营、规模过小的不利影响,使合作生产的总和大于个体分别产出之和。同时公共产权还有助于形成集体力量与外界对抗、排除团体以外他人的干扰等等。

但公共产权的效率备受质疑。Demsetz(1988)认为在所有权制度安排中,经济资源的排他性收益权和转让权是最重要的。可公共产权在社区成员之间恰恰具有非排他性,且转让权受到限制。Hardin(1968)的"公地悲剧"理论模型指出,由于公共资源的非排他性,竞争性地过度使用或侵占是必然的结果,最终将造成资源因过度使用而枯竭。

国内学者对于集体产权这一概念的内涵有如下讨论:党国英(2012)把集体产权视为是一种"社区共同共有产权"。李胜兰等(2004)认为集体产权是一个集体内部所有成员共同拥有的权利,不经全体同意,单个人不能决定财产的使用和转让。申静、王汉生(2005)认为集体产权实际上是对行动者之间关系的界定,并最终表现为集体内成员间的权利分享。多数学者基本认同,集体产权是在特定的区域边界范围内,由区域成员共同享有的占有、使用、收益和处分其所有资产的权利。集体产权既体现人对物的关系,也是特定集体内人与人之间关系的合约。

我国的集体产权形态主要集中在农村。农村集体产权是农村社区成员共同对其所拥有集体资产享有的占有、使用、收益和处分的权利,是由国家控制但由集体来承受其控制结果的一种农村社会主义制度安排(周其仁,2002)。农村集体产权具有以下特征:它是一种整体权利,具有不可分割性;产权主体的资格取决于成员资格(傅晨,2001),集体产权在社区边界范围内不具有排他性,由区域内成员共同享有;对于区域边界外的人员来说,集体产权具有排他性,集体产权是基于社区成员身份的权利。

目前对农村集体产权的认识存在以下问题亟待厘清。首先产权的主体究竟是谁,我国的宪法和法律对于集体产权的主体有不同的表述,包括"劳动群众集体所有""集体经济组织所有""农民集体所有""成员集体所有"等。集体所有成为一个模糊的产权界定,在不同的历史阶段,从人民公社到村民委员会、经济合作社,"集体"存在不同的表现形式。由于所有权主体没有确定性的对象,而是模糊的集合,导致形成名义上人人所有但实际中人人不管的无主局面,集体资产使用和维护长期被锁定在低效率状态。

其次是集体产权权能问题。集体产权是一个权利束,包含所有权以及由所有权衍生出来的占有、使用、收益和处分等权利。但产权主体实际拥有的产权权能是不完整的。由于对产权主体界定的不明确,集体的组织或者集体中的农民个体都不能成为实际拥有集体资产的行动者,村党支部、村委会等基层政权机构或者自治组织的管理者成为集体资产的直接代表,并实际经营管理集体资产。集体经济组织和农民的收益权也不能得到有效保障,产权虚置导致对经营管理集体资产的激励和监督不足,集体资产被挪用、低价变卖,少数管理者可以随意处置集体财产、决定集体收益的分配。村民既缺乏参与集体资产管理和监督的渠道,也缺乏参与的激励,很难合理分享经营集体资产带来的增值收益。集体经济组织和农民对集体资产的处分权也受到限制,集体资产只能在内部有限流转,不能进入市场有偿交易,不能抵押担保继承,在退出社区时也不能分割带走,资产的价值得不到体现,社区的边界被封闭。从经济学的角度来看,集体产权不是明晰完整的产权,资源配置缺乏效率。周其仁(2002)解释农村集体产权的低效率时认为,产权残缺削弱了剩余权激励机制,同时对监管者和成员的激励都不足。农村集体产权虚置、产权不完整及其带来的现实问题,迫切要求要通过改革明晰产权、完善权能,消除集体产权模糊、主体缺位、权能缺失等制度缺陷。

四、社区股份合作制

社区股份合作制是以村(社)集体经济组织为单位,在不改变生产资料集体所有的前提下,把村(社)的集体资产部分或全部折股量化给每个成员,并参照股份制的治理结构成立股份合作制集体经济组织,统一经营,民主管理,按股分红(傅晨,2003)。社区股份合作制是来自广东农民的制度创新,20世纪80年代中期,广东珠三角地区农村率先开始社区股份合作制改革,产生了“天河模式”“龙岗模式”等具有代表性的集体产权制度改革基本范式,取得了令人瞩目的成效,在改革的模式和措施上为全国其他地区改革提供了宝贵的经验。迄今为止,社区股份合作制成为各地农村集体产权制度改革中被普遍选择的、最常见的制度形式。

社区股份合作制具有以下特点:

(1)集体所有制性质不变。股份合作制改革后集体资产的性质不变,依旧属于村集体经济组织集体所有,量化到成员的股权只作为成员享受集体收益分配的依据,改革保持了集体资产的完整性。但同时,村民拥有了较为明晰的集体资产产权,相对完整地确定了社区成员对集体资产的人格化占有权、收益分配权、民主决策和民主管理权,村民变成了股东,调动了村民的积极性,增强了社区的凝聚力和向心力。

(2)组织治理结构现代化。股份合作制创新集体经济实现形式,参照现代企业制度重建集体经济组织的治理结构和运行机制。借鉴公司制的组织制度和治理结构,在合作社内部建立股东(社员)代表大会、董事会(理事会)、监事会"三会"的治理结构,形成所有权、决策权、经营权、监督权"四权"的制衡机制,实行一人一票,有利于实现民主决策和管理,提高集体资产管理水平。

(3)维持社区封闭性。股份合作制改革重新构建的依旧是封闭性的股份合作组织,其股份构成一般不具有开放性,成员资格主要取决于先赋因素和社区的集体意愿,不允许自愿加入,也不允许自由退股。这种封闭性特征有助于维系社区共同体,保护"村内人"利益。同时方便内部人控制,有利于村干部继续延续他们的地位和权力,形成对村干部推动改革的激励。

(4)维护社区福利性。改革使村民可以参与分享集体资产的剩余索取权,股份分红为成为股东的村民提供了最基本的社会保障。并且对于村民而言,他们所持股份只分红、不承担风险,具有明显的福利性质。另外,改革后的集体经济组织还继续承担着社区公共产品的供给职能。

以上分析可以发现,股份合作制既是"企业"和"村落"的混合,也是股东价值取向和利益相关者价值取向的融合。它创建了一种既保持社区集体资产统一完整,同时按份占有保障社区成员剩余索取权,联结社区集体经济组织与每个社区成员利益纽带关系的产权制度,为协调好社区公共利益与成员个人利益提供制度保证。社区股份合作制在突出集体利益的再分配权益与适应市场规则方面是一个新的突破,降低了农村集体产权制度改革的交易费用,并在村庄的再组织中起到了关键性作用。股份合作制被认为是继家庭承包责任制之后,农村制度的又一重大创新。

20世纪80、90年代以来,浙江、江苏、福建以及全国其他地区相继开展集体产权制度改革,在制度安排上多采用股份合作制,都表现出了较好的适应性和改革绩效。基层的改革创新和经验逐渐被中央重视和认可,通过政策文件给予承认,并向全国推广。2016年12月中共中央、国务院发布《关于稳步推进农村集体产权制度改革的意见》对改革进行了顶层设计,提出了因地制宜探索以股份合作制为主要形式的改革方向，要求到 2021 年年底全国基本完成农村集体经营性资产股份合作制改革。

五、行为

行为（action）这一概念有多学科表述和研究。最早研究行为的是心理学，心理学将行为视为受到心理支配的外部活动，包括人的动机、观念、意志、需求、情感、态度等内在心理因素外化在行为上的表现。

社会学家帕森斯（2012）构建的行动理论概念体系提出一项行为在逻辑上应当包含行为主体、行为目标、行为背景和行为规范，即：（1）有一个当事人，也就是行为主体。（2）行为必须有其目的，指向未来发展的目标。（3）一定的行为背景，包含两个要素：行为主体不能控制的条件和能够控制的手段。帕森斯认为，行为主体为达到目的所采取的手段不是随意挑选的，而是有所选择的，受到观念、意愿等因素的影响。（4）规范性取向。

经济学是研究人的行为的科学。马歇尔（Marshall，2005）认为经济学是一门研究财富的学问，同时也是一门研究人的学问。奥地利学派的第三代领军人物路德维希·冯·米塞斯（2015）在他集大成的代表作《人的行为》中直接以"人的行为"来叙述经济学的研究，并且提出经济学研究的行为不仅限于利润动机激发的行为、不止于经济方面的讨论，经济学的研究对象是人的全部行为。米塞斯在描述行为时，认为行为是"一个人的意志的表现"，意志是行为人具有选择的能力，行为受到人的意识影响，根据外界刺激和环境状况进行有意识的反应和有意识的调整，个人的意志施行后转化为行动，"选择这，放弃那，以及按照所作的决定以达到所选择的情况，放弃另一情况"（米塞斯，2015）。行为具有诱因，这诱因是某些不安逸。行为还有目的，行为人"在选择、决定，和企图达到一个目的"，这一目的是消除行为人的不安逸，满足其欲望。

由此，本书所研究的行为（action）是有意识的作为，是在一定的行为背景下，受到某些行为动机的驱动，行为人为了实现想要得到的利益目标，将其意愿转化为决策与选择的过程。行为构成要素如图 2-1 所示。

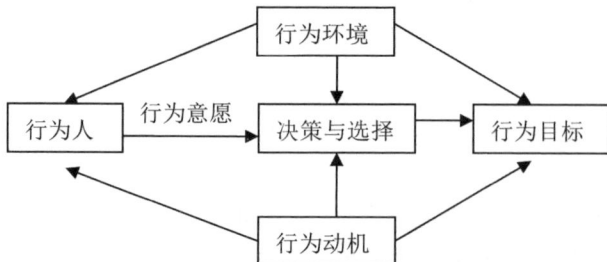

图 2-1　行为要素结构图

第二节　理论基础

一、制度变迁理论

农村集体产权制度改革是牵动全局的重大制度变革,制度变迁理论的观照有助于我们理解和分析影响制度变迁的因素、选择不同制度安排的行为和意图,制度对行为选择的影响以及行为人的行为选择在制度变迁过程中的作用等等。

(一)制度与制度构成

1.什么是制度

制度对经济绩效和社会发展的基础性作用已经毋庸置疑。对于什么是制度(institutions),新旧制度经济学者都有过精辟论述。旧制度经济学的代表学者凡勃伦(Thorstein B.Veblen,1983)认为制度是"固定的思维习惯、行为准则,权力与财富原则",实质上就是个人或社会对有关的某些关系或某些作用的一般思想习惯。康芒斯(John R.Commons,1997)从对人的行为分析入手,提出制度是集体行动控制个体行动。在新制度经济学者舒尔茨(2014)看来,制度是一种行为规则,涉及社会、政治及经济行为。诺思(2008)将制度阐释为是一个社会的博弈规则,或者更规范地说是一些人为设计的、形塑人们互动关系的约束,是一系列被制定出来的规则、服从程序和道德、伦理的行为规范,他认为"制度经济学的目标是研究制度演进背景下人们如何在现实世界中作出决定和这些决定又如何改变世界的"。从以上新旧制度经济学者的观点可以看出,学者们大都将制度视为一种规则,关注制度对认知的建立以及对行为的规范与调控作用。

2.制度的构成

制度由三个基本部分构成:正式规则、非正式规则以及实施机制。正式规则包括政治规则、经济规则和契约,具体为确定生产、交换和分配基础的一整套政治、社会和法的基本规则(诺思,2008),正式制度凭借外部权威规制人的行为。非正式规则是在人类社会诸种文化传统中逐渐形成的,是文化传承的一部分,包括意识形态、价值观念、道德伦理、风俗习惯等,非正式规则内化为自觉自省而左右人的行为。非正式规则中包含大量经过精炼和检验的先人智慧,无论是在长期还是在短期,非正式规则都在社会演化中对行为人的选择集合产生重要影响。诺思(2008)尤其重视非正式规则,认为即便是在那些最发达的经济体中,正式规则也只是形塑人们社会选择的约束中的很小一部分(尽管非常重要),而在人们社会交往和经济交换中,支配结构的绝大部分是由行事规则、行为规范、惯例等非正式规则来界定的。正式规则补充和强化了非正式规则的有效性,降低了信息、监督以及实施的成本,同时也可能修改、修正或替代非正式规则。正式规则与非正式规则一起共同决定了人们的行为选择集合与最终结果。在构成制度的三个组成部分中,实施机制的重要性不可忽视,制度缺乏实施机制就如同虚设,"在历史演化中,制度变迁、契约以及绩效等关键问题,都取决于在多大程度上契约能低成本地得到实施"(诺思,2008)。

(二)制度变迁的原因

制度变迁,是制度的替代、转换和交易的过程,也可以理解为一种效率更高的制度对现有制度的替代过程。

科斯(2014)在《社会成本问题》一文中指出:"只有得大于失的行为才是人们所追求的……我们必须考虑各种社会格局的运行成本(不论它是市场机制还是政府管理机制),以及转成一种新制度的成本。"科斯开拓性地论述了制度变迁的原因,在此基础上,诺思构造了制度变迁的基本模型:在当前制度下,个人期望能够获取最大的潜在利润,但受制于现有的制度结构,由外部性、规模经济、风险和交易成本所引起的潜在的外部利润无法在现有的制度安排内实现,一种新制度的创新就可能应运而生,使获取这些潜在收入的增加成为可能(戴维斯、诺思,2014a)。此后的经济学家循着这一思路进行制度变迁的成本—收益分析,当预期收益大于预期成本时,制度变迁的需求就产生了。

(三)制度变迁的类型

制度变迁分为两种类型:诱致性制度变迁和强制性制度变迁。诱致性制度变迁指的是现行制度安排的变更或替代,或者是新制度安排的创造,它由个人或一群(个)人,在响应由制度不均衡引致的获利机会时自发倡导、组织和实行。引发诱致性制度变迁必须有来自制度不均衡的获利机会,引起制度不均衡的原因主要来自四个方面(林毅夫,2014),包括:(1)制度选择集合的改变;(2)技术的改变;(3)制度服务的需求改变;(4)其他制度安排的改变。诱致性制度变迁具有盈利性、自发性和渐进性的特点,是自下而上、由局部到整体的制度变迁过程。

强制性制度变迁是依靠政府命令、法律引入等国家主导方式来实现的制度变迁。国家是强制性制度变迁的主体,通过国家强制性力量推进制度变迁,可以减少"搭便车"等现象,节约交易费用。但国家主导的强制性制度变迁也会遭遇政策失败,原因主要有以下几种:一是统治者的偏好和有限理性。统治者同样是利益最大化者,与国民财富相比,更加关心新的制度安排是否能够符合自己的利益,如增加威望。同时统治者的有限理性可能导致制度安排的供给不足。二是意识形态刚性。意识形态是统治者统治的基础,当新的制度与意识形态发生冲突,统治者害怕权威被动摇,而去维持旧的无效率的制度,阻碍新制度的实施。三是官僚机构问题。官僚机构是统治者意志的执行者,也是追求利益最大化的理性个体。官僚机构的自利行为导致政策扭曲,阻碍了新制度安排的建立。四是集团利益冲突。制度安排的变迁将在不同群体中重新分配财富、收入和政治权利,有人受益的同时也必然有人利益受损,不同群体之间产生利益冲突,利益受损者成为制度变迁的反对者。五是社会科学知识的局限性。制度安排选择集合受到社会科学知识储备的束缚。如果占有统治地位的社会思想不"正确",具有局限性、片面性,政府就无法建立正确的制度安排。

（四）制度变迁的过程

制度变迁是制度不均衡趋向制度均衡的过程。当制度供给不足，无法满足制度需求时，一个社会内就将产生改变现有制度和产权结构的需要。制度变迁的过程会产生两个行动团体（戴维斯、诺思，2014a）。第一，形成初级行动团体。初级行动团体是一个决策单位，可以是单个人或者团体，是熊彼特意义上的企业家，他们预见到潜在利润，希望通过改变旧的制度结构来增加收入，他们具有推动制度变迁的动力。第二，初级行动团体提出可供选择的制度变迁方案。第三，初级行动团体对制度变迁方案进行选择，选择的标准是要实现个人或团体的利益最大化。第四，形成次级行动团体。次级行动团体是用于帮助初级行动团体获取收入的决策单位。次级行动团体做出能获取收入的策略性决定，它可能不会使创新收入有任何增长，但有可能会使初级行动团体的部分额外收入转化到他们手中。第五，初级行动团体和次级行动团体共同努力实现制度变迁。

制度变迁理论解释了制度的形成、维系和演变，帮助我们理解在特定时空、制度情境下城中村集体产权制度的重构因何产生、如何演进；该理论对人的行为假定，将关于人类行为和交易费用相结合，有助于认识和分析新的集体产权制度如何形成，非正式规则与正式规则如何影响行为人的偏好与意愿，行为人在受到制度约束、面临观念与法律的冲突、利益与利益的碰撞时，改革的路径如何演化。制度变迁理论为研究提供了有效的指引与解释。

二、产权理论

产权是一个权利束，同时产权也是被制度所塑造的社会关系，是一种社会建构。产权安排产生的激励与约束功能，发挥着规范行为人行为及相互关系的作用，使产权成为维系社会运作和决定经济社会绩效的基础性规则。

（一）产权的基本内涵

什么是产权？平乔维齐（Pejovich，1988）认为第一位研究产权理论的社会科学家是马克思，马克思使用历史唯物主义和辩证唯物主义的方法论研究产权问题，在《资本论》中留下大量关于产权与财产关系的论述，他考察了财产权的起源与变迁,认为产权是包括所有、占有、使用、经营、支配、继承等一系列权利在内的权利束,是构成所有制的基本要素。但真正将产权作为经济学的一个基本范畴纳入经济分析之中,始于新制度经济学(袁庆明,2005)。

科斯是新制度经济学派的杰出代表,在他的经典著作《社会成本问题》一文中提出权利的界定和产权制度安排的重要性。科斯指出在经济运行过程存在摩擦,即交易费用,产权如何界定决定了交易费用的高低,直接影响资源配置的效率。人们试图以"科斯定理"来表述科斯的思想:只要在交易过程中产权是明确界定的,并且不存在交易费用,则不论产权在谁一方,私人之间的自愿交易都可使资源获得同样的有效配置。存在交易费用时,产权的界定将影响资源配置。因此,在交易费用无所不在的真实世界,明确产权权利具有重要意义。

继科斯之后,阿尔钦、德塞姆茨等新制度经济学家进一步推进了对产权理论的系统研究。阿尔钦(2014)提出,产权是一个社会所强制实施的选择一种经济品的使用权利。他认为,产权的强度由实施它的可能性和实施成本决定,这有赖于政府、非正规的社会行动和通行的伦理道德。德姆塞茨(Demsetz,2014)将产权看作是特定的权利束(a bundle of rights),作为一种社会工具,产权的重要性在于帮助人们形成社会交易的预期,这些预期通过正式的法律和非正式的习俗、道德等进行表达。柯武刚和史漫飞(Kasper & Streit,2000)认为,产权是不让他人使用一项资产的权利,以及使用、向他人出租或出售该资产的权利。产权要想有效地起作用,必须是可分割和可转让的。

产权学者们对于产权的研究主要着力于产权、激励与经济行为的内在联系,探讨各种可能的产权安排对收益—报酬制度产生的不同影响,决策者基于效用目标做出特定策略的选择(Furubotn & Pejovich,1972)。产权不是指人与物之间的关系,而是指由物的存在及关于它们的使用所引起的人们之间互相认可的行为关系。产权安排确定了每个人相应于物时的行为规范,每个人都必须遵守这些行为规范,否则要承担违背规范的成本。因此,产权是一系列用来确定每个人相对于稀缺资源使用时的地位及经济和社会关系,Furubotn和Pejovich(1972)认为这一产权定义得到了罗马法、普通法、马克思和恩格斯以及现行的法律和经济研究的基本认同。

（二）产权的界定

产权决定了人们在经济活动中是受益还是受损，产权如何界定备受关注，是产权理论的重要组成部分。科斯认为财产权利的清晰界定对资源配置的效率将产生直接的重要影响。同时学者们也发现产权界定并非越清晰越有益于效益。巴泽尔（Barzel，1997）在《产权的经济分析》一书中提出，由于信息获取困难，产权界定的成本高昂，因此产权通常不可能被清晰、完整地界定。人们是否界定权利是一个选择问题，当人们相信界定产权的收益超过成本的时候，他们才会运用权利，相反他们将不会运用权利而会将其留在公共空间。

巴泽尔认为产权界定的主体主要是个人，人们对资产的权利"是他们自己直接努力加以保护、他人企图夺取和政府予以保护程度的函数"，个人的行动可以改变产权。对于产权界定的原则，巴泽尔提出在交易双方都能够影响结果的情况下，权利不能被经济地完全界定，只有一种所有制形式能够使来自资产的净收入最大化，决定所有权最优配置的总原则是：对资产平均收入影响倾向更大的一方，得到剩余的份额也应该更大。

产权界定过程表现出两个突出特点：第一，产权界定的相对性，产权界定不是绝对的，人们会按照对自己最有利的原则，决定把产权界定到什么程度。如果界定产权的交易费用大于零，人们会认为完整界定产权是不值得的，产权就不能被完整地界定。第二，产权界定的渐进性。随着商品价值的变化和产权界定成本的变化，人们会对财产权利进行相应的调整，或放弃财产，将其放入公共领域，或对财产进行重新界定，使其归入自己名下。

（三）产权分析的不同理论视野

不同学科对产权研究形成了有差异的理论视野。经济学视角的产权理论致力于研究产权、激励与经济行为之间的关系，遵循工具理性的逻辑，以效率为中心、以产权明晰为目的，考察在存在交易费用和信息费用的条件下，不同产权安排对成本—收益的影响，分析制度安排与经济行为之间的相互关系（Furubotn and Pejovich，1972），揭示产权在资源配置、经济增长中的作用。完整的产权应当包括一种物品或资源排他性的支配使用权、收益独占权和自由转让权（巴泽尔，1997），产权结构越完整，对行为人的激励和约束越有效，资源配置的效率越高。产权残缺将导致效率损失，难以为行为人提供有效的内在化激励。当预期收益超过预期成本时,行为人将有动力改变既有的产权结构,推动产权制度创新(戴维斯、诺思,2014a)。

社会学视角下的产权研究则试图跳脱这一研究思路,国外产权社会学的研究主要关注产权配置对经济不平等和经济绩效产生的重要影响(Carruthers and Ariovich,2004),国内研究则致力于思考本土的产权事实,以及相应的产权界定和意义(张小军,2007)。社会学者尝试构建一种基于本学科的产权分析视角,从微观层面解释社会行动者在产权建构、制度变迁过程中的作用,展现行为主体如何依据复杂多变的地方性知识来界定和建构产权的实践规则(朱冬亮,2013),揭示行为主体在产权建构过程中的制度和结构性因素。

讨论产权必然涉及国家问题,在形塑产权的多种因素中,国家往往是人们选择结构中的重要构成,决定行动者选择何种产权制度;同时产权是被强制实施的,产权的强度有赖于国家保护的有效性(周其仁,2002),因此产权有丰富的政治意涵。学者总结政治学视角下的产权研究主要有三种进路(邓大才,2011):一是产权与阶级、革命研究进路,通过产权关系考察生产关系、社会关系和政治关系;二是产权与法律、国家研究进路,将产权视为影响国家、权力的重要因素;三是产权与市民社会、民主研究进路,从财产权着手研究财产权与市民社会、民主的关系。在此基础上,邓大才(2011)尝试提出产权政治学的解释模式和分析框架,从产权实践对权力的影响和权力对产权实践的适应性调整两个方面开展分析。

中国特色的产权建构有丰富的地域色彩,城中村集体产权的重构带有明显的乡土文化的印记,同时受到中央和地方政府权力与治理的影响。城中村集体产权制度改革正在改变农村集体资产利用的产权形式和效率,不同的产权制度选择对不同的利益主体将形成不一样的成本——收益核算,激起村民之间、村民与政府等利益主体围绕集体资产权利的界定和安排展开竞争和角逐。产权理论的应用为理解城中村集体产权的重构提供重要而关键的视角,有助于观察产权合约形成背后制度结构,理解行为人在集体产权建构过程中的角色和作用,以及不同主体之间的利益关系和行为互动。

三、场域理论

产权实践是嵌入在社会结构中的,城中村作为发生集体产权制度重构的

空间,它的经济社会结构、日常运作逻辑是影响改革的重要因素。布迪厄(Pi-
erre Bourdieu)的场域理论适合作为观察与分析城中村这一特殊空间自主性
的理论视角。

(一)场域

法国学者布迪厄在社会学领域中提出了许多富有创见的学术观点,他坚
持将社会学的理论分析与经验研究相结合,主张研究实践。场域理论是布迪
厄实践社会学的重要组成部分。

布迪厄(1998)指出:"在高度分化的社会里,社会世界是由具有相对自主
性的社会小世界构成的,这些社会小世界就是具有自身逻辑和必然性的客观
关系的空间,而这些小世界自身特有的逻辑和必然性也不可化约成支配其他
场域运作的那些逻辑和必然性。"这些具有自身逻辑和必然性的"社会小世
界",即布迪厄的场域,如经济场域、政治场域、哲学场域、文学场域等。布迪厄
强调:"社会科学的真正对象并非个体。场域才是基本性的,必须作为研究操
作的焦点。"

场域具有以下特点:首先,场域具有独立性。受物理学中引力磁场概念的
启示,布迪厄认为:"一个场域可以定义为在各种位置之间存在的客观关系的
一个网络,或者一个构型。"在布迪厄看来,场域都是关系的系统,而这些关系
系统又独立于这些关系所确定的人群,即场域首先是具有相对独立性的社会
空间,是客观关系的系统,超越个人而存在。每个场域都有自身的逻辑、规则
和常规,一经形成就具有自己的相对独立性。

其次,场域具有能动性,它可以利用自身结构重塑进入场域内的关系或力
量。布迪厄指出:"对置身于一定场域中的行动者(知识分子、艺术家、政治家
或建筑公司)产生影响的外在决定因素,从来也不直接作用在他们身上,而是
只有通过场域的特有形式和力量的特定中介环节,预先经历了一次重新形塑
的过程,才能对他们产生影响。"

再次,场域是一个争夺的空间。场域中的行动者为资本和权力不断发生
争斗,"作为包含各种隐而未发的力量和正在活动的力量的空间,场域同时也
是一个争夺的空间,这些争夺旨在继续或变更场域中这些力量的构型。"行动
者为占据场域中的某种位置的不断争斗,以个人或集体的方式为了捍卫或改
进他们现有位置而战斗,这种斗争和战斗使场域持续运动变化,并在这一过程

中改写面貌。

场域成为行动主体以个人或集体的方式争夺资源和位置的竞技场。在场域中行为人凭借经济、社会、文化、象征这四种资本占据特定位置,然后凭借其所占据位置获得的某种权力,进行新的竞争。行为人之间的关系受到他们在关系网络中位置的制约,他们的地位和作用受到他们个人所具有的资本的制约,资本的多寡和分量轻重决定了他们在场域中的位置。在布迪厄看来,场域中行为人拥有的资本量主要受两个因素影响,一是行为人能够调动关系网络规模的大小,二是与这些网络相关联的人所具有的社会资本量的多少。资本决定了场域中行为人的位置以及从中可获得的收益,资本既是行为人争夺的工具,又是争夺的目标。资本成为推动场域变迁的源泉。

（二）惯习

与场域紧密相连的另一个概念是"惯习",布迪厄（1998）认为惯习"就是知觉、评价和行动的分类图式构成的系统,它具有一定的稳定性,又可以置换,它来自社会制度,又寄居在身体之中"。惯习是一种性情倾向,法国社会学家菲利普·柯尔库夫（2001）认为惯习是持久的可转移的禀性系统,也就是说以某种方式进行感知、感觉、行动和思考的倾向,这种倾向是每个个人由于其生存的客观条件和社会经历而通常以无意识的方式内在化并纳入自身的。惯习的持久性表现在,这些禀性深深扎根在个体身上,并倾向于抗拒变化,在人的生命中显示某种连续性。惯习同时具有可转移性,这是因为在某种经验的过程中获得的禀性（例如家庭的经验）在经验的其他领域（例如职业）也会产生效果。

惯习是内化的社会世界结构的产物,反映阶级结构的客观部分,如年龄层、性别、社会阶级等。在任何一个特定时间内的一种惯习都是由集体历史历程创造出来的。惯习在实践中获得,又不断地在实践中发挥作用,一种惯习的形成是长期占据社会世界的某个位置而造成的结果。因此,惯习依人们在社会世界所占据的位置本质不同而有所不同,在社会世界占据相同位置的人倾向有类似的惯习。惯习让行为人去了解社会世界,人们经由惯习处理社会世界（G.瑞泽尔,2005）。

惯习是场域中行为人行动策略的指引,它引导行为人的想法和行为选择,建议人们该如何思考、如何选择应该做的事,惯习提供原则让人们做出选择,并且选择他们将用于社会世界的策略。惯习不是意识性的,人们无法用内省的方式省视它,也无法经由意志的行动去控制它,不论行动者本人是否认识到它,是否愿意,他们的行动都要受到惯习制约。惯习在人们的日常实际活动中显现。

城中村是城镇化进程中融合了城市和村落特征的混合社区,是一个有着特殊逻辑和运作机制的场域,作为一个相对独立的社会网络,内含丰富的资源与资本,有自身的逻辑和规则。诸多群体或个体的利益附着于这一特定的复杂关系网络中,各种类型的行为人为取得或捍卫资本和权力不断发生争斗,在这一过程中场域改写着面貌。场域在其历史生成过程中形成的特有逻辑,以无意识的方式内在化,惯习引导着行动者的想法和行动选择,是场域中行动者行动的策略。场域在变迁过程显示出内在自主性力量,利用与引导这种力量,往往是改革发展的一种最为经济的策略(蓝宇蕴,2005)。

四、公共选择理论

20世纪40年代末公共选择理论(Public Choice Theory)发展成为独立的研究领域,又被称为"新政治经济学""公共选择经济学"等。公共选择理论研究的主题之一是群体决策问题,基于人是自我的、理性的、追求效用最大化的假设,研究由不同个体组成的集体如何进行决策,个体偏好形成集体选择的机制与程序。它将经济学分析方法运用于集体或非市场决策的分析中,经济人假设和方法论上的个人主义是公共选择理论的基本特征。

主流经济学对经济市场和政治市场的个人行为及决策给予不同的假设,在经济领域的个人追求利益最大化,在政治领域的政治家和官僚是追求公共利益的。公共选择理论打破了这一分野,认为没有理由认为同一个人在经济市场和政治市场上会以不同的行为方式开展活动(方福前,1997),一个人无论处于什么位置,力求效用最大化的本性都相同,因此假定经济人和政治人是统一的,都是自利的经济人,在进行决策与选择时,都以个人的成本—收益计算为基础,做出实现效用最大化的理性选择。这种效用可以是财富、收入等物质层面的利益,也可以是荣誉、信赖、权威等精神层面的收益。

与社会学的整体论相对立,在方法论上公共选择理论以个人为基本的分析单位,将公共决策的分析建立在个人决策的基础上,强调个人的动机与选择对集体选择的影响,认为集体和社会不会做出真正的选择行为,只有个人才是选择和行动的唯一和最终抉择者,个人的目的性是社会行为的起因,集体选择是个人选择的集结,是个人做出的选择和采取行动的结果。个体主义方法论试图把所有政治组织问题归结为个人面对的种种取舍和在取舍之间做出的选择(布坎南、塔洛克,2014),构建起个人行为与集体选择之间的桥梁。

詹姆斯·布坎南(James M.Buchanan)和戈登·塔洛克(Gordon Tullock)是公共选择理论的代表学者,两人合作完成的《同意的计算——立宪民主的逻辑基础》是公共选择理论的经典文献,书中提出了"方法论上的个体主义"(methodological individualism),认为必须把个人当成行动者而不是原子来看待,对集体选择的分析应当从行动或决策的个人开始。书中假设个人既可能是利己的,也可能是利他的,或者是二者的结合,独立的个体因对集体行动持有不同的目的而产生冲突。决策规则的选取也是一种集体选择,由于要达成全体一致或者完全合意(unanimity or full consensus)需要付出很大代价,只能通过多数投票规则来实现公共选择;在多数投票规则中,他们把关注重点放在如何避免多数人对少数人的强制,认为多数投票规则的目标是寻求多数人可以作出一个让全体人员接受的决策。

肯尼斯·阿罗(Kenneth J.Arrow,2010)基于社会福利函数的研究,提出了著名的"阿罗不可能性定理",指出从个人偏好次序无法推导出社会偏好次序,能够满足所有群体成员偏好的社会福利函数是不存在的。阿马蒂亚·森(Amartya Sen)是继阿罗、布坎南之后又一位获得诺贝尔经济学奖的公共选择大师,他的主要贡献在于找到解决阿罗不可能定理这一难题的突破口,提出投票悖论的解决方法,并引入了个人选择。

公共选择理论的另一著名人物是奥尔森(Olson),1971年他在代表作《集体行动的逻辑》中分析了公共物品中的"搭便车"现象,认为"除非一个集团中人数很少,或者除非存在使用强制或其他某些特殊手段,使个人按照他们的共同利益行事,否则,有理性的、寻求自我利益的个人不会采取行动去实现他们共同的或集团的利益"。奥尔森在集体行动理论中揭示了集体行动的困境,即个体理性与集体理性之间的冲突,个体对自利的考量导致了集体选择的次优结果。如何走出集体行动的困境成为学术界研究的重要议题。

公共选择理论重新架通个人行为与集体行为之间的联系桥梁,是我们理解村社集体产权重构这一制度实践的重要理论工具。个体主义方法论启发研究从个体行为的角度去寻找集体选择的原因,在城中村这一特定的场域结构中讨论个人偏好、选择与行动形成集体决策的机制与逻辑。基于经济人假说分析改革中的政府与官僚行为,对政府的公共政策进行成本—收益分析。公共选择理论还对多数投票规则的研究对于改革过程平衡多数人与少数人的关系,保护少数人权益不受侵害具有借鉴价值。

五、自主治理理论

治理公共事物的困难有如亚里士多德所说:"凡是属于最多数人的公共事物常常是最少受人照顾的事物,人们关怀着自己的所有,而忽视公共的事物。"在《公共事物的治理之道》一书中,奥斯特罗姆(Elinor Ostrom)提到关于公共事物治理的三个传统模型——"公地悲剧""囚徒困境"和"集体行动的逻辑",这三个传统模型都共同指向一个结论:个体的理性行动最终导致集体的非理性结果。过去就解决这一难题提出的政策方案,不是以利维坦作为唯一的方案,就是以私有化作为唯一的方案。奥斯特罗姆在极其丰富的个案研究中,发现许多社群借助既不同于国家也不同于市场的制度安排对公共事物实行了成功的适度治理,她在此基础之上,基于企业理论和国家理论提出自主治理理论(self-governance),认为在国家与市场之外存在第三条道路,人们可以有效地自我组织和自我治理,取得富有成效的治理结果。

自主治理理论的中心问题是研究一群相互依赖的委托人如何才能把自己组织起来,进行自主治理,取得持久的共同收益。奥斯特罗姆把这些委托人称为资源的理性占用者,在复杂和不确定环境中了解、看待和评价行为的成本和收益,从而做出决策和行动。奥斯特罗姆(2012)认为集体行为往往是不确定和复杂的,原因包括环境的不确定和行为人缺乏知识,因此许多行动是在缺乏对问题后果的全面了解的情况下进行的。同时奥斯特罗姆在大量实验研究基础上提出了与以哈丁为代表的第一代集体行动理论完全不同的理论假设和诠释,扬弃了认为人是普遍自私的假设,人的行为是多类型的,包括利己、利他和互惠行为,多种类型的个人行为的存在是形成最终行为的主要原则,个体之间互惠与合作的实现将克服集体行动的困境(张克中,2009)。可以看出奥斯特罗姆对人的行为假设,不是基于完全理性的传统,而是采用了更为实际的有限理性假设。

奥斯特罗姆认为理性人的行为策略选择受到四个内部变量的影响：预期收益、预期成本、内在规范和贴现率。"人们选择的策略会共同在外部世界产生结果，并影响对行动收益和成本的未来预期"（奥斯特罗姆，2012），理性人选择的行为策略是预期收益大于与预期成本的策略。行为规范反映了个人对自己行为和策略的评价，个人所做出的决策深受其所在场域的内在规范左右，如果个人采取被同一场域内其他人认为是错误的行为，将会受到的社会非议会对其行为产生制约。贴现率基于个人对未来收益预期的评价，对未来收益预期评价高则贴现率低，反之则贴现率高。贴现率受到个人所处的自然和经济保障程度的影响，以及所在场域人们在比较未来与当前的相对重要性时所共有的一般规范的影响。综上，预期收益、预期成本、内部规范和贴现率被作为影响个人决策选择的总和变量，但是在现实中这些内部的、内心的、主观的变量难以观察、难以度量。因此对人们的行为策略选择的考察重点被放在：最可能影响人们策略选择的环境变量的组合以及这些环境变量是怎样发生的（奥斯特罗姆，2012）。

自主治理面临着三个难题：新制度的供给问题、可信承诺问题和相互监督问题。面临集体行动困境的行为人首先要解决的是制度供给难题，包括为什么要供给制度，如何形成均衡协调、互利有效的新制度，避免制度供给的失败。奥斯特罗姆认为，建立信任和社群观念是解决新制度供给问题的机制。人们通过在社群中不断沟通和相互交往，形成共同的行为准则和互惠的处事模式，他们就拥有了解决困境建立制度安排的社会资本，个体与个体之间就有可能就维护公共利益而采取集体行为，来解决新制度供给的问题。新制度的形成不是一蹴而就的，且制度本身也在不断演进变化，因此自主组织和自主治理的制度供给是一个渐进、连续和自主转化的过程（奥斯特罗姆，2012）

农村集体资产股份合作制改革始于 20 世纪 80 年代沿海地区部分村庄自发开展的改革探索，是典型的诱致性制度变迁。尽管各地改革在制度安排上主要采用了股份合作的形式，但不同村社在改革的具体制度安排上的因地制宜，形成了多样化改革实践。自主治理理论以地方的自我组织和自我治理为研究的中心内容，关注由地方团体自发形成的多样化自主治理的制度安排，为研究提供了契合的理论视角，帮助观察行为主体在既有的制度条件下如何形成个人策略选择；村社地方如何实现多元主体之间利益的协调和制衡，如何突破集体行动的困境、形成互惠适度的治理；以及在尊重地方自主治理的基础上,如何形成地方与政府、地方性规范与正式规则之间的互补协同关系。同时,自主治理理论也有助于我们理解改革中利己本性的个人超越自利的行为。

第三节　研究分析框架

按照诺思(2013)所说,构建一个好的分析模型,需要对构成这个过程的复杂要素有基本理解,然后审慎简化保留关键要素。奥斯特罗姆的制度分析与发展框架(Institutional Analysis and Development framework,简称 IAD framework)是具有多重理论渊源的综合性分析框架,在公共选择理论、交易成本经济学、非合作博弈论等理论中都可以找到依据(Ostrom et al.,1994)。本书参照 IAD framework,结合上文所述制度、产权、场域等理论的解释与指示,将行为环境、行为主体、行为选择等主要变量置于模型内,建构本书的研究分析框架。

奥斯特罗姆(2005)认为,运用制度分析与发展框架的关键,就是分析清楚行为情境和行为主体在外生变量影响下如何相互作用,及其产生的结果对两者的反作用。本书在既定场域的结构框架内,讨论个体的行为以及行为如何推动制度变迁,行为人的产权行动受到何种因素与作用机制影响,行动者因素在产权重构中的影响和作用机制又是什么。研究要探讨在城中村特定的结构、制度、文化框架下,行为主体的偏好、决策与选择,包括竞逐、博弈、挑战、妥协等等行为,这些行为是如何产生制度再生产的后果。

行为主体是处于行为环境中的个体(Ostrom,2005),既可以是个人,也可以是由个人构成的群体(composite actor)。对主体行为的阐释,除了对个体特质的分析之外,还需要在结构性环境之中进行。行为环境是行为主体之间互动、冲突、斗争与解决问题的场域,也是直接影响行为主体及其行为过程的结构。行为主体从行为环境中获取有关的信息、知识和资源,行为环境决定了与每种可能的行为和结果相关的成本和收益,也预设了行为主体的价值和价值判断的评价系统。行为主体的行动当然反过来也在建构制度和环境。

行为环境受到资源条件、共同体特征和应用规则等外生变量的影响,影响行为环境的变量也可以被视为影响行为主体偏好、信息、策略和行为的核心微观变量(A.波蒂特、M.詹森、E.奥斯特罗姆,2013),这些变量也是本书试图考察的行为影响因素。在行为环境的作用与约束下,行为主体形成了关于改革的行为意愿,行为意愿是行为主体做出选择最好、最直接的预测因素,是制度演化变迁的关键(诺思,2013)。在条件充分的情况下行为主体就会将意愿付诸行动。但也要注意到的是,从意愿到行为之间有一个跳跃的过程,需要我们通过制度的设计控制行为条件,增强行为主体的意愿,推动意愿转化。行为主体做出的行为决策和选择直接影响产权重构的效率和效果,其产生的结果同时通过直接或间接的方式反作用于行为环境和行为主体,并影响外生变量。基于 IAD framework 的分析,本书联结宏观结构和微观主体,将环境、行为、绩效等宏微观、内外部变量结合起来去阐释复杂的个体行为。以上变量及变量间关系见图 2-2。

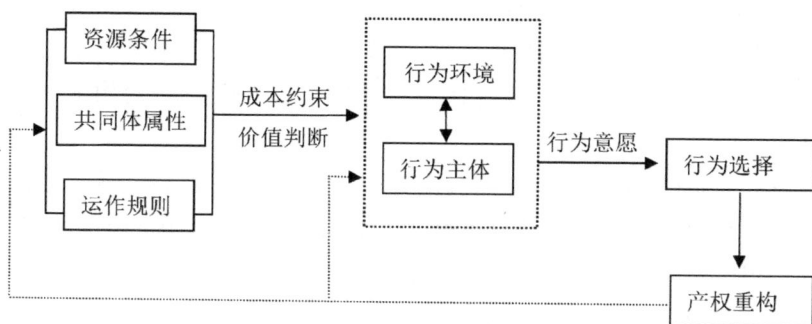

图 2-2 研究分析框架

第三章　城中村集体产权制度
改革的发展与困境

20 世纪 80 年代开始,我国沿海地区部分城中村自发开展集体资产股份合作制改革探索,在城中村这一场域中我们可以观察到集体资产产权制度变迁的完整轨迹和丰富经验。本章系统回顾与分析城中村的形成与演变,城中村集体产权制度改革的演进与内容、成效与面临的困境,在结构、空间以及时间脉络下探讨集体产权制度改革。

第一节　城中村的形成与演变

人的一切行为都根植于其所在环境,对人的行为的研究必定基于一定场域空间开展,无法摆脱社会情境。城中村是进行集体产权制度改革最早及最主要的主要场域,改革密切地依附于这个空间载体。因此理解制度变迁与村民行为,应当从理解城中村这个社会空间着手。

一、城中村的形成

城镇化是中国实现现代化的重大战略选择,与工业化共同构成了国家推进现代化的两大主要引擎。改革开放以来,我国城镇化率年均提高 1 个百分点以上,城镇化增速远超出世界平均水平,到 2019 年全国城镇化率已超过了 60%。在快速城镇化进程中,城市向周边蔓延,城市边缘地区的农村成为城镇化最活跃的地区(轩明飞,2008),随着城市建成区的不断扩张,这些农村建制地逐渐被划入城区范围,土地大量被征用,越来越多的"城中村"涌现。

城中村形成的根本原因是城乡分割的二元制度,包括城乡二元的土地制度、户籍制度、社会保障制度等。在快速城镇化过程中,为了降低工业化与城市发展成本,城中村集体土地被大量低价征收。在土地城镇化的同时,受到户籍制度的制约,人口城镇化进程严重滞后,进入城市的城中村居民长期不能享受城镇非农业户口居民的同等公共服务和市民权利,村民面临就业困难、社会保障水平不高等可持续生计难题。同时在城市准企业型政府的低成本城市化策略下,对城中村的公共投资不足,城中村长期被排斥在城市统一规划和建设之外,建筑杂乱,道路、水电等公共基础设施建设滞后,生产出这一都市中特殊的空间形态和社会网络。

二、城中村的特征

城中村形成之后,从村庄形态向城市形态的演进过程中,在空间样貌、产权与经营制度、社会管理模式、生产生活方式、社会网络结构等方面呈现鲜明的过渡、混合特征。

城中村首先是个空间概念。在城市向外扩张过程中,为了低成本实现快速城市化,政府主要征用了征收成本较低的农地、空地,而绕过征收成本较高的村民居住点(仝德等,2011;张京祥等,2014),结果形成了"城中有村,村中见城"城乡混杂的空间形态。早期城中村内的建筑以高密度、高容积率的村民自建住宅为主,随着大量低收入外来人员群体流入及其对低租金房屋的巨大需求,城中村的房屋租赁市场极其活跃,在利益最大化的驱动下产生大量违法建筑,"握手楼""贴面楼""一线天"等等形成了独特的城市景观。也有相当比例的城中村在土地被征用后,居民迁到安置房社区,社区形态上接近城市小区,也享受城市的部分基础设施和公共服务,但同时仍保留了村庙、祠堂等某些传统农村景观。

在产权和经营制度上,与城市土地产权国有属性不同,城中村实行农村集体所有制,土地、厂房等资产属于集体所有,也就是集体经济组织成员共同共有。在集体资产的经营管理上,由集体经济组织负责集体资产的运营和集体经济的发展。虽然集体经济组织、党组织与村委会(居委会)实现了组织分离,但实际中依然存在经济发展、党务、社区管理政经合一,人员交叉,几块牌子一套人马,公私权交织。

在社会管理模式上,未改居的城中村社区由村民委员会负责管理,管理费用由村集体承担。一些城中村正在进行或已经实现了"村改居",进入城市组织管理体系,但仍具有浓厚的亦城亦村过渡色彩,集体经济组织依然在不同程度上保留了社会职能,承担社区行政管理和社会事务,在政府还未能完全提供社区社会管理和公共服务成本的情况下,向社区提供村民福利、基础设施、社区治安等公共产品。

在生产生活方式上,农村的边界开始被城市蚕食直至被全部侵吞的过程,是农民失去土地的过程,"城中村"往往与"失去土地"画上等号。随着城中村大量土地被征用,失去土地的村民脱离了农业生产,已基本实现生产方式的非农化。受益于区域优势,城中村的土地与房产增值,大量外来人口涌入,村民受到文化水平、劳动技能或年龄的限制,出租房屋以收取租金成为主要的收入来源之一,或从事对学历、技能要求不高,收入也不高的职业。同时,多数城中村在集体土地被征收后得到多少不等的土地补偿款,拥有店面、房产等固定资产,规模不小的物业租赁收入成为集体经济组织收入的主要来源,集体资产分红也成为村民的一大收入来源。城中村形成了以非农产业为主的产业结构和主要依赖租金、分红的收入结构。

城中村是都市蔓延的后果,村落正在脱离礼俗社会(Gemeinschaft),但并未进入法理社会(Gesellschaft)。进入城市的村民在生活方式上逐步城市化,但仍深受传统价值观念影响,道德观念、行为方式游离于城市之外,既有别于传统农村社会,也有别于现代城市社会。在社会网络结构上,村社内部的依赖性和外部的排他性明显。过于迅速的城市化过程造就了城中村在城市中孤岛式的存在状态,基于血缘、亲缘、宗族等纽带联结的社会关系网络还未来得及被消解而得以保留或部分保留。甫进入城市的村民失去既往赖以生存的土地,短期内人力资本和可持续发展能力不足,面临生计方式转换的压力和危机,为抵御城市世界的风险,村民对村落社会关系网络产生较大的依赖性。村集体经济提供的收入和福利为村民提供保障和庇护的同时,强化了村民与村社之间的经济联结,深化村民对村社集体的认同与依赖。与此同时,为了保护村社集体经济收益不被外人分享,村民封闭了村社的边界,极为警惕非"村籍"人口的进入威胁,形成了强烈的内部封闭性和外部排斥性。

三、城中村的走向

2013 年中央城镇化工作会议提出到 2020 年要解决约 1 亿人口的城镇棚户区和城中村改造,2014、2015 连续两年的政府工作报告重复强调要着重解决好包括城中村在内的"三个 1 亿人"的问题。城中村问题成为实践中的治理重点和理论上的研究热点。

城中村一向是城市政府治理的重点对象。城中村异质的空间形态,在外部景观、市政配套、社会治安、人居环境等硬件与软件上与其他城市建成区存在明显差距,与城市管理者对现代化都市的想象格格不入。同时受到房地产开发和土地升值的影响,为获取区位衍生的巨额经济利益,改造城中村成为热潮,通过强制性拆除的方式在空间上消灭城中村,代之以高楼大厦、公园广场等统一尺度的城市元素。即使在学界,许多研究一度也将城中村视为城市问题,对其持否定态度,讨论如何改造、消灭城中村(傅晨等,2008)。

所幸近年来,对城中村的解读越来越多元,人们开始重新审视与反思,城中村的历史价值和现实功能不断被肯定,它们是进入城市的农民转变为市民谋求生存和发展的倚赖(蓝宇蕴,2005),它们位于城市中心却能够提供相对低廉的出租住房和多样在地的就业机会,为城市低收入人口提供安身立命之所,成为城市外来人口适应严酷的城市竞争环境的临时缓冲区和庇护所。越来越多的学者倡议将城中村视为城市的多样性组成,认为应当正视城中村在城市发展中发挥的积极功能,把城中村纳入城市战略发展的宏观视角中,完善城中村基础设施和居住环境(叶裕民、牛楠,2012)。在当下及未来的城市更新中,政府需要改变以改造促进经济发展的价值取向,不能以牺牲城中村利益为代价进行城市更新,获取城市经济发展的动力(王婷、余丹丹,2012)。一方面,以微改造的方式提升城中村空间品质和居民生活的质量,尊重居民自决,鼓励居民自助更新,同时城中村改造不能仅仅针对物质空间进行,更重要的是消除城乡二元体制的差异,通过集体产权制度改革的带动,实现系统的制度性变迁,改变社区经济体制,推动城中村与城市管理体制接轨,推动城中村转变为现代城市社区,让城中村与城市共生成为期许和选择,构建杂糅、包容的多维城市体系。

第二节　城中村集体产权制度改革的缘起与演进

城中村问题是制度问题,实现城中村的转型发展需要通过制度创新,从根本上改变城乡二元结构的制度安排,实现经济形态、物质形态、社会管理和人的转型发展,其中首先要突破的关键和难点是实现农村集体产权制度的创新。在快速城镇化过程中,城中村集体资产迅速增值,集体经济得到了前所未有的发展。既有农村集体产权模糊、主体缺位、权能缺失等制度缺陷,产生的利益分配等矛盾与冲突,在外部利润的冲击下激化,城中村成为集体产权制度改革最早和最主要的场域。

一、改革的形成逻辑

第一,资源要素的相对价格发生变化。诺思(2008)在分析制度变迁的原因时认为,相对价格的根本性变化是制度变迁的最重要来源。相对价格如资源要素价格的变化,不仅能够改变"个人在人类互动中的激励",而且能改变人们的行为方式和心智结构。城中村在城镇化过程中受益于城乡结合部的区位优势,受到城市集聚和扩散效应的双重辐射,集体经济得到了前所未有的发展,土地等资源资产迅速增值。随着土地大量被征用,庞大的土地征用款,以及区位优势带来的物业增值和租金收益使集体资产迅速膨胀。巨大外部利润的出现使得制度变迁变得有利可图。1987年广州天河区19个行政村集体资产超过1 000万,最高的村达到7 360万元(傅晨,2003),因此广州成为我国最早开始城中村集体资产改革的地区之一。

第二,农村集体产权制度矛盾凸显。进入城市之后的城中村依然保留资产集体所有制,由于集体产权制度固有的缺陷,主体缺位、权能缺失、产权不清、边界模糊,造成庞大的集体资产和增值收益缺乏科学的管理制度、合理运用的能力以及公平的分配渠道(闫文秀,2005)。迅速膨胀的外部利润激化了潜伏的集体产权矛盾,围绕集体资产收益如何进行分配的斗争日益尖锐。福州T经合社主任介绍改革缘由时谈道:"我们为什么要改制,其实说起来是很惭愧的,因为村民告状。为什么会告状？就是因为村里面原来很穷,兄弟之间没有什么资产可争的,现在有资产可争……政府不断征用我们村的土地,当年一亩地的征地费用是 3 万 5,我们还用剩下的一些地发展第二产业、第三产业,发展乡镇企业,买楼买店面。大家都盯着这些,矛盾就出来了。"

第三,潜在利润催生了共同集体行动。诺思与戴维斯(2014a)在讨论制度变迁的起因时认为,制度安排之所以会被创新,是因为外部性变化导致了利润的形成,而这些潜在的利润在既有的制度框架下无法获取,一些行为主体为了获取这些潜在的利润会努力推动制度的变革,促成新的制度安排。城中村外部利润的出现,使得改革的获利预期大幅增加,利润动机使制度创新的集体行动成为可能。对于村民来说,保护他们的集体资产权益、争取得到合理的集体资产收益分配是行为的最主要考量。村社干部既考虑个人的物质利益,维护在村社的控制权,以及权威、声望等精神收益,但同时权衡改革的行动成本。地方政府基于推进城镇化进程、发展地方经济和维护社区稳定等意图,也扮演了改革的合作者、协助者,有些地方政府成为改革的推动者。多主体的集体行动如果能够突破制度的阈值,改革就会发生。

二、改革的进程与趋势

城中村集体产权制度改革的实践先于改革的理论研究和顶层设计。20世纪 80 年代开始,广东、浙江、海南等沿海地区和经济发达地区的一些村庄自发开始了农村集体产权制度改革试验,改革多是村社自发的或是在地方基层政府推动下开展的。随着改革的范围扩展到更多省份,改革实践逐渐得到了各省市以及中央政府的支持与规范,北京、上海、江苏、浙江、广东等省(市)专门出台了相关的法律法规或政策文件。在中央层面,2007 年农业部下发《关于稳步推进农村集体经济组织产权制度改革试点的指导意见》,2014 年党中央、国务院审议通过《积极发展农民股份合作赋予农民对集体资产股份权能改革试点方案》,2016 年 12 月中共中央、国务院发布《关于稳步推进农村集体产权制度改革的意见》,要求力争用 5 年左右时间在全国范围内基本完成农村集体经营性资产的股份合作制改革,改革进入由点及面、在全国范围内全面推进的新阶段。整个改革从自下而上的诱致性制度变迁开始,逐渐呈现出村民、政府等多主体共同推进的诱致性制度变迁与强制性制度变迁共同演进的趋势。

根据改革的时间和空间演变,大致可以将改革的历程划分为萌芽阶段、探索阶段、试点阶段和发展阶段。

第一,局部萌芽阶段:改革在沿海或发达地区的村庄出现,主要表现为基层自发探索。

20世纪80年代中后期,广州天河区为了平息围绕集体资产收入与分配产生的各类矛盾,开始了集体产权制度改革的探索,推行社区型股份合作制改革模式,将除土地以外的生产性固定资产、现金和存款作为产权明晰的对象,公益性资产和资源性资产不列入产权界定范围(傅晨,2003)。从以杨箕村、登峰村为试点开始,到1990年天河区有12个村相继采取这一改革形式。1991年广东省委、省政府下发文件,决定在全省推行天河经验。深圳龙岗区横岗镇在1988年开始实行三级股份合作制的改革模式,随着市场经济的发展改革过于简单粗糙、法人治理结构不健全、分配收益过高等弊端显现,从1997年3月开始以龙岗区横岗镇的荷坳村为试点,对"横岗模式"进行改造,并探索出"龙岗模式"(罗必良等,2004)。同时期,广东佛山南海区开始推广"土地股份合作制改革"模式。20世纪90年代以后,浙江、北京、上海、江苏等省市针对农村城市化进程中出现的集体资产利益分配矛盾,部分地区开始进行村社集体经济股份合作制改革尝试,也取得了良好的效果(陈志新,2006),时至今日有些经合社已经成为强大的富民综合体。1993年北京市以丰台区南苑乡为试点,之后加以推广,形成了"资源折股量化型"和"资本折股量化型"两大模式(程燕玲,2012)。浙江杭州、宁波、绍兴等地的一些城中村,借鉴"南海模式"以及"乡村集体企业改革经验",探索农村集体经济组织股份合作制改革(郑水明,2008)。

第二,扩大探索阶段:改革探索范围扩大,从沿海城市扩展到内陆地区。

进入21世纪后,集体产权制度改革的探索范围逐渐扩大,出现省级层面的地方改革探索,内陆地区也开始出现并推进城中村集体产权制度改革,农业部出台了推进改革试点的指导意见,鼓励"条件成熟的地方"积极稳妥地开展改革试点。

江苏、浙江、上海、广东等城市化进程快速的地区,改革逐步深入推进,并取得良好效果(程燕玲,2012),湖北、辽宁等地也开始探索推进改革工作。农业部课题组2006年的调研发现,一些地方根据国家有关法律法规和外地的成功经验,围绕明晰产权、股权设置、折股量化、收益分配等内容进行改革探索,创造了一些地方性的改革模式。大体而言,农村社区集体经济产权制度改革以村、组为对象,在制度安排上多采取股份合作制的形式(农业部课题组,2006)。

2007年农业部出台《关于稳步推进农村集体经济组织产权制度改革试点的指导意见》,在前期各地自发改革经验基础上,对农村集体经济组织产权制度改革进行规范指导,提出以"清产核资、资产量化、股权设置、股权界定、股权管理"为主要内容的改革建议。此后,北京、江苏、浙江、广东、湖北等省(市)专门出台了地方指导文件,以浙江、广东、江苏为典型,从省级层面来推动农村集体资产产权制度改革。2011年,全国有30个省(区、市)的2.32万个村开展了产权制度改革(其中已完成改制的村1.66万个),占全国总村数的3.8%。在完成集体产权制度改革的村中,东部、中西部地区分别为14 168个、2 381个,占完成村数的比重分别为85.6%和14.4%。从各省市来看,单北京、广东、江苏和浙江4省市完成产权制度改革的村就已经占全国完成村数的75.5%,绝大多数省份的产权制度改革进展较慢(余葵,2012)。

第三,全国试点阶段:从局部地区探索逐渐扩大为全国范围内的试点。

2013年中央一号文件以及十八届三中全会的决议文件,提出通过改革建立归属清晰、权能完整、流转顺畅、保护严格的集体产权制度,鼓励具备条件的地方推进农村集体产权股份合作制改革。2014、2015年的中央一号文件进一步明确提出"推动农村集体产权股份合作制改革","提高集体经济组织资产运营管理水平,发展壮大农村集体经济。"十八届三中全会也提出要"积极发展农民股份合作"。2014年10月中央审议通过了有关农民股份合作和农村集体资产股份权能改革试点方案,标志着农村集体产权股份合作制改革试点工作全面展开。2015年11月《深化农村改革综合性实施方案》继续将深化农村集体产权制度改革作为深化农村改革要聚焦的第一大领域。在中央一系列政策推动下,全国绝大多数省份都展开了改革试点,改革进入新的发展期。2013年年底,全国有14个省份下发了指导改革的文件,27个省份开展了改革试点。这也意味着过去由基层自发探索的局部性的集体产权制度改革到已经演变为中央政府和地方政府参与推动的全国性的改革。

2015年,中央部署在29个县开展农村集体资产股份权能改革试点,重点探索保障农民集体组织成员权利、发展农民股份合作、赋予农民集体资产股份权能。经过三年试点探索,完成各项试点任务。29个试点县共清查核实集体资产 1 125.6 亿元,确认集体成员 918.8 万人;共有 13 905 个村组完成改革,量化集体资产 879 亿元,累计股金分红 183.9 亿元[①]。2017 年,改革试点扩大到 100 个县,对试点内容做了进一步拓展,包括全面开展清产核资、加强集体资产财务管理,探索确认集体成员身份、推进经营性资产股份合作制改革、赋予集体资产股份权能、发挥集体经济组织功能作用、发展壮大集体经济等,改革内容更加丰富。2018 年国家继续扩大改革试点覆盖面,确定吉林、江苏、山东 3 个省开展整省试点,河北石家庄市等 50 个地市开展整市试点,天津市武清区等 150 个县开展整县试点,中央试点单位共涉及 1 000 个县左右,约占全国总数的 1/3。同时,全国有 18 个省份自主确定了 266 个省级试点县[②]。2019 年,天津等 12 个省份、山西省运城市等 39 个地市、内蒙古自治区托克托县等 163 个县(市、区)为农村集体产权制度改革试点单位。

第四,全面推进阶段:改革进入由点及面、在全国范围内全面推进的新阶段。

2016 年 12 月中共中央、国务院发布《关于稳步推进农村集体产权制度改革的意见》要求力争在 2021 年之前在全国范围内基本完成农村集体经营性资产的股份合作制改革,改革进入由试点向全国普遍推进的新阶段。

三、改革的内容与做法

(一)改革的内容

城中村集体产权制度改革在制度安排上主要采用股份合作制的形式,在不改变集体所有的前提下,把社区内集体资产折股量化到每个成员头上,并参照股份制的治理结构重构集体经济组织,统一经营,民主管理,按股分红(傅晨,2006)。股份合作制改革的主要内容包括集体资产量化、集体经济组织重建,以及实现集体经济发展。集体资产量化是在厘清农村集体资产数量和权

[①]　农业农村部发布农村集体产权制度改革最新进展情况[EB/OL].2018-06-19.ht-tp://www.gov.cn/xinwen/2018-06/19/content_5299654.htm#1

[②]　农业农村部发布农村集体产权制度改革最新进展情况[EB/OL].2018-06-19.ht-tp://www.gov.cn/xinwen/2018-06/19/content_5299654.htm#1

属关系的基础上,合理界定集体经济组织成员资格,将纳入改革范围的集体资产折股量化、确权到人(户),建立较为清晰明确的权责关系,解决产权虚置问题。组织重建是指重建集体经济组织,构建完善的集体经济组织现代产权运行体制,推动其成为以营利为主要目标的市场主体。集体经济发展是改革的目标,集体产权制度改革最终的目标是通过改革实现集体资产的保值增值,推动集体经济的可持续发展,保障村民对村社集体资产的剩余索取权,实现村民收入的持续增加。

(二)改革的步骤

结合广东、浙江、北京、上海等改革先进地区以及其他省份的改革经验,改革的主要步骤包括清产核资、界定成员资格、股权设置、股权管理、重建集体经济组织和促进集体经济的可持续发展。

(1)清产核资。城中村的集体资产一般包括经营性资产、非经营性资产以及资源性资产,首先需要摸清家底,评估集体资产总量,明确资产权属关系,建立集体资产管理台账。明确集体资产量化范围,确定哪些资产将以什么计价方式纳入产权界定的范围。目前对于集体资产量化的范围没有统一规定,大多数地区先将经营性资产纳入量化范围,非经营性资产和资源性资产暂不量化,也有一些地区已开始量化全部资产,推进彻底改革。

(2)成员资格界定。确定集体经济组织的成员资格,也就是决定符合哪些条件的村民具有股东资格,是集体产权制度改革的关键和重点,也是矛盾的集中点之一。确定股东资格的常见做法一般是以户籍、土地承包关系为主要考量,综合考虑村落文化、生产生活历史与集体经济组织的权利义务关系等因素(农业部课题组,2014)。从实践经验来看,股东资格的界定主要遵循村民自决的原则,具有浓厚的乡土色彩。

(3)股权设置。股权设置是将集体净资产,按照一定标准、采取股份的形式在具有股东资格的集体经济组织成员之间进行分配,通过股权的具体量化形成多元产权主体。通常设置个人股、集体股和募集股(又称现金股)三种:①个人股(也称合作股或分配股)是按集体资产净额的一定比例折股量化,无偿或部分有偿地由集体经济组织成员股东按份享有。②集体股是按集体资产净额的一定比例折股量化,由全体股东共同所有的资产。③募集股是符合条件的股东(一般是改制后入社的新股东)以现金投入方式新增加的增量股金,由此形成三元的股权结构。

（4）股权管理。各地对股权的管理主要有动态管理和静态管理两种形式：一是动态管理，定期对新增、死亡人员的股权进行调整，和土地承包"几年一调整"的做法类似；二是静态管理，实行"生不增，死不减"，一次性把股权量化给所有人员，股权不能继承和转让，或者有限处分，可以继承和内部转让，但不能退股提现。

（5）集体经济组织重建。在产权明晰的基础上重建有效率的集体经济组织是改革的关键。农村集体经济组织是指原人民公社、生产大队、生产队建制经过改革、改造、改组形成的合作经济组织，主要称为经济合作社。在高度集中的村落管理体制下，经济合作社通常与村委会、党组织"党政企"合一。重建村社集体经济组织，是要改革原集体经济组织的管理决策机制、资产营运机制和收益分配机制，强化集体经济组织的经济职能，构建完善的集体经济组织现代产权运行体制，改变原有的"政企不分"的集体资产经营管理制度，将社会管理和公共服务职能剥离给居委会等其他相关组织，使重建的集体经济组织专注于经济发展职能。实践中出现的集体经济组织重建形式主要有股份合作制和公司制两种形式。股份合作制由于其具有的行政性、区域封闭性和福利性等特点，是当前集体经济组织重建采用的主要形式。有限责任公司和股份有限公司是规范化的市场组织形式，由于存在登记注册、企业规模、运行管理等限制，大部分集体经济组织还不能适应公司制的条件与要求，仅有广东、浙江等少数地区采用。

（6）集体经济的可持续发展。改革不是目标，而是实现集体经济可持续发展的手段。通过改革完善传统农村集体产权模糊、主体缺位、权能缺失等制度不足，明晰集体资产产权，重建集体经济组织，创新集体经济运行机制，提高集体资产管理水平，使其成为适应市场经济发展的主体，目的是壮大农村集体经济的实力，拓展集体经济发展前景。从各地的实际经验来看，改革的成效十分显著，但一些地区的城中村在改革后也面临着经济发展形式单一、资源有限、新组织内部治理机制不健全、经营能力不强等问题，或者改革仅仅止步于集体资产量化，未能实现发展集体经济的预期目标，影响了集体经济可持续发展能力。

(三)改革的环节

改革内容涉及面广,环节繁多,牵涉利益主体多,过程事务错综复杂,各地详细制定了改革实施的工作流程(见图 3-1),主要环节一般包括:

第一,成立机构。首先,由县(市、区)成立集体产权制度改革领导小组,负责对改革工作的领导和指导。乡镇(街道)成立改革办公室,由乡镇(街道)主要领导担任负责人,负责具体指导改革工作,村社成立改革工作小组。有些地方邀请律师、学者担任改革顾问,给予业务指导。然后开展改革的宣传动员,向村民广泛宣传改革的意义和政策内容,为改革的开展奠定基础。

第二,清产核资。清产核资范围包括集体所有的经营性资产、非经营性资产和资源性资产。村改革工作小组按照有关规定制定清产核资方案,全面核实集体资产家底,明确所有资产的权属关系,处理债权债务,设立台账登记造册。清产核资结果须经村民(代表)会议审议通过,并报县(市、区)农村集体资产主管部门审核、鉴证。在清产核资的基础上,对经营性资产进行评估折股,一些地方将所有资产纳入量化范围。

第三,制定方案。由村改革工作小组负责改革工作的推进和改革方案的制定,宣传学习有关法律和政策,通过召开动员会、座谈会,开展意愿调查,收集整理村干部和村民的意见,制定改革方案草案,以经合社章程为主要形式,内容包括:改革的资产量化范围,股权设置及其比例,股权量化对象的界定办法,股份量化与管理方式,改革后的集体经济组织机构设置与职权,资产经营管理与收益分配,以及其他需要说明的事项。

第四,通过方案。在完成了方案草案的制定之后,下发村社内征求意见,并根据意见修改完善方案草案,报乡镇改革办审核同意后进行表决。各地表决形式和标准有不同。表决形式方面,有的地方采取村民代表会议,有的采取全体村民大会,有的采取户代表投票的形式;表决标准方面,有的以过半数为准,有的以三分之二为准,有的则要求九成以上的投票数通过才算通过。通过后,由乡镇(街道)人民政府(办事处)批准,报县(市、区)农业部门备案,并张榜公布。

第五,健全组织。村民股东代表一般由原村经济合作社社员代表直接过渡产生,也可以重新由股东户代表投票选举产生。拟定董事会、监事会组成人员候选名单,并张榜公布。筹办首届股东代表大会,选举产生董事会或监事会等管理架构。经乡镇(街道)人民政府(办事处)批准村经济合作社改制为村股份经济合作社,县级人民政府颁发股份经济合作社证明书,向全体股东发放股权证书。

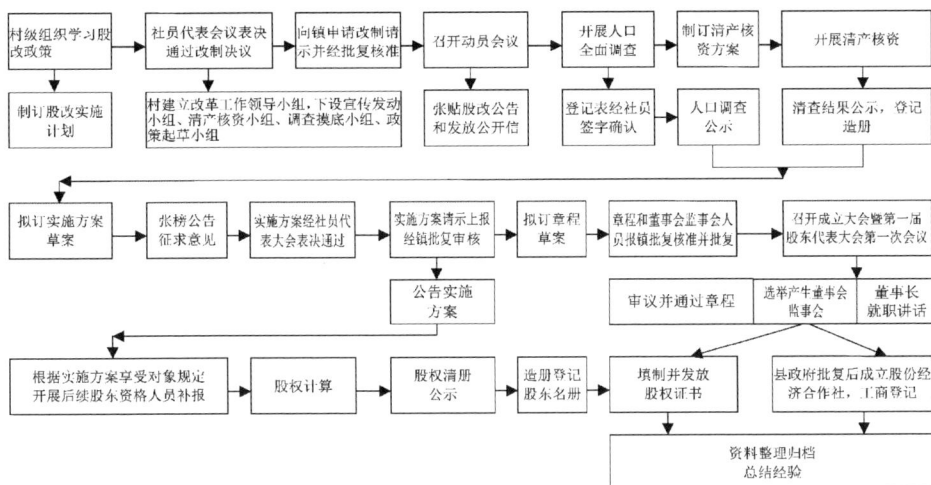

图 3-1　集体资产产权制度改革工作流程图

资料来源:浙江省温州市农业局。

四、改革的实践与特点

(一)广东省城中村集体产权制度改革实践

广东是全国改革开放的前沿阵地和窗口之一,广东的城中村集体产权制度改革也走在全国前列,早在 1985 年就率先开始以社区股份合作制为主要形式的改革。由于改革探索的时间比较早,广东不仅开创了集体经济社区股份合作制改革的先河,并且在改革制度设计和创新方面进行了大量积极有益的探索。以广州天河和深圳横岗等地为代表的农村社区股份合作制改革为全国其他地区农村集体产权制度改革提供了宝贵经验。

广东省在农村集体产权制度改革初期,大部分地区只将经营性资产纳入集体资产量化范围,资源性资产和非经营性资产只登记、不量化。随着改革的推进,越来越多的地区将土地等资源性资产和非经营性资产也纳入折股量化的范围,实现对全部集体资产的股份量化。

在集体经济组织成员资格界定方面,广东省的一般性规定如下:原人民公社、生产大队、生产队的成员,户口保留在农村集体经济组织所在地,履行法律法规和组织章程规定义务的,属于农村集体经济组织的成员。实行以家庭承包经营为基础、统分结合的双层经营体制时起,集体经济组织成员所生的子女,户口在集体经济组织所在地,并履行法律法规和组织章程规定义务的,属于农村集体经济组织的成员。实行以家庭承包经营为基础、统分结合的双层经营体制时起,户口迁入、迁出集体经济组织所在地的公民,按照组织章程规定,经社委会或者理事会审查和成员大会表决确定其成员资格;法律、法规、规章和县级以上人民政府另有规定的,从其规定①。

对于少数争议群体的成员身份确认,如外嫁女、入赘男、回迁户等,广东省将政策制定权下放到县级以下,既有利于保持区域界定政策的统一性、准确性和可操作性,又有利于避免自主界定不规范造成对少数人利益的损害,维护社会公平公正(黄延信等,2013)。对于法律、法规、规章和县级以上人民政府没有明确的特殊人员,进行村社民主自决,由集体经济组织成员大会民主表决确定其成员资格。因此,在广东各地的实践经验中,不同地区、不同村社的成员资格界定标准存在差异。

在股权设置上,一般设置集体股、个人股(合作股)和募集股。其中,集体股主要作为扩大再生产和福利事业的开支,早期集体股股份比例一般都在50%以上。随着社会上对股份制"姓资""姓社"争议的淡化或终止,集体股的设置比例不断下降,有的地区还干脆取消集体股,如广州市荔湾区的股权设置只设个人股不设集体股,社区政权性组织运转开支和社区其他公共开支在集体经济收益分配前实行集体提留予以解决。

早期设置的个人股(合作股),基本按社区合作经济组织成员的户口性质、劳动时间长短、年龄大小、承包土地数量等要素,将集体资产折股无偿分配到个人。广州荔湾区将个人股又分为基本股(人口股)和农龄股(劳龄股)。人口股按照产权改革时是否拥有该村的户口为依据分为社员股和社会股。在规定的时间段里具有该村户口的成员配置社员股;原来户口在本村但因外出读书、

---

① 《广东省农村集体经济组织管理规定》,广东省人民政府令第 109 号,2006 年 8 月 9 日。

工作等原因迁出户口的人员只配置社会股,社会股只能参与分红,不享有选举权和被选举权。农龄股则以参与村集体的劳动时间为依据。个人股不能抽资退股,不得转让、买卖、抵押,但可继承。随着许多地方先后固化股权,推出"生不增、死不减,入不增、出不减"的个人股处置办法,除继承外,股东拥有的股份权能有限增加。

设置募集股的主要目的有两个:一是聚集民间闲散资金,利用集体优势新办企业或做大做强原有集体经营项目;另一个是调节个人股的股份配置矛盾,如深圳龙岗、宝安允许在集体资产折成股份后留出 10%～20% 作为募集股,让新迁入户等人员按原值或现值一次性用现金等额认购。

深圳市龙岗、宝安两区的改革在股份处置上还实现了"三个突破":一是股东界定机制上的突破。改变原有仅仅依靠户口确定股东资格的模式,充分考虑各种可能出现的情况,把股东情况界定为三类——原来已经享受全额合作股的股东、原来不能享受全额合作股的股东、改革后新迁入或新出生的村民。二是实行有偿配股制度。对不同类型的股东,实行不同标准的有偿配股;实行差别持股,根据"贡献不同、获取不同"的原则,承认持股差别,拉开档次。三是实行股权流转制度,明确股东对股权具有处置权,允许合作股、募集股在本股份合作经济组织内依法继承和转让。

重构集体经济组织。广东以地方政府规章的形式明确了农村集体产权制度改革的组织载体,2006 年广东省颁布了《广东省农村集体经济组织管理规定》,明确农村集体经济组织是指原人民公社、生产大队、生产队建制经过改革、改造、改组形成的合作经济组织。农村集体经济组织以原人民公社、生产大队、生产队为基础,按照集体土地所有权和集体资产产权归属设置。实行股份合作制改革后,农村三级集体经济组织名称分别为:股份合作经济联合总社、股份合作经济联合社、股份合作经济社。在机构上,选举产生股东(代表)大会、理事会、监事会,股东大会是最高权力机构,同时建立 3～7 人的理事会或者社委会,以及 3～5 人的监事会或民主理财监督小组。建立起集体经济组织管理决策机制和收益分配机制,用明确的股东共同占有制代替了原来的干部家长制,以章程、合同、群众监督等制度规范股东行为,以按股分红、按资分配代替原来的平均分配,搭建起"产权明晰、股权固化、按章管理、按股分红"的管理新框架。

在集体经济组织法律地位上,广东省以政府颁发农村集体经济组织证明书的形式赋予股份合作社身份证明,由县级人民政府或者不设区的市人民政府向集体经济组织颁发组织证明书,赋予农村集体经济组织的市场主体地位,可以进入市场开展经营活动。

改革后的集体经济组织多数具有发展集体经济和服务社会管理的双重功能。发展集体经济是集体经济组织的主要任务,绝大多数城中村社区集体的主要收入来源于土地、厂房、商铺等物业租赁经营的收益,收入来源较为单一。除此之外,集体经济组织普遍承担起社会服务管理的职能。许多地区把股权配置及股份分红与计划生育、社会治安管理、惩治违法犯罪活动、服兵役、殡葬改革以及其他社会管理工作结合起来,运用股权的配置和股份的分红等经济手段服务于社会管理和社区管理。

(二)浙江省城中村集体产权制度改革实践

浙江省城中村集体产权制度改革也走在全国前列。从 20 世纪 90 年代中后期开始,浙江的杭州、宁波、绍兴等地的一些城中村在集体土地被征用后,借鉴广东改革模式和乡村集体企业的改制经验,展开农村集体经营性资产的股份合作制改革探索。

浙江省改革前期规定,在清产核资的基础上只对农村经济合作社的经营性净资产进行评估折股,有条件的地方也可以将土地承包权折股,公益性资产原则上不列入折股范围。改革后,因土地被征用等由集体经济组织所得的土地补偿费和集体资产置换增值等的收益,应及时足额追加到总股本中[①]。随着改革的推进,一些地区突破量化资产范围的限制,将土地等资源性资产和公益性资产也纳入量化范围,改革更加彻底。如杭州市萧山区 2010 年下发《关于推进村级集体资产股份制改革和加强村级集体资产规范管理的意见》,提出村级集体经济组织应将村级经营性净资产和公益性净资产全额进行折股量化。余杭区将公益性资产和经营性资产作为实物性资产股,按其净资产折股量化到人到户,既明确股份又明确股值;将资源性资产作为资源性资产股,按承包土地面积折股量化到人到户,只明确股份,待土地被征用后再明确股值。宁波市海曙区进行清产核资、资产评估时,并对未征用土地按照当时的土地征用补偿标准统一折算量化。

---

① 中共浙江省委办公厅、浙江省人民政府办公厅,《关于全省农村经济合作社股份合作制改革的意见》,2005。

在实践中,浙江的很多村社在清产核资时,并没有选择聘请专业评估机构对集体资产进行评估作价,因此股份价值相对模糊。这种权宜做法的合理之处在于,首先,对于股东来说只要明确股份数量,就可以作为收益分红的依据,至于股份面值多少并非村民关心的首要问题。其次,聘请专业评估机构的评估费用高,评估有效期短,而集体资产的价值每年都在变化,评估成本高但实用性有限。再次,考虑到如果按照市值估价,集体资产价值将成倍增加,导致量化到股东的资产差距绝对量也成倍扩大,容易引发矛盾。

在集体经济组织成员资格界定方面,浙江省主要以户籍关系和劳动贡献两项标准确认股东资格,同时提交村民(代表)会议民主讨论决定。2005 年浙江《关于全省农村经济合作社股份合作制改革的意见》规定,所有户籍关系在本村的村集体经济组织成员及其子女(包括户籍在本村的农嫁女)均可享受量化股份,人员名单应征求全体社员意见后张榜公布;改革同时要充分考虑到户籍已不在本村的现役义务兵、士官及复员回村军官,在读大中专学生等的利益。2007 年修订的《浙江省村经济合作社组织条例》明确户籍不在本村的解放军、武警部队的现役义务兵和符合国家有关规定的初级士官,全日制大、中专学校的在校学生,被判处徒刑的服刑人员等应当保留社员资格。

宁波市在股东资格的界定上,原则上把时间限定为从第一轮土地承包责任制落实之日起,到股份经济合作社章程通过之日或撤村建居之日止。具体界定以人员的户籍和现行工作情况为主要依据,既考虑在校大中专学生、军人、刑释解教人员等曾经在册人员,也适当考虑户口已迁的婚嫁人员及改革前已"农转非"的招工人员,根据不同情况区别对待,由社员(代表)大会讨论决定。宁波市海曙区重视解决特殊群体诉求,对户口在村的大中专学生、现役军人、改革时正在服刑人员予以保留股权;对土地征用"农转非"人员等对象,或享有一部分股权或按照当时的资产评估状况给予一次性经济补偿。在社员界定方面坚持"按法规、走程序、讲民主",海曙区要求改革实施和人员界定方案村民代表到会率在 95% 以上,知晓率达到 100%,同意方案的代表不低于95%,该区下辖 16 个合作社改革方案通过率都在 99% 以上。江东区对特殊情形的 20 多种对象认真甄别,将其区分为 12 种类型,分别提出解决方案。

在股份量化方面,浙江省主要设置了集体股、个人股和农龄股。个人股或者称人口福利股,是在现有集体净资产中划出一定数量,量化给本村集体经济组织成员及其子女,人口福利股作为基本股权,其分配依据主要是村集体土地及衍生资产,原则上按人均分配,体现集体经济的保障功能。农龄股或称劳动贡献股是在现有集体净资产中划出一定数量,按劳动贡献多少(以劳动年限为主)量化给本村集体经济组织成员,劳动贡献股作为调节股权,其分配依据主要是村集体成员的长期劳动积累,按照实际劳动贡献年限分配,体现按劳分配原则。股份各自所占的比重、截止时间划分等,由县(市、区)根据当地实际提出指导性意见,具体量化方案经村民(代表)会议民主讨论决定①。随着改革推进,新近改革的村社一般不再设置集体股,原则上只设人口股和农龄股。

嘉兴平湖市当湖街道大南门村股份经济合作社的量化资产总额 7 708 152元,按 1 元折 1 股,人口股和农龄股各占量化资产的 50%。宁波江东区在股权配置上,一般人口福利股占 45% 左右,劳动贡献股(农龄股)占 55% 左右,个别村为吸收资金做大集体经济,还增设了少量的现金认购股。宁波市江东区认定从第一轮土地承包责任制落实之日(1983 年 1 月 1 日)起,到社区股份经济合作社章程通过之日或撤村建居之日止,对这个时段内的在册和部分曾经在册的人员(如参军服义务兵役者、就地农转非等)享有人口股;在这个时段内参加本村劳动或曾经参加过劳动的人员,享受农龄股(如有的人已经农转非,没有人口股,但曾在村里劳动过,就按照实际劳动年限计算农龄股)。分配的结果形成了四种股东:大多数人享有人口股、农龄股;有些人只享有人口股(16岁以下的儿童、少年);有些人只享有部分农龄股;有些人享有人口股和部分农龄股(如有些人已出村自谋职业,但户口未迁出,他们享有人口股和外出前在村劳动年数的农龄股)。经过反复计算、登记、核实,最后把每人的人口股、农龄股及具体股金经社员代表大会通过后进行公示,无异议后由股份经济合作社发给股权证。

在股权管理上采取静态与动态两种管理模式。一是静态管理模式,股份量化对象和股份数量不随人口的变动而增减,"增人不增股、减人不减股"。大部分完成产权制度改革的村实行静态管理,尤其是多数土地被征用或者已经撤村建居的村社一般实行静态管理。二是动态管理模式,股东资格和股份数量间隔若干年调整一次。土地征用不多且尚未撤村建居的村社一般实行动态管理。萧山区宁围镇各村集体经济组织均定期对股权进行调整。宁牧股份经

---

① 中共浙江省委办公厅、浙江省人民政府办公厅,《关于全省农村经济合作社股份合作制改革的意见》,2005。

济联合社每隔三年根据本社出生、死亡、迁入、迁出等四项人口变动情况进行一次股东调整,新增股东可从集体新增积累中享受与其他股东同等数量的股份,减少股东的股份由集体无偿收回。也有部分村社实行半动态管理,即人口福利股随人口增减而增减,劳动贡献股不增不减。

重建集体经济组织。浙江省绝大多数地方农村集体经济组织以村级为基本核算单位,称为村经济合作社。根据《浙江省村经济合作社组织条例》的规定,村经济合作社是指在农村双层经营体制下,集体所有、合作经营、民主管理、服务社员的社区性农村集体经济组织。浙江的农村集体产权制度改革是以村经济合作社为主体开展的。浙江《关于全省农村经济合作社股份合作制改革的意见》规定,村经济合作社股份合作制改革,是以行政村为单位,对原有村经济合作社进行股份合作制改造,原村经济合作社更名为股份经济合作社,继续依法行使原村级集体资产的所有权和经营管理权。股份经济合作社实行股东代表大会领导下的董事长负责制。股东代表大会是股份合作社的最高权力机构;董事会是股份合作社的常务决策机构和管理机构,实行董事长负责制;大多数股份合作社还设立了监事会。

浙江省及时确认改革后新型集体经济组织的法律地位,保障其能够进入市场独立进行经济活动。《浙江省村经济合作社组织条例》明确规定由县级人民政府免费向村经济合作社颁发浙江省村经济合作社证明书。证明书颁发、审验、变更管理的具体工作,由县级人民政府农业行政主管部门负责。村经济合作社可以向工商行政管理部门申请登记注册,取得法人营业执照。具体登记注册办法,由省人民政府工商行政主管部门商同省人民政府农业行政主管部门参照农民专业合作社登记办法制定[①]。实践中,各地通过向村经济合作社或产权制度改革后成立的村股份经济合作社颁发浙江省村经济合作社证明书,解决了农村集体经济组织的市场主体地位问题。

改革后的村社集体经济的形成以物业经济为主的发展模式。城中村区位优势明显,物业经营管理风险小、收入来源相对稳定,发展物业经济成为城中村集体经济发展的重要选择。各村集体经济组织主要通过建造标准厂房、职工宿舍、商铺店面、仓储设施、写字楼、兴办市场、购置商业用房等方式开展物业经营,获得相对稳定的租金收入(农业部农村经济体制与经营管理司调研

---

① 《浙江省村经济合作社组织条例》。

组,2013)。宁波海曙区下属 16 个经合社共合作开发了上规模的商务楼宇近 10 幢,年经济收益超过亿元。江东区惊驾、明一经合社分别投资 2 亿、1.6 亿,自主开发了曙光综合楼、明晨大厦;明一经济合作社还通过运作留用地拍卖出让土地收入,合作开发了十六城联邦商务大楼、泰富广场等项目,聚集了如世纪联华、家乐福、易买得等国际零售业巨头。有的经合社通过旧村改造盘活存量土地。江东区惊驾股份合作社下属的房地产开发公司自主承担征地、拆迁,建设了惊驾拆迁安置房,共有 21 幢高层住宅,总占地 6.33 万平方米、建筑面积 24.118 万平方米。除了开展物业租赁经营之外,一些村积极拓宽集体经济发展的新路子,利用集体积累的货币资金,通过异地购置物业、参股经营稳定和资产质量较好的产业项目,实现集体资产增值,如海曙区震丰股份经济合作社购入批发市场、宾馆、厂房等项目,还在省外合作投资房地产项目,获得丰厚回报。

经合社每年集体经营的收益在提取一定比例的公积金、公益金后,按照经合社章程规定的集体收益分配程序,向股东进行收益分配。宁波股份经济合作社从当年经营性收入(不含土地征用费、上级拨款等非经营性收入)中,扣除管理成本和应付债、税后,经股东(代表)大会决议,提取净收益的 10%~25% 作为公积公益金,其余作为当年收益分配部分。具体分配方案由董事会提出,报街道党工委、办事处审核同意后,经股东(代表)大会讨论通过后执行。

(三)城中村集体产权制度改革的基本特点

城中村社区集体产权制度改革在制度安排上多采取股份合作制的形式,体现出以下几个主要特点。

第一,与早期股份合作制的制度安排相比,改革的集体资产量化范围不断扩大。在改革初期,各村社仅仅是将经营性资产纳入集体资产量化范围,土地等资源性资产不纳入的原因是由于价值庞大和评估困难,非经营性资产则是考虑到不能入市增值,所以资源性资产和非经营性资产只登记、暂不列入量化范围,造成了改革的不完全、不彻底。随着改革的推进,越来越多的地区将选择资源性资产和非经营性资产也纳入折股量化的范围,实现对全部集体资产的股份量化。土地等资源性资产的纳入,进一步强化了村民以土地为纽带对集体资产的剩余索取权,使土地对村民的资产价值不仅仅限于承包经营的收益。

第二,股权设置上以个人股为主,逐渐减少乃至取消集体股的设置。在改革前期,为了体现产权制度改革的公有制性质,以及考虑到为公益服务和社区发展留存资金,各地多设置有一定比例的集体股。由于集体股依然存在归属不清、产权虚置的缺陷,面临再改革再确权的问题,陆续出台的地方和中央文件开始倡导股权设置以成员股为主,各地在实践中逐渐降低集体股的比例,或取消了集体股。

第三,股权管理方面,固化股权配置,"生不增,死不减;迁入不增,迁出不减"的静态管理模式成为改革的主流方向。静态管理模式在分配股权时一次性确定,改革后不再随着社区人口增减变动而进行调整。与动态管理模式相比,它不需要调整变动或二次改革,有利于股权的交换流动,更能够体现"归属清晰、权责明确、保护严格、流转顺畅"的效率目标。静态管理模式成为政府鼓励的改革方向,在实践中成为越来越普遍的制度选择。

第四,股东拥有的股份权能不完整。完整的股份权能包括对股份的占有、使用、收益、处分等权利。集体产权制度改革后,集体经济组织成员实现了对股权的占有、使用、收益这几个方面的权利,但其所拥有的处分权是有残缺的。在各地的实践中,成员行使处分的权利受到限制,仅允许依法继承和在集体经济组织内部转让,还有一些地区限制成员将所有股份转让变现。从这些经验来看,股份量化使集体经济组织成员获得了参与集体资产收益分配的权利和依据,实现的是收益分配权,而不是真正意义的产权(课题组,2014)。随着改革的深入,一些地方已经开始试点探索股权的有偿退出及抵押、担保等改革,力争赋予成员更充分的股份权能。

第五,改革呈现明显的社区福利性。城中村集体资产股份合作制改革从开始就表现出浓厚的利益再分配的价值取向。在产权界定过程中,股东资格不向社会开放,股权分配主要以社区成员的"天然"资格和村庄文化审查为依据,遵循平均主义的传统思维定式,兼顾各类社区成员的利益,考虑福利分配人人有份,同时股东只分红而不承担经营风险。改革后的集体经济组织要负担起社区服务与社会管理等公共职能。多数地方通过在收益分配前预先提取公积金、公益金的形式来保证行使这一功能。有些地方还在产权制度改革时,通过从村级净资产中剥离出一定比例,建立农村社会风险保障基金的形式,扶助弱势群体。此外,各地还普遍把股权配置及股份分红与计划生育、社会治安管理、惩治违法犯罪活动、服兵役等社会管理工作结合起来,运用经济手段开展社会管理和社区服务(农业部集体经济产权制度改革研究课题组,2005)。

第六,改革体现出封闭性的特点。社区型股份合作制改革从集体经济组织股东资格确认、股权设置、股份分配到股权管理,都严格限制在社区内部运作,股东资格仅限社区内部成员,股权也不能向外流动,阻碍了集体资产价值的实现和优化配置。社区边界对外封闭的结果使得外部的资源要素也无法进入社区。外来的资本不能流入,社区外的高素质管理人员很难引进,强化了内部人控制机制。股份经济合作社董事长、总经理等主要管理人员大多是由原来的村干部兼任,延续传统的村社管理模式,距离现代企业管理和市场竞争的要求还有很大差距。

第三节 城中村集体产权制度改革的成效与困境

一、改革取得的成效

(一)保障村民的集体资产剩余索取权,增加村民收入

集体资产股份合作制改革在坚持集体资产所有制不变的前提下,在价值上以股份的形式将集体财产具体量化到社区每一个成员身上,突破传统集体经济实现形式的束缚,形成了一种新的产权制度安排。每个成员都清楚地知道自己在集体财产中的份额和权利,由过去笼统的无差别的集体所有,转变为具体的、有差别的个人按份所有。改革从制度上最大限度维护农村集体经济组织及其成员的权益,通过科学量化、重新配置、合理界定集体资产产权,推动对集体经济组织成员的还权赋能,有效地解决了长期积累的种种利益矛盾问题。成员对集体资产占有权、收益权和处置权以股份的形式得到实现,增加了来自集体资产的收入份额,提高了收入。中央农村工作领导小组办公室主任、农业农村部部长韩长赋指出,实践已经证明凡是产权制度改革的地方村民的收入都会有所提高①。改革后,发达地区村民收入构成中来自集体分红的收

---

① 见韩长赋 2017 年 6 月 9 日在全国农村集体产权制度改革试点工作部署推进会议上的讲话。

入可以高达数千上万元,中部地区几百上千元,西部地区低一些。以苏州市为例,改革后 2016 年全市村集体收入超过 800 万元,农民人均可支配收入 2.77 万元,其中财产性收入占比超过 18%,城乡居民收入比缩小到 1.97∶1①。

(二)促进集体资产保值增值,推动集体经济发展

改革在产权明晰的基础上重建了规范、有效率的集体经济组织,创新了集体经济运行机制。在股份合作经济组织内部,确立了股东会、董事会和监事会"三会"管理模式,形成所有权、决策权、经营权、监督权"四权"制衡机制,重建集体经济组织的管理决策机制、资产营运机制和收益分配机制,扭转了集体资产管理混乱和集体资产流失等现象,提高了集体资产管理效率和管理水平。同时,资产量化后村民变成股东,增强了对集体经济的凝聚力和向心力,提高了对集体经济运行的关切程度,调动起村民参与民主议事、民主管理和民主监督的积极性,有助于提升集体经济的管理和运行质量。另外,改革将股份经济合作社与党组织、村(居)委会分立、职能分开,有利于提高新型集体经济组织的专业化与规范性水平。改革奠定了产权清晰的制度基础,为集体资产进入市场交易、实现城乡要素平等交换创造了条件。改革后,一些地区的股份经济合作社抓住城市化的有利契机,通过盘活现有的资金、资产,促进资源的优化配置,不仅实现集体资产的保值增值,也为集体经济发展拓宽了道路(刘炜,2006)。

(三)推动完善基层治理,促进社区公共事业发展

改革改善了社区治理结构,有助于实现社区的稳定和发展。集体经济组织与村委会、党组织分立,初步实现了党政分开、政社分开、政企分开,为党组织、村民自治组织、集体经济组织形成在社区治理中的分工协同关系奠定基础。改革改变了产权虚置导致的村民主人翁地位无法保障的状况,重新赋予了村民应有的经济、政治地位。村民成为集体经济的股东,单一的劳动联合演化成了劳动和资本的联合。股东大会实行一人一票,保证了每一个村民股东不论职务大小、股份多少,在重大决策问题上都有表决权。不论是机构选举、

---

① 见韩长赋 2017 年 6 月 9 日在全国农村集体产权制度改革试点工作部署推进会议上的讲话。

资产运营管理还是收益分配,都能体现全体股东的意志。改革将村民个人利益和集体经济紧密联系在一起,促进村民改变改革前对集体经济组织事务的漠不关心的态度,更多介入社区公共事务,积极参与社区重大事项讨论,促进基层民主化水平的提高。另外,集体经济组织实际承担了社区公共管理和社会服务职能,用经营性收入支持村社公共事务和公益事业的发展,为村社发展提供经济保障。实践证明,凡是集体经济发达的农村,集体经济组织都承担了大量的公共服务支出。2015 年全国村级组织承担的公共服务支出达 127.5 亿元[①]。

(四)推进农村城市化进程

改革有效分离了村社的人口边界和经济边界、村民的户籍身份和村籍身份,使村民的集体资产权益不因户籍变更而丧失。在改革之前,社区集体经济组织分配收入时,只把户口在本社区的集体成员列为分配对象,村民如果迁出了户口,不论其对集体经济组织贡献有多大,大多都被取消其集体成员资格,不再享有分配集体收入的权利。因此,村民不愿"农转非",还出现了逆城市化现象,已经迁出去的村民因享受不到集体收入分配要求重返社区。改革通过明晰产权,把集体资产量化到个人,真正实现股东具体化,股份随人走,将集体经济股息分红与农村户口彻底脱钩。村民迁移出去后,还是可以凭股权证书拥有权益,失去了土地之后生活保障的问题也得到了解决,从经济根源上解除了村民的后顾之忧,为加快农村城市化进程扫除了障碍。

二、改革面临的困境

改革的本质是权力和利益的重新分配,城中村内的集体产权制度改革是在村社内外不同主体之间、规则之间博弈与统合的产权重构过程。自 20 世纪 80 年代以来,改革长期局限在部分发达地区的村社,整体推进艰难。改革面临的困境集中表现在制度供给不足和行为人利益冲突两个方面,可作为改革直接依据的法律、政策的不足,并与地方性知识纠缠角力,有关利益主体围绕权利和利益再分配产生的激烈矛盾冲突,共同制约着集体产权制度改革进行

---

① 张红宇等.农村集体产权改革该向哪里去[N].中国经济时报,2016-11-18.

的效率与效果。

1.制度供给不足

改革推进过程中面临着各种困难和矛盾,以至于影响到行为主体的改革共识、打击行动者积极性,究其根源在于可作为行动依据的制度性规则不足。正如戴维斯和诺思(2014b)在分析制度需求和制度创新之间存在的时滞时所指出的,现存的法律和其他安排结构的存在,不仅影响安排革新的形态,而且还影响安排创新需要酝酿的时间。基层改革实践自 20 世纪 80 年代即出现,但制度性规则尤其是全国层面的规范性文件远远迟滞于实践,2007 年农业部下发《关于稳步推进农村集体经济组织产权制度改革试点的指导意见》,是关于改革的第一份全国性规范文件。

制度供给不足在改革的量化、组织和发展的各个环节中都表现出来。首先,最根本和关键的制度缺陷在于,现有法律法规都无法对农村集体产权的权利主体做出清晰明确的界定(王利明、周友军,2012),集体产权主体的模糊抽象性直接影响到了集体资产量化,成员资格的界定标准如何确定,谁应当是集体经济组织的成员,谁又应当被排斥?无法从法律条文中找到答案,从中央到地方各级政府也不能做出统一规范,最终只能实施村社自主治理,按照"尊重历史、兼顾现实、程序规范、群众认可"的原则,因地制宜,一村一策。地方分散式的改革探索往往由于行为主体不同的利益目标,产生个体与个体、群体与群体之间的利益冲突与博弈,甚至陷入胶着的拉锯,使改革的第一步难以迈出。

在组织的建立和集体经济发展方面,至今国家还没有出台关于农村集体经济组织的专门立法,仅有少数省份出台了农村集体经济组织条例等地方性法规或地方政府规章,对集体经济组织成员的身份确认、集体经济组织及其成员的权益保障等造成影响。特别是农村集体经济组织法人资格和市场主体地位尚未明确,成为集体经济组织进入市场的障碍。改革后的集体经济组织是农村集体资产所有者的代表,依法代表行使集体资产所有权,需要进入市场开展集体资产经营活动,与其他市场主体形成事实上的经济联系,在客观上需要具备法人资格确立市场主体地位。但目前由于缺少法律依据,集体经济组织不能进行工商登记,市场经营活动受到限制。同时,改革后的集体经济组织除了发展经济的职能外,仍然承担社区公共事务和社会福利,需要缴纳增值税、企业所得税等税费,负担过重。而当前地方支持改革和发展集体经济的政策措施力度不足,缺乏税费减免等配套激励,影响了村社集体和村民参与改革的积极性。

另外,在产权重构过程中,还涉及正式制度与非正式制度等不同规范之间的冲突,各行为主体根据利益竞争的需要,对法律或地方性规范进行取舍和利用,援引对己有利的规范来提供利益争夺的话语资源,由此也导致不同制度规范之间的较量。

2.主体利益冲突

制度创新的行动者规模越小,意见一致性的程度越高,创新产生的时滞越短(戴维斯和诺思,2014b)。城中村的本质是利益问题,城中村集体产权制度改革是极其艰难的利益博弈过程,涉及的利益主体多元、冲突激烈、影响深远。围绕资产量化、组织重建、集体经济发展等改革关键环节,各级政府、村社干部、村民等利益主体,基于各自的目标函数对不同制度或习惯做情境性和权宜性的诠释和援引,改革的推进成为个体与个体、群体与群体之间冲撞与角力的过程。不同的个体、群体之间的利益诉求差异难以弥合,在改革进程中村社内既有的社会矛盾、不同主体间隐性的利益矛盾和摩擦显性化,并在短期内激发出来。有的村民由于改革的制度知识不足或利益受损反对改革,一些村干部害怕改革后无法继续分享集体资产剩余,推进改革的主动性、积极性不高,部分地方政府担心改革带来的利益斗争造成社会冲击,影响社区稳定,进而损害到政府绩效,对改革存在怕难、怕繁、怕出问题的畏难情绪,也缺乏改革动力,以上种种矛盾与冲突引发了内在的利益紧张和对立,或产生直接冲突,造成了改革的集体行动困境,改革整体推进困难。

本章小结

本章分析了改革场域城中村的形成与演变、城中村集体产权制度改革的缘起与演进,总结改革的成效,并指出改革陷入的困境:一方面城镇化加速推进的发展背景、村民市民化与壮大集体经济等发展需要要求加快城中村集体产权制度改革的步伐,改革的全面推进势在必行;但改革的推进却又面临制度供给不足,陷入行为主体间利益冲突的泥沼。改革在制度层面缺乏直接的法律依据和国家、省级层面的政策措施,主要由村落进行一村一策的制度探索。村庄内部的制度探索又面临着不同主体之间的利益异质性难以平衡安排,改革总体上进展缓慢、困难重重,亟待实现突破。

第四章　集体产权重构过程中利益主体的博弈与分化

　　新制度经济学者普遍认为,产权是主体之间互动形成的被普遍认可的行为关系,产权运作实践及其结果取决于制度结构背景下当事各主体的行动策略和互动过程。本章首先分析在城中村集体产权制度改革中涉及的主要利益主体,他们各自的动机、目标与选择,探讨村民在产权制度变迁中形成初级行为主体地位的演进历程及其发挥的作用,用动态博弈模型讨论村民与地方政府围绕改革形成的利益关系,分析村民内部基于不同的利益目标产生的群体分化。

第一节　利益主体识别

　　个人围绕利益得失计算而发生的竞争行为亦是制度变迁过程的一个组成部分。不同制度将产生不同的收益与成本,同时对于不同的行动者来说,收益与成本的分配也不同,因此制度选择对于行动者而言意味着不同的利益满足和成本分担(斯密德,2018)。制度变迁过程中,团体或个人作为制度变迁的行动者,基于差异化利益得失开展竞争,倡导、组织和实行制度的替代、转换,创造新的制度安排。在城中村集体产权制度改革中,利益相关的主要行为主体包含中央与地方政府、村社组织、村民等,不同的制度选择下形成的不同成本与收益,导致不同主体产生不同的行为动机以及差异化的行为选择。

一、中央政府

中央政府是最大的、最权威的制度供给主体,相对于其他利益主体而言,中央政府在资源配置与政治权力上也具备绝对的优势,在制度变迁中可以发挥其他行为主体不可替代的作用。青木昌彦(2001)认为在不同类型的制度变迁中政府的作用有所差异:对于自生制度,政府的行动将影响行为主体的心理预期,人们的心理预期直接影响处于稳定状态的自生制度均衡点。人们通常会按照未来预期采取行动,从而导致制度变迁发生。政府还可以通过修改规则改变行为主体的预期,使行为主体修正自己的行为方式,从而达到影响自生制度变迁的目的。而对于外生制度,政府可以通过合法的强制权力推动外生制度变迁,使人们遵从外生制度的框架,保证外生制度得以执行。

从城中村集体产权制度改革伊始,诱致性制度变迁就一直是改革的主要类型。从 20 世纪八九十年代开始,在工业化加快发展和城镇化快速推进的背景下,广东等沿海和内陆经济发达城市的村庄在外部环境变迁的冲击下产生内部动力,自发开始集体产权制度改革的实践探索,部分改革地区制度创新的绩效显著,同时也面临着制度供给不足的现实困境。自下而上的改革如果能够得到政府的承认和保护,会对当事人的预期和行为产生导向性的影响,具有强制力的制度供给有助于降低改革的组织成本。因此地方实践希望得到政府尤其是中央政府的承认,赋予改革合法性,肯定改革的方向和做法。有改革意向的地方政府和村民迫切希望中央政府能够通过法律或者政策文件传达明确指示:要不要改,要怎么改,消除改革的政治风险,降低制度创新的成本。

中央政府运用权威的推动有助于强化改革预期,打破制度刚性,降低制度变迁的交易成本。但周其仁教授(2002)在分析中国农村改革的时候曾提出一个假设,认为国家保护有效率的产权制度是长期经济增长的关键,可是国家通常不会自动地提供这种保护,只有当农户、各类新兴产权代理人以及农村社区精英广泛参与新产权制度的形成,他们共同的集体行动提高了国家守护旧产权形式的成本和保护产权创新的收益时,才会通过沟通和讨价还价,与国家之间达成互利的交易。

产权归属不清、权能不完整是农村集体产权制度的固有缺陷,产权虚置产生的管理、分配弊病由来已久,但制度均衡的打破需要诱因,也就是出现在既有的制度安排结构内无法实现的外部利润(傅晨,2006),使得改革的预期收益高于改革成本。集体经济强大的城中村具有可观的集体资产收益,成为催生改革的外部利润,改革一触即发。但由于全国农村的差异性很大,集体经济发展的水平不一,并非所有地区都具备集体产权制度改革的条件,并且到了迫在眉睫不改不行的程度。在集体经济不发达、城镇化水平不高的地区,改革很难产生和推动。同时改革中涉及复杂的利益关系难以均衡,改革的摩擦成本很大(傅晨,2006)。诺思(2016)在《经济史的结构与变迁》一书中指出,政府有能力推动外生制度变迁,通过政府执行财产权的权力来实现这种改变,但政府改变制度的能力是有限的,而且政府是典型风险厌恶的理性决策者。中央政府为了避免激化利益矛盾,降低政策风险,在出台改革政策上非常谨慎。因此,从 20 世纪 80 年代沿海地区城中村自发探索集体产权制度改革,到国家认识到改革绩效以政府主导的方式推进制度变迁,其间历经约三十年的时间。

在几十年的时间中,初级行为主体自发进行改革的制度创新,累积了相当丰富的改革实践经验。同时,随着城乡一体化进程的加速,农村集体产权制度改革也已经到了"非常必要、非常紧迫"[①]的情势,势在必行。地方实践和经济社会变迁引发的改革现实需要让中央政府看到改革的必要性和可行性,改革收益和成本的变化让中央政府有推动实施制度创新的动力,为推动改革的全局合法化奠定了基础。在这场自发的诱致性制度变迁中,中央政府最终充当了次级行为主体的角色,肯定了改革的方向,为初级行为主体的制度创新活动创造条件并提供支持,推动制度变迁的实施。2007 年农业部下发了《关于稳步推进农村集体经济组织产权制度改革试点的指导意见》,提出推动"有条件的地方"积极探索农村集体经济组织产权制度改革。2013 年中央一号文件再次鼓励"具备条件的地方"推进农村集体产权股份合作制改革,2014 年一号文件去掉了"具备条件的地方"这几个字眼,要求推动农村集体产权股份合作制改革。2014 年 10 月,中央审议通过了有关农民股份合作和农村集体资产股份权能改革试点方案,标志着农村集体产权制度改革试点工作全面展开。2016 年 12 月,中共中央、国务院发布了《关于稳步推进农村集体产权制度改

---

① 2016 年 12 月 26 日,中共中央、国务院印发《关于稳步推进农村集体产权制度改革的意见》,2017 年 1 月 3 日,国务院新闻办公室举行新闻发布会,农业部部长韩长赋、副部长陈晓华进行政策解读时认为"推进这项改革非常必要、非常紧迫"。

革的意见》,是改革迄今为止最为全面的顶层设计,提出因地制宜探索以股份合作制为主要形式的改革方向,意味着这场改革将从底层自发的诱致性制度变迁转向政府主导的强制性制度变迁。

通过底层创新探索改革的规律和经验,在看到改革的效果之后,中央再用政策文件给予承认,最后立法承认,完成权利重新界定的合法化全过程,是中国改革的一般路径(周其仁,2013)。中央政府不是直接从事制度创新活动的企业家,很多时候中央政府出于对制度创新可能导致的政治成本和制度平衡的考虑,对制度创新的态度谨慎。中央政府更多扮演类似于习惯法国家中的法官,让地方政府和村民自行开展制度创新,自己则根据各地的创新绩效进行法官式的裁决,成为中央政府降低创新风险的一种方式(周业安,1998)。

二、地方政府

奥斯特罗姆(2005)认为,地方政府是一个行动情境内的关键参与者,无论它是否直接参与地方公共事务治理,都应该向治理行为主体提供资金、技术和信息等支持,并在规则的制定、修改和执行方面起到不可替代的作用。

在国家与社会的理论分析框架下或国家理论的论述中,国家常常被想象为内部统一的单数存在形式,不同层级、不同部门以及代理人之间的分割与冲突倾向被掩盖,地方层级政府的角色和作用被化约。越来越多的学者开始进行反思和批判,雷米克(Remick,2004)认为,中央政权之外的各层级"地方性政权"(local stetes)是重要的变量,地方性政权及其代理人有自身的制度性利益与个人性利益,这些利益可能与中央政权的利益相左,或与所辖区域范围内民众的利益产生冲突。作为比较利益的自利组织,基于成本—收益的计算,地方性政权既有可能维护自身的制度性利益,有些时候也会保护地方民众的利益。雷米克(2004)指出,地方性政权的重要性体现在,它造成了国家与社会关系的变动,并有影响中央政府的能力。

在城中村集体产权制度改革中,地方政府作为区域内的权威组织,与中央政府相比,对村社改革呈现出更加直接的影响力。随着对地方政府行政权限和财政资源的逐步放开,地方政府由传统计划经济体制下单纯的中央政府代理人转变为具有较大资源配置权限和独立经济利益的行为主体,增强了参与制度变迁的意愿和能力(张显未,2010)。从改革发展的历程来看,地方政府从开始充当的次级行为主体逐渐发展成为改革的初级行为主体。地方政府角色的演变源于对产权制度改革潜在利益的认识和改革行为主体的力量对比。地方政府在改革中扮演的角色、发挥作用的程度影响村社改革形成不同的路径选择。

地方政府作为理性的经济人,对城中村集体产权制度改革的态度和行为取决于成本—收益原则的考量,只有预见到制度变迁的潜在收益大于变迁的成本时才会采取行动。在各层级地方政府中,与省级政府相比,市、区(县)、镇街政府是城中村集体产权制度改革更为直接的利益相关者。在改革中,地方政府的收益预期主要体现在:

(1)帮助地方政府加快推进城镇化进程。城市的发展是地方政府业绩的重要展现。在城市扩张过程中,地方政府征用城中村的土地,获得了土地增值收益。但实现土地城镇化的同时需要实现村民的城镇化。集体产权制度改革是村民市民化的前提和基础,通过改革分离村民的经济身份和社会身份,有利于推动"村改居"和村民市民化的进程,提高地区的城镇化速度和质量。

(2)满足村民希望明晰集体产权和收益再分配的需求,有助于实现区域稳定。在外部利润冲击下,由于集体产权虚置造成的集体资产流失、社区成员利益冲突等问题日益显著和尖锐,由此引发的利益冲突成为影响地区社会稳定的一大主要诱因,2003年到2012年,福州市城中村的上访量有1630批次,占全市同期信访量的13.2%。推动城中村集体产权制度改革是实现地区社会稳定的需要。

(3)发展壮大集体经济,减轻政府财政负担。集体产权制度改革明晰产权,避免集体资产的流失和瓦解,增强集体经济的活力和实力,以及开展社会服务的能力。在城中村社区,改制后的集体经济组织除了发展经济的职能外,普遍保留了社区行政管理和社会事务的社会职能,向社区提供基础设施、社区治安、村民福利等公共产品,减轻了地方政府的财政压力。

(4)地方政府组织通过推动或协助推动集体产权制度改革,迎合和满足社区成员的利益需求,不仅在村民中获得了良好的口碑和形象,而且主动创新的行为和取得的改革业绩是地方政府的突出政绩,可以在区域间政府竞争中赢得优势,获得上级政府的表扬和肯定,政府相关公务人员也可以借此机会获取晋升。

在城中村集体产权制度改革进程中,地方政府的行为表现主要有以下几种:

(1)扮演次级行为主体的角色帮助推动改革。在制度变迁过程中,次级行为主体是帮助初级行为主体获取收入的决策单位,对初级行为主体的制度变迁活动予以鼓励和扶持,或为初级行为主体的创新提供必要的制度安排,推动制度变迁得以实现(戴维斯、诺思,2014a)。尤其是在一个地区城中村集体产权制度改革的初始探索阶段,村民首先表现出了强烈的改革需求,制定改革方案并寻求政府部门的支持;地方政府对改革进行评估,比较改革的潜在利润和创新成本之后,愿意为村社改革提供支持。福州 T 经合社在酝酿改革时自发组织了考察组到广东、浙江、北京等地考察学习改革经验之后形成改革方案,希望区政府给予政策支持,区政府肯定了该经合社的改革行动,但表示没有现成相关政策可以参照:“没有政策,要靠你们自己开创出一条道路出来。”经合社主任表示他们基于改革需要顺势推动政府出台政策,“我们倒催着政府,告诉他们我们做到这一步你要出台什么政策或者怎么做。比如我们需要有批文,所以区政府就给了批文”。次级行动主体自身不会有创新收入的增长,但有可能会使初级行为主体的部分额外收入转化到他们手中。

(2)作为初级行为主体与村民共同推动改革。越来越多的地区改革是在地方政府主要是区(县)、镇街政府的组织和推动下进行的。地方政府基于上述利益目标具有积极寻求和捕获潜在制度收益的动力,它也是区域内拥有最多资源和最强动员能力的主体,与村民相比,地方政府有更强的推动制度创新和组织集体行动的能力。只要地方政府相信改革可以增加地区福利,就可以综合应用法律的、行政的、经济的、宣传的等多元化政府工具推动制度变迁的实施。广东、浙江、江苏、北京等地方政府陆续以地方性法规、地方政府规章等形式对改革进行了地方合法化。厦门在 21 世纪初就有部分村庄开始集体产权制度改革探索,改革的绩效让政府充分认识到了改革的重要性,陆续发布一系列推进改革的政策法规,如《关于做好“村改居”中集体经济组织改制工作的指导意见》(2004 年)、《关于推进“村改居”社区建设工作的指导意见》(2008年)、《关于加快推进农村集体资产改制发展社区股份合作经济的指导意见》(2010 年)等,2010 年提出计划用 5 年时间在全市 288 个涉农社区和行政村全面完成产权制度改革。厦门改革总体进展较快、成效显著。福州 C 区专门成立了城中村改制工作领导小组,区长任组长,区委常委、副区长等任副组长,各镇街以及组织、宣传、综治、农办、农林水、民政、财政、国土资源、房管、市容、计生、建设、信访、工商、税务等相关部门作为成员单位,强力推进城中村集体资产产权制度改革工作。该区政府还给予开展改革的城中村社区购买商业综合体的优惠价格,帮助购置集体资产获取租金收益,作为激励村社开展改革的手段。

(3)不作为。戴维斯和诺思(2014a)认为在产权界定过程中,政府一方面界定形成产权结构的基本规则,促使统治者租金最大化,另一方面也因建立了合理有效的产权结构,降低交易费用,使社会产出最大化。然后统治者租金最大化和社会产出最大化之间并不完全一致,追求租金与降低交易费用、促进经济增长的有效体制之间存在持久的冲突。政府在追求自身及成员租金最大化和社会产出最大化之间进行权衡时,往往首先确保前者。

改革可以为地方政府带来预期收益,改革同样具有现实的风险和巨大的不确定性。集体产权制度改革是利益的再分配过程,主体之间复杂的利益关系很难均衡,随时可能激化社区矛盾。对于地方政府来说,维护区域稳定是基本底线和主要目标,这使得有些地方政府对村社的集体产权制度改革的行动充满警惕,有一位区领导担心改革会成为"搅屎棒,本来不臭的反而被搅臭了",因而反对从政府层面推动改革。

同时,相当长的一段时期内中央政府对改革的态度谨慎,一直未出台全国层面的改革相关法律法规或者政策措施,各地区的地方差异性大,一村一策的改革探索形成差异化的改革制度方案,还未出现普遍适用的、成熟可借鉴的制度安排。改革推进的难度大、进程慢,在短期内很难获得效益,同时却需要政府支付一定的当期改革成本。地方政府官员的升迁主要取决于在任期间的业绩,一般着眼于短期利益,因此对于推动改革缺乏动力。区里认为"把市里的任务完成就可以了""能少一件是一件",具体负责的部门公务员说"领导想做我们只好做,领导不做我们就研究研究",各个职能部门互相推诿,谁也不愿意承担责任。政府及其公务员都追求自身利益最大化或不想给自身带来更多的麻烦而保持着足够的实践理性(李怀,2010)。

三、村社组织

我国村社基层组织主要由村委会、村党支部和集体经济组织构成。村委会在法律意义上是村民自治组织,但同时有准政权组织的属性,承担着上级政府分派的行政性事务,成为基层行政权力的延伸,权威往往有赖于上级党政机关的支持。居于村社组织权力结构核心的是村党支部,它是"党在农村全部工作和战斗力的基础"(金太军,2002),对村庄事务拥有实际的决策权,党支部书记是国家政权的代表。上级党政机关对村级选举拥有具体的指导权和实际裁决权,福州 C 区的某位领导说:村主任可以选,但书记必须是我们定。为了防止国家对乡村地方社会的失控,2018 年国家印发的《乡村振兴战略规划(2018—2022)》明确提出:坚持农村基层党组织领导核心地位,大力推进村党组织书记通过法定程序担任村民委员会主任和集体经济组织、农民合作组织负责人,推行村"两委"班子成员交叉任职。集体经济组织是农村集体资产所有权人代表和经营管理主体,由于《民法通则》《物权法》《土地管理法》等法律法规对农村集体资产管理主体身份界定的模糊性,"属于村农民集体所有的,由村集体经济组织或者村民委员会代表集体行使所有权"等类似规定,造成集体经济组织的地位和职能被弱化,往往由村民委员会代行集体资产管理职能。

城中村社区基层治理结构主要呈现以下两种状态:第一,以社区党支部、村(居)委会为主,代行集体资产管理和经营职能,经合社依附两委,三块牌子一套班子,人员交叉任职,党支书兼任村(居)委会主任、合作社主任等职务;第二,以经合社为主,经合社同时承担经济和社会职能。如福州 C 区 JX 镇的 8 个村改居后实际由经合社履行居委会的职责,经合社承担社区社会管理和公共服务费用,负担较重。集体产权制度改革的目标是要构建"归属清晰、权责明确、利益共享、保护严格、流转规范、监管有力"的现代产权制度,引导集体经济组织逐步实现实体化、市场化、股份化,改革的一项重要内容是改变原有的"党政经不分"的集体资产经营管理制度,强化集体经济组织的经济职能,将社会管理和公共服务职能剥离给居委会等其他相关组织。对于村社的党支部、村(居)委会来说,改革的主要风险除了引发社区矛盾之外,还在于改革后可能失去对集体资产进行支配和控制的经济权力,无法再从集体资产中汲取利益。失去了经济支配权也就失去在社区中的强势主导地位,而沦为集体经济组织的附属。对于两委干部来说,改变制度的成本很高,不仅可能失去对集体资产的剩余控制权,降低收入,还可能失去工作。

同时,因政府财力限制,地方政府向城中村发放的社区建设管理经费标准低,不足以维持社区管理的基本支出。实际上,村集体经济组织还要继续承担剥离出来的社会管理和公共服务职能,向社区提供基础设施、社区治安、卫生保洁、村民福利等公共产品,维护村社稳定,为城中村村民提供支持和庇护,抵御城市化转型过程中的外部性风险(温铁军、董筱丹,2010)。

四、村民

村民是城中村集体产权制度改革中最主要的利益主体和制度变迁的初级行为主体。在这一产权重构的制度变迁过程,村民的意愿和行为值得关注,只有村民自己才最清楚自己遇到什么问题,要解决什么困难,需要什么样的制度安排,如何去创新这样的制度安排(冯开文,2003)。村民作为集体行动中的主要力量能够影响集体行动的成败,在与其他行为主体的利益竞争和博弈过程中能够形成左右制度变迁的力量。改革最后的决定权在村民,制度执行的效率和效果取决于制度安排能否满足村民的制度需求从而获得村民的认同与支持。

从"斯科特—波普金论题"对农民选择行为的探讨与争论可以发现,对村民的分析应当在具体的社会变迁背景中、依据所处的场域结构与生存境遇来进行讨论,村民的选择在很大程度上受制于其当下所处的制度结构与面临的生存境况(郭于华,2002)。当城中村村民被动地从农村卷入城市,世代赖以生存的土地几乎完全被征用,以血缘、地缘、宗缘为基础的生活方式和价值观受到冲击并逐渐失去根基。失去了土地的村民在城市中成为被边缘化的弱势群体,存在强烈的不安全感,村民不仅仅追求规避生活风险的生存理性,而且不断寻找能够满足利益最大化的经济理性。

在城中村集体产权制度改革中,争取利益和保护权益是村民最主要的行为动机。在工业化、城镇化快速推进的背景下,城中村的集体资产产生的外部利润尤其明显,土地征用款、物业租金等收益使集体资产迅速膨胀,分享集体经济的收益成为村民最为关心的焦点问题,村民希望通过改革能够享受到更多的集体资产收益。

同时,由于产权不清、主体虚化导致城中村的集体资产流失情况严重,资产被随意平调或侵占,集体资产的经营管理和收益分配由少数村干部掌握,村民希望改革后集体资产能够管理透明、收益分配公开公正,并参与对集体资产管理的监督,体现村民作为农村集体资产所有者的地位,保护村民对集体资产的合法权益。

另外,村庄的社会边界已经被打开,人口等要素在农村与城镇之间的流动越来越频繁。村民希望通过改革明确他们的农村社区集体成员的身份,实现成员身份与村民身份的分离,即"村籍"和户籍的分离,不因为离开村庄失去对集体资产产权的权益。另外,在原社区成员流出的同时,新的居民进入城中村社区,社区成员的构成日益复杂,社区成员的分化导致在集体资产收益分配时产生尖锐的利益冲突,使得集体产权制度改革变得更加迫切。

城中村村民自下而上对自身权利和利益的争取,对推动集体产权制度变革的持续探索和不懈努力,促进了中央和地方政府逐步从认可制度创新成果,到主动做出制度选择,自上而下出台政策文件,调整和变革制度。村民用行动推动了集体产权制度改革进程。

第二节　村民在制度变迁中的地位与作用

一、农村集体产权制度变迁过程的村民角色变化

农村集体产权制度形成与变迁的历史也是国家与社会关系,或者说国家与村民关系的演变历程,村民由被动的、处于从属地位的制度接受者,成为集体产权制度改革中日益积极的初级行为主体。

中华人民共和国成立后,国家为进行资本原始积累,最大限度地推动国民经济的恢复和增长,通过工农产品剪刀差、城乡隔离的户籍制度等政策高度集中农业剩余,以实现国家工业化的目标。国家史无前例地深入农村,通过人民公社等形式实现了对村民的整合和控制。在产权形态上,国家侵入农村所有权,通过一系列集体化运动改造农民私有产权,构造了集体所有制这一中国特有的产权形态,从互助组、初级社到高级社,形成了体现国家意志的集体和集体产权。国家直接控制了农村的经济权利,集体和农民成为国家意志的依附者。这场形成集体产权的社会政治运动是一次强制性的产权制度变迁,国家是制度变迁的决策主体,单方面设计制度、灌输社会主义主流意识形态,实施制度变迁。在这场集体化运动中,农民本身对此并没有多少决策前的发言权和决策后的选择权(周其仁,2002),被动地接受了意识形态化的制度安排,丧

失了对土地等资产的财产权利,成为接受国家意志的行动者。

20世纪70年代末开始的农村改革,是在集体产权制度下实施机制的一次创新。集体化经济形成了明显的产权残缺,农业集体化的生产效率低下,农业部门成为国民经济发展中最薄弱的部门,农民难以解决温饱问题。林毅夫教授(1994)用博弈论观点从社员退出权缺失的角度论述了强制性集体化运动如何导致我国的农业危机,周其仁教授(2002)从人力资本视角提出国家控制的集体经济对管理者和劳动者的监管和激励不足而引起了无效率。无论如何,国家制造的农村集体产权的无效率是无可否认的事实。

家庭联产承包责任制是一次自下而上的改革倒逼。20世纪60年代农民穷则思变创造了包产到户,不久即被国家当作方向性错误扼杀。到70年代末,生活已经难以为继的安徽农民为了生存,冒着极大的政治风险在分田到户的"大包干"生死契约上按下鲜红手印,被视为拉开了中国农村改革的序幕。家庭联产承包责任制极大唤醒了农民的生产积极性,长期受到压抑束缚的农村生产力得到了释放,农业生产迅速发展,农民的生活水平也得到了有效改善。这次改革是农民自下而上推动制度创新的结果,农民自发构造了改革的制度安排,不顾风险积极推动制度变迁,正如邓小平在1992年南方谈话中指出的"农村搞家庭联产承包,这个发明权是农民的"。而政府在相当一段时间成为改革的阻力,直至认识到改革将带来的经济和社会绩效,才认可、保护并推广了农民创造的制度方案,可以说是农民将国家的政策调整拉向改革(周其仁,2002)。

家庭联产承包责任制改革之后,农民与国家的关系开始发生重大的改变。一方面,农民获得了剩余索取权的激励,拥有了对自己劳动的自由支配权和对经济活动的自由决策权。农民树立了相对独立的经济地位和人格地位,自我意识逐渐增强。另一方面,人民公社解体,农村社会的基础性结构发生变化,国家对农村社会经济活动的控制开始弱化,国家与社会分离越来越明显,村民自治成为填补国家治理空间的一种形式。尽管在集体财产权利的形成及变迁中,国家的作用始终是第一位的(刘金海,2003),但经济自主与政治参与的经验增强了农民的自信与制度创新的能力,农民作为制度变迁的初级行为主体日益活跃,更加主动去寻找潜在利润,追逐获利机会,实施制度创新。当前在全国范围内推进的农村集体产权股份合作制改革就是又一次由农民创造的、自下而上推动的制度创新。

二、城中村集体产权制度改革中村民的地位与作用

在城中村集体产权制度改革中,村民毫无疑问是制度变迁的主体,与地方政府一起扮演了初级行为主体的角色(傅晨,2003),村民自下而上的制度创新与地方政府推动是这场改革的主要形式和典型特征。村民在改革进程中的作用主要表现在以下方面:

(一)制度变迁的推动者

舒尔茨(1987)在分析小农经济时认为农民是不比任何企业家逊色的"经济人"。农民具有在实践中解决资源分配、权威、冲突等复杂问题的能力,可以通过再分配体制来达到群体生存的目的(施坚雅,1998)。为追求潜在利润,农民具备对集体产权制度进行创新的动力。城中村因为土地等集体资产被政府征用、拆迁,获得了大笔的土地补偿款。以福州 H 经合社为例,补偿款的一部分用于为村民缴交社保和医保后,还剩下 8000 多万。剩下的资金如何使用,能否实现保值增值,让失去土地的村民继续受益,而不被部分干部侵占私分,是村民最为关注的焦点。在外部利润的刺激下,原有的制度均衡被打破,集体产权的矛盾日益激化,村民的不安、不满使社区不再平静,围绕资产的冲突越来越频繁、越来越尖锐,使村民主动或者被迫去寻找解决方法。经验表明,村民率先去寻找新的制度安排以获取潜在利润,成为制度变迁的推动者。

(二)制度方案的设计者

城中村集体资产股份合作制改革是对农村集体产权制度的创新,试图找到有效率的公有产权安排的实施机制,制度方案的设计即产权如何安排直接影响改革效率的高低。由于不同城中村所处的区域经济社会发展环境、村庄的集体资产状况和村落文化等条件存在较大差异,目前还没有形成一个统一的、可供普遍借鉴的改革方案,更多体现村民的意愿和自主选择,在具体制度安排上因地制宜、一村一策。笔者的调查发现,在制定改革方案的过程中,不少村社都组成了以村干部为首的考察团队,到省内外各个改革先进地区进行访问学习,如 M 经合社考察了宁波、顺德、深圳、广州等地,T 经合社去了厦门、北京、义乌、深圳等地。结合学习的经验,有的村社还聘请律师、会计师和

熟悉改革的专家学者提供咨询,根据本村情况,村民自行设计、制定出改革方案。

(三)改革方案的决策者

改革的选择权在村民,改革最后的决定权也在村民。城中村集体产权制度改革本质上是利益的重新分配,改革方案的设计是一次又一次的讨论、博弈与妥协的过程。改革方案能否通过最终要由村民投票来决定,村民是制度变迁的最终决定力量,影响产权重构的交易费用和生产效率,实际决定了制度变迁的绩效。M经合社在 2001 年第一次启动集体产权制度改革,由于部分村民的利益诉求无法得到满足,导致改革失败。2006 年第二次启动集体产权制度改革时,从清产核资、股权设置、折股量化到股权管理、收益分配等每一个步骤,都详细地向村民介绍改革方案的具体内容,通过座谈会和村民代表对话,并向全体村民发放问卷,征求村民对改革每个环节的意见,每个改革步骤都至少两次通过问卷形式征集村民意见,让村民充分了解改革,让改革方案达成最大共识,最终改革方案以 97.1% 的赞成率获得通过。

第三节　村民与外部利益主体的动态博弈

从对当前城中村集体产权制度改革利益主体的分析,以及对农村集体产权制度变迁历史的回溯,可以看到农村集体产权制度的形成与演变过程,是社会与国家且主要表现为村民与政府之间相互博弈、关系调整的过程。分析村民与政府的博弈关系,既可以充分认识村民作为主要行为主体在产权制度变革过程中的角色和作用,还能够帮助解析城中村集体产权制度变迁与建构的主体行动与互动逻辑。

一、博弈假设

在城中村集体产权制度改革中,主要的初级行为主体有两类:一是城中村村民,他们是集体产权制度改革最直接的利益相关者,推动并参与集体产权制度的创新。第二是地方政府,与中央政府相比,地方政府与当地社区、村民的互动关系更加密切,在集体产权制度改革中发挥的影响与作用更加直接。

一般来说,地方政府与村民相互了解对方的改革态度和行为策略,因此假设博弈双方具备完全信息,双方的收益函数在参与者之间都是共同知识;村民和地方政府在改革过程中的参与行动存在先后次序问题,由此本书采用完全信息动态博弈模型进行分析。

二、博弈的策略空间

在城中村集体产权制度改革的博弈过程中,村民和地方政府都有自己的博弈策略选择。对村民来说,他们有赞同改革和反对改革两种策略选择,可选择的策略集为 A＝｛改革,不改革｝。地方政府有推进改革和不改革两种策略选择,策略集为 B＝｛推进改革,不改革｝。村民和政府选择的博弈策略,一共有四种策略组合,分别是(改革,推进改革)、(改革,不改革)、(不改革,推进改革)、(不改革,不改革)。

三、博弈模型的参数设定

假设村民通过改革可以获得的利益与权益等各种收益的总和为 L,不改革维持现状的收益为 H,改革得到政府支持剥离社会公共管理服务职能、合理减免税收等收益为 E,不改革导致的集体资产流失等损失为 S。地方政府从改革中获得的经济、社会等收益总和为 T,地方政府为推动改革付出的各项成本为 C。

四、博弈模型的构建与分析

从既有的地方经验看,城中村集体产权制度改革更多是由村民发起的诱致性制度变迁,本书在建构村民与地方政府的动态博弈模型时,设定村民行为在先,先做出行动选择,然后政府做出反应,采取相对应的行动策略,用博弈树来描述这一动态过程,如图 4-1 所示。

当村民选择改革这一策略时,地方政府选择推进改革的净收益为 T－C,

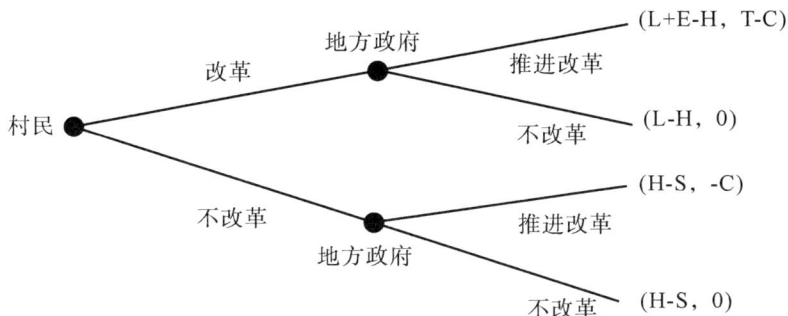

图 4-1　村民与地方政府的博弈模型

选择不改革的收益为 0；如果 T－C＞0，地方政府会选择推进改革，相反则选择不改革，关键在于地方政府对于改革收益和成本的偏好与判断。就如本章第一节中的分析，对于地方政府来说，集体产权制度的改革成本是当前就要付出的现实成本，如利益冲突引起的群体性事件、上访、诉讼等等。而改革带来的经济和社会各项收益需要一定时间才有可能获得，能形成税收等形式归入地方政府所有的经济收益在短期内并不明显。对于偏好租金最大化的地方政府及其官员来说，改革在当下很难显示出绩效，改革的短期成本大于短期收益，T－C＜0，不改革是地方政府的最优选择。当地方政府的决策点位于村民不改革那一节点时，地方政府选择推进改革要支付改革成本 C，不改革不需要支付成本，收益为 0，理性的地方政府必然选择不改革。

对于村民来说，当村民选择改革时，由于地方政府的最优选择是不改革，因此村民选择改革的收益是 L－H；当村民选择不改革时，他们的收益是 H－S。城中村在城镇化进程中受益于区位优势，普遍拥有较为强大的集体经济和可观的集体资产。改革之前集体经济产权不清、边界模糊，少数村社干部作为代理人掌握集体资产的处置权力，大部分村民无法行使所有者权利，受益很少或不能从中受益。集体产权制度改革将明确村民的集体资产主体地位，村民对集体资产占有权、收益权和处置权以股份的形式得到实现，对改革村庄的调查表明改革后村民普遍增加了来自集体资产的收入份额，收入显著提高，显然 L－H＞0。传统产权制度下集体资产产权虚置的问题已经导致集体经济组织运行中出现了一系列严重损害集体资产安全及村民利益的行为，腐败滋生，集体资产流失，如果不改革，村民权益将受到更加严重的侵害，对于村民来说,明显 $H-S<0$。比较之下 $L-H>H-S$,村民的最优选择是改革。

因此,由以上逆向归纳法可知,该完全信息动态博弈的逆向归纳解为(改革,不改革)。最终实现的结果是村民选择改革,而地方政府的最优选择则是不改革。这一博弈模型较为清晰地诠释了城中村集体产权制度改革中的村民和地方政府的行为选择及逻辑。

通过博弈分析我们发现,改革是城中村村民的最优选择,却不是地方政府的最优选择。而由于城中村集体产权制度改革引发的利益矛盾多、村民的制度知识不足,需要地方政府发挥政策推动、宣传动员、资源支持等作用,地方政府如果不作为将阻碍或延缓制度变迁的进程。

增加地方政府改革积极性的关键是改变地方政府的效用函数和激励机制。在当前的政绩考评体系下,衡量地方政府政绩的主要是经济总量的多少、经济发展速度的快慢、社会稳定等片面指标,考评的主体是上级政府,助长了地方政府过分追求经济利益、寻求短期内显见的政绩、以上级偏好为准则等机会主义行为。要增加地方政府及官员对改革的兴趣与动力,改变政府及官员的收益偏好,需要通过建立合理的政绩考评体系等制度措施,让地方政府对下负责,回应民众的需求,在关注当前发展的同时,重视经济社会发展的可持续性,改变对短期收益的偏好和追求自身垄断租金最大化的倾向。同时,通过中央政府出台国家层面的改革规范性文件,形成对集体产权制度改革的共识,改善改革的制度环境,减轻地方政府改革的政治风险,将地方政府的制度资源经济化(王道勇,2008),降低改革的交易费用。这样地方政府从改革中获得的收益 T 增加,同时减少改革的成本 C,地方政府改革收益与成本的比较将有不同的结果,不改革不再是地方政府唯一最优选择。

第四节　村民群体的内部分化

上文的分析将村民作为内部同质的主体,采取一致的行为策略与地方政府进行博弈。行为同质性是主流经济学关于理性选择的假定,忽略了现实世界中普遍存在的事物差异性,行为经济学对这一假定进行了修正,将个体行为的异质性纳入经济学的分析框架。村民由异质性的个体组成,在权力地位、资源占有、利益目标等方面存在差异。因此村民不是同质的群体,而是分层和分群的。本书按照拥有组织权力和占有资源的不同,把村民划分为普通村民和村社精英。在制度变迁过程中,不论是在村域权力结构中占据关键位置、掌握优势资源的村社精英,还是相对弱势、缺乏话语权的普通村民,在争取自己权利和利益的行动中,都有可能对改革产生影响,决定制度变迁的效率和效果。

一、普通村民

在村民群体中,当改革影响到不同村民之间的利益分配时,围绕权利分享与利益分配,在村民内部也会分化出不同的子群体,形成不同的利益团体,为实现不同的利益目标采用有差异的行为策略。在改革过程中,普通村民形成了两个鲜明的群体:有"村籍"的集体经济组织成员,以及不具有"村籍",但和村庄有某种联系,有一定资源、权力争夺村籍的社区其他成员。

(一)集体经济组织成员

对于城中村村民来说,"村籍"比"户籍"重要得多(李培林,2004)。以户口为基础,结合土地承包权、生产生活历史、村落文化等因素构建出"村籍"的评判标准,通过这些标准严格审核的村民才能拥有"村籍",被视为是村社集体经济组织的成员,具备了拥有集体经济组织成员权的资格。

农村集体经济组织的成员权是一种基于人身依附关系的财产权。集体经济组织成员拥有对社区集体资产的一系列权利,《物权法》第 59 条规定,"农民集体所有的不动产和动产,属于本集体成员集体所有"。《物权法》同时明确了集体成员的决策权、知情权,以及集体成员对侵害集体成员合法权益的决定的撤销权等。对于集体经济组织成员而言,成员权的意义不仅仅在于对集体资产的占有权、决策权等,他们更为关心的是对集体资产的剩余索取权。

在集体经济相对发达的城中村,集体经济是村民生计的有效保障,有"村籍"的村民除了劳动经营收入、物业出租收入,还可以有一块重要的集体资产分红收入,有的村庄还用集体资产收益发放老人退休金等各种福利。村民依靠分红、福利以及个人收入可以保障基本生活,甚至成为衣食无忧的食利阶层。如果有非"村籍"人员试图在社区内主张集体资产权利,就是在与他们争利,他们对此充满警惕并坚决排斥。

(二)无"村籍"的社区成员

学者的研究认为,一个传统的村落共同体有五种可识别的边界——经济边界、自然边界、行政边界、文化边界和社会边界(李培林,2004)。集体经济组织成员身份是由村庄的社会边界决定的,村庄的社会边界决定了村民的村籍和他们在村庄的法律地位(贺雪峰,2002)。在城镇化进程中,城中村的经济边界、自然边界、行政边界,甚至文化边界都被冲破或被动摇,社会边界也渐渐难以固守。随着村庄边界的开放,原有的村民从城中村社区流出,同时不断有新的居民进入社区,城中村居民的组成越来越复杂。集体产权重构涉及集体资产收益再分配,是村社居民之间的利益矛盾的集中引爆点。

城中村内被排斥在社会边界之外,而拥有一定渊源、资源、权力进行村籍争夺的主要有两类人:矛盾最为普遍和激烈的一类人群是曾经落在村落社会边界之内,或通过血缘、姻缘、业缘等与村落存在某种关联的人员,如外嫁女、上门女婿、农转非后下岗人员、正式招工人员、自谋职业人员、大学生、服刑人员、乡办企业人员、插队知青等。另一类是搬入城中村居住的居民,他们从历史上看与村社没有任何瓜葛,对城中村集体资产的形成也没有贡献,只是在某一时点后与村社形成了地缘上的联系。这类人群因为在城中村内居住,甚至将户口也迁入了该社区,也主张对集体资产收益的分配权。由于城中村的社会边界已经变得模糊,集体经济组织成员的身份标准不断遭遇挑战,村籍与非村籍的利益冲突也不断地被激化。

这些被排斥在村域社会边界外的主体,虽被视为"村外人",却由于积极主张、争取权利,对改革随时可能产生影响,他们可以破坏既有的村社网络,也可以重组网络,因利益集合成集体行动,基于各自的目的组成短期或长期存在的联盟,通过异议、动员、征召、抗争,最大限度地争取使自己在其中获得更多利益。

二、村社精英

在推动集体产权制度的变迁过程中,发挥主导作用的毋庸置疑是村社精英。如帕累托(2007)所指出,由于人类社会始终存在资源分配的不平等,不论何种社会形态中都存在着被统治的广大普通群众与占统治地位的一小部分人之间的分离和某种意义上的对立,后者就是"精英"。国内应用精英理论研究村庄治理问题的代表性观点主要有:王汉生(1994)认为农村精英是指农村社区(行政村、乡镇)的社区精英,是在社区中负有领导、管理、决策、整合功能的、有重要影响的人物。仝志辉、贺雪峰(2002)把村庄精英分为体制精英和非体制精英,体制精英是掌握着村庄正式权力资源的村组干部,非体制精英是在村庄有一定政治社会影响力的村民。这一分类得到较多认同。本书研究的村社精英主要指掌握村庄正式权力资源的体制内精英。

体制内村社精英既是国家政权在农村的代理人,也是集体资产的代理人。由于集体产权的产权虚置,个体的集体经济组织成员实际处于对集体资产的无权利状态,村社精英成为现实中集体资产的直接代表,形成村民与村社精英之间的委托—代理关系,由村社精英实际控制着集体资产使用权,以及剩余与收益的分配权。

集体产权制度改革过程中,村社精英发挥了主导作用。一些富有远见的有责任感的村社精英预见到制度变迁的潜在利润,希望通过改变旧的制度结构来增加集体经济和村民的收入,带领村民到各地考察学习,制订改革方案,协调处理各种利益关系,对上争取政府支持,推动制度变迁的进程,成为熊彼特意义上的企业家。

作为在村社中掌握优势资源的人,精英的个人意见通常能够左右、代表整个村社的意见,不掌握资源的、相形之下弱势的村民一般无法对其行为形成有效约束,政府也仰赖于他们。如果村社精英不愿意放弃支配集体资产剩余的权力,不愿意改革,则这个村庄的改革就很难推动。以 X 村为例,C 区政府认为 X 村具备了较充分的改革条件,将其作为该区的改革试点,但数次动员,X村书记均以村民不同意为由向区和街道领导诉苦说改革难以推动,说"村民就是不同意,我没办法控制局面,没办法啊",区政府很难了解到普通村民的实际看法,没有村干部的配合也无法推动改革,最终将 X 村换下,另选试点。

本章小结

产权的重新界定是个渐进的过程,不是整齐、均衡推进的,远远没有达到"普遍的权利厘定、约束与保障",改革不可避免地带来新的矛盾和冲突,需要在不同权利之间重新平衡(周其仁,2009)。城中村集体产权制度变迁涉及的利益主体主要包括中央与地方政府、村社组织和村民,不同的利益主体有不同的行为动机,围绕不同的利益目标进行博弈,同时主体内部也会产生分化。城中村村民是毫无疑问的制度变迁的初级行为主体,是改革的推动者、制度方案的设计者和制度方案的决策者。所有的制度安排都是在博弈中产生的,集体产权制度的形成与演变过程是社会与国家、村民与政府之间相互博弈、关系调整的过程,村民与地方政府的博弈是城中村集体产权制度创新的重点,通过对村民与地方政府的动态博弈分析,充分认识在这场诱致性制度变迁过程中村民作为主要行为主体的角色和作用,了解城中村集体产权制度变迁与建构的主体行动与互动逻辑。同时,村民不是同质的群体,在村民内部基于不同的权力地位、资源占有与利益目标分化出了不同的群体,普通村民更关注集体资产的剩余索取权,"村内人""村外人"围绕权利分享与利益分配发生利益冲突与争夺。村社精英由于占据关键地位,掌握优势资源,左右着改革集体行动,主导了改革的进程。

第五章　集体产权重构过程中的普通村民行为

　　集体资产量化、集体经济组织重建和集体经济发展是集体产权股份合作制改革的主要内容。对于村民来说，改革过程涉及的成员界定、股权设置、股份分配、股权管理等各个关键环节的制度设计都与自身利益息息相关。普通村民不掌握优势资源，在村社权力运行中处于边缘化的地位，但人数众多，可以借由集体行动集结群体力量，在改革中占领关键的战略位置，延宕或促成制度变迁，改变制度变迁的方向或内容安排。因此，改革目标的实现是在不同利益主体的对话、协商与讨价还价中达成交易与妥协，最终形成多方利益均衡的制度安排、推动产权创新的实现。

第一节　资产量化过程的决策与选择

　　资产量化是城中村集体产权制度改革中首要的环节，也是普通村民最为关心、集合最多村民利益纠葛的关键环节。

一、产权边界界定

　　集体经济组织的成员权是一项财产权权利，成员资格界定与村民的经济利益息息相关。界定产权边界即确定集体经济组织"股东"资格的过程，哪些人可以享受集体资产产权权益，哪些人不能享受集体资产产权权益，是村民最为关注的焦点，也是改革制度安排中最首要、最困难的一项内容。对于村民来说,可能不理解集体产权制度改革对于产权与制度创新的价值,也不关心集体经济组织如何重建与集体经济如何发展,但一定尽最大努力保护和争取作为集体经济组织成员的资格。在村民看来,改革更像是一次社区成员之间利益和权利的重新分配与调整。产权边界的界定是不同利益主体之间博弈和斗争的结果。

20 世纪 50 年代开始我国农村集体经济组织初步形成,农民以其私有的土地、个人生产资料等入股加入合作社,生产资料集体所有,农民参加集体劳动,劳动所得按劳分配,农民及其家庭成员成为集体经济组织的社员,之后形成的衍生人口也无条件被视为集体成员,在地缘、血缘基础上建立起对外排他的村社产权边界。20 世纪 80 年代开始,在工业化和城市化的双重作用下,城中村非农化的步伐加快,被纳入城市规划范围,土地被征用,人口流动性加大,既有村民流出村庄,也有外来人口流入村社,人口结构发生显著变化。一种是基于婚丧嫁娶产生的人口自然增减变化。由于城中村集体经济发达,集体资产收益较高,村民可以享受相对优渥的集体资产分红和社区福利,因此村民固守"村籍"身份,村社人口多增而少减。如村社的外嫁女即使出嫁到外地,也不愿意将户口迁出,甚至将女婿的户口迁入村内,外嫁女的孩子也在村里落户。二是本村人口由于入学、就业经商、服兵役、服刑、拆迁等原因离开村社。三是由于村社非农产业的发展,吸引了外来人口来当地打工,成为村社的居民,有的还在当地落户。四是由于国家政策或政府行政命令进行村社搬迁撤并,通过移民进入村社生产生活。另外,由于城中村区位条件好,房租相对低廉,也吸引大量人口来城中村租住。不少城中村的外来人口已经超过本村社人口。在这个变化过程中,村社的经济边界在拓展,自然边界被侵蚀,文化边界和乡土认同被动摇,社会边界也难以保持完整,血缘和地缘的关系基础不断淡化和消解(李培林,2004),村社内部的联结与认同渐渐薄弱。界定集体产权的边界越来越迫切,也越来越困难。

界定产权边界事关村民切身利益,但缺乏可以普遍参照的法律和政策依据。2017 年农业部经管总站在一份调研报告中表示:全国有近 60 万个村级集体经济组织,位于不同地区、不同层级,发展水平不同,积累的资产数量不等,人口结构变化不同,人口与集体资产的关系也各不相同,由于不同地区的情况差异性大,因此难以制定一个全国统一的集体经济组织成员认定办法,也不宜由法律规定成员身份①。

　　由于缺乏法律和政策依据,迄今为止各地在认定股东身份时多数处于乡村自我管理的状态(农业部课题组,2014)。乡土中国之不同于城市中国,主要在于维系村社发展与乡村治理的制度文化基础至今依然是非正式制度、非规范契约。城中村虽然已经进入城市或邻近城市,但仍处于礼俗社会向法理社会的过渡阶段,深受传统文化和价值观念影响。从各地的实践经验来看,集体经济组织成员资格的确定标准一般基于当地的乡规民约、传统观念等地方性知识,一村一策,在集体内部履行民主程序,由村民协商确定。主要的参照依据有户籍、土地承包关系、生产生活历史以及与集体经济组织的权利义务关系等。

　　本书结合对调研村庄的实地观察和村民调查,展现与讨论村民在界定产权边界时遵循的判断标准,以及标准背后的行为逻辑和乡村社会运行规则。调查显示,村民最为认同的界定标准是户籍,有 180 人选择将户籍作为集体经济组织成员的界定标准,占 72.3%;第二是有承包土地,108 人选择,占43.4%;98 人选择将婚姻关系作为认定标准,占 39.4%(见表 5-1)。

表 5-1　普通村民对成员资格界定标准的选择

	Frequency	Percent(%)	Valid Percent(%)
本村户籍	180	70.3	72.3
有承包土地	108	42.2	43.4
依婚姻关系	98	38.3	39.4
依照政策规定	38	14.8	15.3
其他	8	3.1	3.1

1.户籍

　　户籍是村民判断是否具有"村籍",也就是是否具有集体经济组织成员权的首要标准。李培林教授(2004)认为城中村重要的村落体制特征之一就是"与土地制度和管理制度相联系的'村籍'制度",有"村籍"的村民成为村集体经济的股东,与外来的社区居民和一般市民在经济地位上有极大的差别,因此

――――――――――

①　见福建省农业厅(省委农办)编制《农村集体产权制度改革文件资料汇编(一)》。

他们宁可为"村民"而不愿为"市民"。"村籍"明确界定了村庄的社会边界,使村庄资源和福利的分享具有强烈的排他性,在集体产权边界的界定过程中发挥着无可替代的作用。对于城中村村民来说,在完成"村改居"之后村民的农村户籍已经全都转为了城市户籍,但是他们依然保留着"村籍"。对于他们来说,"村籍"比城市户口重要得多,拥有"村籍"才能拥有对村庄集体资产的权利,参与到集体资产的分配之中。

拥有"村籍"的首要也是最直接的条件是户口还在城中村内。各村在确定确认成员资格的时点和标准时,一般都规定改制基准日前户口在当地的村民具有股东资格。如S经合社的章程规定,截至改革当年5月31日止,"凡户籍关系合法、合理属于S行政村管理的农业户口和集体农转非人口(不含离休人口和其他寄居人口)均合法成为经济社股民"。M经合社的章程规定从第一轮土地承包责任制落实的当年到村转居当年户口在当地的原农业户口,包括在此期间服义务兵役及因上学户口迁出本村的,在股份分配时给予全额股,在此之前由于婚嫁、工作等原因户籍迁出的,都不分配股份。按照村民的话说"那些退休回来的、出去当干部的、当公务员的,这些人也不能分。虽然他们曾经分过地,但现在户籍已经不在我们这边了。"

以户籍为判断标准,能够基本覆盖社区内符合条件的集体经济组织成员,村民认可程度高,甄别起来简单清楚,有实践上的便利,降低了界定股东身份的成本。但由于人员流动、户籍政策变化等原因,某些情况下仅凭户籍很难确认一些成员的股东身份,需要结合土地承包关系、生产生活历史等其他因素进行判断。

2.土地

土地对于农民来说有着特殊的重要意义。土地是农业最重要的生产资料,是农民依赖生存和发展的根基,自古以来农民和土地之间就形成了唇齿相依的连接和情感。虽然国家法律明文规定"农村和城市郊区的土地,除由法律规定属于国家所有的以外,属于集体所有",决定了农村集体土地所有权的归属,农民个人没有对土地的所有权。但是农民与土地的联结无法切割,土地对农民来说具有生存根本的意义,农民对土地的使用并非一般意义上的使用权,而被认为具有"类所有权"性质,因此"任何附着于土地或从土地延伸而来的经济权利,都在村社集体产权的范围之内,都被乡村社会认可为理当由原来拥有土地的村社所有"(申静、王汉生,2005),即使村社土地已经被全部征用,过去是否在本村拥有土地，也仍是村落社会所认可的集体产权的界定标准。

城中村村民极为看重土地所代表的利益共同体意义。在城市化与市场化的背景下，城中村的土地被征收，但附着于土地、从土地延展而来的集体资产成为重要的社区资源。城中村庞大的集体资产可以说是从土地发源而来，房地产租赁业是村财收入的重要来源，而房租也是大部分村民收入的主要来源，土地以及与土地相联系的资产是村民最为依赖的货币和资本的最主要来源，对村民的重要意义不言而喻。因此，土地与城中村共同体成员身份界定直接联系在一起，在村里有地才能具备股东资格分享集体资产收益是村民共同认同的准则，这种观念深深扎根于村民的日常生活和城中村社群关系网络中，成为具有利益分配和占有性质的地方性非正式规则。

"现在村里的钱都是我们土地征地的钱，还有租金。"

"我们几代人谁不是各个在田里干得流血流汗的，那些没有地的，没有参加过集体劳动的，根本没有资格获得资产。"

在村民心目中没有土地的"外人"就理所应当被规则排除在外，被认为不能够享受土地带来的"类所有权"的好处。S 经合社在界定股东资格时排除的第一类人是"户口在本村但与本经合社没有实际联系的人"，这类人是当地居民，但在村里没有土地，没有参加过集体劳动，被认为与经合社"没有实际联系"，对集体资产的形成没有贡献，村民们毫不犹豫地将他们剔除。Y 村 2003 年征地后获得了大量的征地补偿款，把户口迁入该村的居民试图参与分享补偿款和资产收益，村民发现后上访到省市政府，要求取消这些城镇居民户口享受分配的资格。这一事件推动了该村集体产权制度改革的进程。改革之后这些过去没有土地的居民被剥夺资格，不再享受集体经济组织的成员待遇，随之风波又起，他们开始到处上访，并到法院起诉经合社。

3.乡土文化

对村民的调查显示，婚姻关系也是村民评判股东资格的标准之一，这一标准的背后是乡土文化认同。在乡土社会，法律与政策等正式制度常常不是建构村落社会秩序的主要规则，传统文化等非人为形成的自发秩序或非正式制度往往是村民行为选择的重要影响因素。从亚当·斯密到哈耶克都曾经论证自发秩序的重要性及其对提升制度效率的作用，新制度经济学者也很重视传统文化等非正式制度的作用，诺思（2008）认为即使在最发达的经济中，正式制度也只占决定人们选择的总约束中的一小部分（尽管是非常重要的部分），人们的大部分行为选择是由非正式制度来形塑和约束的。

尤其在中国东南地区,"宗族和村落明显地重叠在一起"(莫里斯·弗里德曼,2000)。宗族观念历经千年,在村社根深蒂固,"深入民间,牢不可拔"(林耀华,2000)。在村落的宗族观念中,强调共同祖先和男系血脉嫡传,新生儿和娶进的媳妇是毫无疑问的成员,但嫁出去的女儿、女婿则不然,"女婿可能被视为家庭中的一员但决不会被接纳入宗族之中"(杜赞奇,2003)。

根据村落社区传统形成的习俗性产权界定,通过婚姻关系进入社区的媳妇和生育事实承认的新生儿是无须质疑的"村内人"。虽然刚嫁过来的媳妇和新出生的孩子,在村里既没有土地也没参加过劳动,对村社集体资产的形成并无贡献,但村落的社会关系是"根据生育和婚姻事实所发生的社会关系,从生育与婚姻所结成的网络,可以一直推出去包括无穷的人,过去的、现在的和未来的人物"(费孝通,1998),因此他们理所应当且毫无疑义地被纳入集体产权边界范围内。

相形之下,另一些群体的遭遇则截然不同,村落文化筑起一道坚实的围墙将他们阻隔在外。典型的例子就如外嫁女。外嫁女在村社曾经有过土地、也参加过集体劳动,对集体资产有贡献,甚至保留有当地户籍。不论何种法律法规都强调应当切实保护妇女合法权益,规定外嫁女拥有平等的土地权利和继承权利,但是他们却被村民顽固地排斥在产权边界之外。因为按照村落传统宗族观念,嫁出去的女儿就不再是这个家族的成员了,不再具有本村村民的身份,没有资格享受本村村民的待遇。成员标准的认定缺乏法律和政策依据,依靠村社自我管理,最终要由村民自决,村社集体内部按照少数服从多数的规则对外嫁女是否享受成员权益进行表决,在传统文化和宗族观念等非正式制度约束和利益驱动下,外嫁女在少数与多数的对决中落败成为必然。

在产权重构的社会政治过程,充斥着不同规范的冲突。传统宗族观念进入界定产权边界的规则中,村落传统文化与伦理道德等非正式制度在与法律法规等正式制度的较量中很明显占据上风,掌握了话语权,能够通过民主协商的村民自决方式合法化地否定外嫁女的成员权资格,制度化地剥夺或者部分剥夺外嫁女的成员权益。较早的一些村社改革方案中明确规定"外嫁女不论户口在册与否,都不享有村里的福利",激起了外嫁女的强烈反弹。X村在2009年初曾经召开村民代表会议讨论外嫁女是否能够享受社员待遇,90%以上的村民代表反对给予外嫁女相应待遇,因此外嫁女们集体追打到村书记和村长家抗议。

　　各地自有城中村改制以来,外嫁女的抗争就没有停息过,外嫁女采用陈情、闹事、上访、诉讼等各种形式,寻求妇联、学界、人大、政协等各类机构的帮助,来保护和争取自己的合法权益。这是一段漫长、艰苦和矛盾尖锐的历程,由外嫁女成员权引起的群体性事件此起彼伏。以 20 世纪八九十年代即开展改革的珠三角地区为例,在地方政府的帮助下,直到 2012 年年末,该地区的大部分外嫁女才在同籍同权的原则下得到了股权,但因当地村民的抵制还不能保证得到分红(柏兰芝,2013)。

　　C 区城中村集体产权制度改革开展的时间普遍较晚,设计改革方案时就权衡了外嫁女的身份和待遇问题,为避免矛盾激化,在村落传统与正式制度之间寻求平衡,目前 C 区改制村的外嫁女一般能够享受普通股东的 50%～70%的权益。制度方案中依然存在各种对外嫁女的歧视,如 M 经合社规定外嫁女不论什么时候结婚外嫁,不论户口有没有在册,每人 0.5 股;S 经合社规定"独女户、多女户,由其父母择其中一女及其配偶、子女为社员""外嫁女婚生子女户口随母人员不得享受权利";H 经合社"上门女婿不管多少个只承认一个",等等。对于外嫁女来说,她们与其他村民一样深受村落传统文化的规训,尽管要求分享权利依法有据,但也意识到与村落社会合法性机制的冲突,大多人获得部分股权或一定补偿后容易放弃继续追索的权利,非正式制度的约束同样在外嫁女身上发生作用。对于其他村民来说可能仍存在不满,但是村庄是个熟人社会里,村民之间讲究人情,不轻易完全把人得罪,就如 X 村干部所说:"反对的人顶多暗地里骂娘,明面上不会跟我们直接来(对抗)。这种方法是祖宗的财产大家都有份,皆大欢喜。"

二、股权设置

　　股权设置是集体产权制度安排的核心(傅晨,2003)。集体产权制度改革政策设定的目标之一是明晰产权归属,量化集体经济组织成员对集体资产的权益。股权设置要改变集体资产笼统模糊的"集体所有",把集体资产明确界定给社员,实现从集体的"总有"向"按份共有"的转变,形成多元产权主体,实现新的产权制度安排。

　　从各地股权设置的做法来看,常见的股权类型有集体股和个人股两大类。

集体股是社区股东共同共有的资产,其股份所有权由全体股东集体行使。个人股是量化到股东个体的股份,包括人口股、农龄股、现金股、募集股等等。

股权设置争议的焦点集中在是否设置集体股上。改革伊始设置集体股的目的,主要是体现集体所有制的公有性质,保持股份合作社集体经济属性的必须,否则就有化公为私的嫌疑。因此改革初期大多数改革的农村都设置了相对高比例的集体股,集体股的设置比例达到股份总额的 60% 以上,有的地方甚至高达 80% 以上。近年来,设置集体股的目的更多是考虑到用集体股的收益支付村社的行政管理和公共服务开支。如 C 区 S 经合社在 2002 年资产改革时设置了 30% 的公益事业股,规定所得收益作为集体经济再发展流动资金,以及老人退养、困难补助、社区公益等支出。

反对设置集体股的意见认为,集体股的设置并没有达到明晰产权的初衷,反而是明晰产权的一道障碍。首先,集体股的产权依然是不明确的,集体股理论上属于集体全体成员共有,但实践操作中是由集体经济组织代表村民持股,依然缺乏明确的产权人格化主体(傅晨,2006),委托人虚置,对代理人约束弱化,这仍然没有摆脱旧产权制度的窠臼。如果要彻底明晰产权,无疑必须通过"二次改革",无形中加大了改革的成本。其次是村社集体经济组织本身的问题。一方面是有些地区集体经济组织不健全,内部的运行机制不良,还存在着侵害合作经济组织成员利益的行为。因此,由集体经济组织代理村民行使社区集体股,其效果令人怀疑。最后,由于监督代理人的成本高昂,现实中集体股往往被少数村社干部所控制。因此,全国已完成产权制度改革的村中,设置集体股的村所占比重仅为 21%。上海市规定自 2009 年起原则上不设立集体股,江苏省也提出股权中一般不设集体股,浙江、天津、河北、广西、四川和重庆六省市基本没有设置集体股,只有北京、江苏、广东东莞等一些产权制度改革较早的地区还保留了集体股(农业部课题组,2014)。

在对福州 C 区 256 名普通城中村村民[①]的调查中,当询问村民对改革后社区集体经费开支来源的意见时,有 44.7% 的村民选择设置集体股,用集体股的收益支付社区公共开支,选择从集体资产收益中按比例提取的为 42.7%,选择其他的为 12.6%,选择设置集体股的村民比例最高(见表 5-2)。

---

① 对福州 C 区城中村的调查共获得有效问卷 291 份,其中在任或曾任村社干部的有 35 人,本书将这 35 人归入村社精英,其余 256 人为普通村民。

表5-2 改革后集体公共开支经费来源

		Frequency	Percent	Valid Percent（%）	Cumulative Percent（%）
Valid	设置集体股	110	43.0	44.7	44.7
	从集体资产收益中按比例提取	105	41.0	42.7	87.4
	其他	31	12.1	12.6	100.0
	Total	246	96.1	100.0	
Missing	System	10	3.9		
Total		256	100.0		

这个结果是否表示 C 区的普通村民对设置集体股的接受程度较高呢？通过对村民的深入调查我们发现并非如此。在与村民的一对一访谈或座谈中，当向村民解释什么是集体股和设置集体股的公益目的后，村民当即表示反对设置集体股，有的村民马上提出："集体股是用在扶持社区的，社区居民不止包括我们村民，不要让非村民分享我们的集体收益"，更多村民反对的原因是如果改革后还设立集体股，集体股实际上是控制在村集体手中的，也就意味着这部分资产被经合社干部掌握，村民说"那不是集体的，是村干部的"。反对的症结主要源于对村社干部的不信任，担心村干部私分、侵吞集体股收益。在村民与村干部的委托—代理关系中，由于存在信息不对称和缺乏有效的监督机制，作为委托人的村民很难监督和约束代理人村社干部的行为，普通村民对村社干部存在普遍的不信任。对普通村民的调查反映了这种不信任，仅有16.4%的普通村民表示信任村社领导，选择"一般"和"不信任"的达到83.6%（见表5-3）。

表5-3 村民是否信任村社干部

		Frequency	Percent	Valid Percent	Cumulative Percent
Valid	信任	42	16.4	16.4	16.4
	一般	125	48.8	48.8	65.2
	不信任	89	34.8	34.8	100.0
	Total	256	100.0	100.0	

从问卷调查与访谈结果的反差中，还反映出了普通村民对改革制度知识

的匮乏,就如奥斯特罗姆(2012)所说:"一个主要的渊源是缺乏知识……许多行动是在缺乏对问题后果的全面知识的情况下选择的"。对村民来说最为关心的是自己和家人的股东身份是否被确认,至于其他的改革内容安排则并不关注,或者缺乏了解的渠道。在被调查普通村民中,不了解市、区政府出台有关集体资产改制政策的占 83.4%(见表 5-4),不了解集体资产改制内容的占82%(见表 5-5)。

表 5-4　是否了解集体资产改制政策

		Frequency	Percent	Valid Percent	Cumulative Percent
	不了解	211	82.4	83.4	83.4
Valid	了解	42	16.4	16.6	100.0
	Total	253	98.8	100.0	
Missing	System	3	1.2		
Total		256	100.0		

表 5-5　是否了解集体资产改制内容

		Frequency	Percent	Valid Percent	Cumulative Percent
	不了解	209	81.6	82.0	82.0
Valid	了解	46	18.0	18.0	100.0
	Total	255	99.6	100.0	
Missing	System	1	0.4		
Total			100.0		

　　考虑到集体股的产权归属仍不清晰,以及设置集体股可能激起普通村民的反弹,参考各地改革做法,C 区的改革村社在制订方案时一般不再考虑设置集体股,而是以公积金、公益金等形式提取社区公共开支的费用。如 2013 年Y 经合社章程规定:股份经济合作社的当年收益分配,在当年净收益中提取30%的公积公益金,作为股东退休福利待遇及管理费用等列支,然后按照股东持有的股份比例进行分配。T 经合社 2012 年改革时虽然设置了集体股,规定用于"配置个人优先股股东股份、处置历史遗留问题、可能需要补缴的费用以及确保本社成员社会保障支出和必要的费用支出",但约定到遗留问题处置完毕后,将"余留的集体股及对应的资产按照本次股改时的股东持股比例全部量

化到个人"。

三、股权管理

(一)股权管理的制度设计

股权管理的模式主要有两种:一是动态管理,定期对新增、死亡人员的股权进行调整,和土地承包"几年一调整"的做法类似;二是静态管理,实行"生不增,死不减;入不增,出不减",一次性把股权量化给所有人员,股权今后不再调整。采用动态管理模式的,需要每隔若干年根据成员变动进行股权调整,必须花费时间和精力去界定成员资格、调整组织成员并重新分配股权。静态管理模式的做法是,分配股权的时候采取一刀切的办法一次性确定,未来股权不随人口的增减而变化,一般允许股权继承和内部转让,但必须经过董事会的批准,不允许股权对外流动。一次性量化的做法较为彻底地明晰了产权,村民可稳定获得集体资产收益,放心离开社区工作求学,为城乡要素的合理流动奠定基础。股权可以继承和内部转让,满足了村民要求股权内部有限转让的利益诉求,保证了社区范围内群体的利益;城中村村民当前还无法享受与城市居民同等的社会公共服务,股权对村民来说具有社会保障的功能,因此禁止退股提现,限制股权向外流动。目前全国大部分地区实行股权固化的静态管理模式。

城中村集体产权制度改革的目标是要实现"归属清晰、权责明确、保护严格、流转顺畅"的现代产权制度,固化股权与动态管理模式相比更有利于实现产权清晰,符合现代企业制度的要求,被认为是今后改革的主流方向(农业部课题组,2014),成为国家提倡的改革模式。但是围绕固化股权爆发了持续不断的冲突与博弈。

(二)普通村民的选择与争议

调查显示,普通村民赞成"生不增死不减"固化股权的比例为51%,反对的比例为49%(见表5-6)。赞成与反对的比例几乎持平,可以看出村民在这一问题上的对立与矛盾。村民最大的不满集中体现在股权固化后,新生儿和新媳妇不能享受股份,村民认为这不符合农村的伦理。

表 5-6　是否赞成固化股权

		Frequency	Percent（%）	Valid Percent（%）	Cumulative Percent（%）
	不赞成	120	46.9	49.0	49.0
Valid	赞成	125	48.8	51.0	100.0
	Total	245	95.7	100.0	
Missing	System	11	4.3		
Total		256	100.0		

反对股权固化的村民质疑："祖宗留下来的资产,死人还占有,活着的人却没有享受!"

"资产是世世代代传下来的,我们这么辛苦劳动就是为了下一代,如果这些资产只有我们有了,下一代都没有,那我们这么辛苦还有什么意义?"

村干部诉苦:"如果不让这些新增人员享受社员资格,这百来号人就会跟我们闹,一生一世没完。"

"反对的人在投票的时候差一点把我们的投票箱砸掉了!"

调查中几乎每个改制村都存在由固化股权引起的激烈冲突与争议,反对固化的村民进行各种形式的集体行动。以 Y 经合社为例,Y 经合社以 2005 年 6 月 22 日某时点为改革基准点,确认股东资格,固化股权,实行生不增死不减,有五个在改革基准点后嫁入的媳妇因此不能享受社员资格,屡次到经合社、经合社干部家里陈情甚至闹事,到各个部门上访,并到法院起诉。

(三)走回头路的 S 经合社

2002 年 S 村进行了集体产权制度改革,一次性把股权量化给 520 位村民固化股权,"生不增,死不减"。到 2013 年,新嫁入媳妇 41 人,出生 76 人,入赘 3 人,社员死亡 39 人,2002 年至 2013 年间村民人数净增加 81 人。新增人口强烈要求享受股民资格,认为"实行'生不增、死不减'静态管理模式,生的人不增加,死人还要继续享受,这不是很荒唐吗?""我们农村的习俗是要为下代子孙负责的!"相当比例的村民认为新增人口天然应享受集体产权的股东资格,定期对新增、死亡人员的股权进行调整才符合村社传统的乡土公平观。反对固化股权的村民以闹事、上访等各种形式表达利益诉求,"每到每月 15 日发放补贴的时间,就有一部分社员在社本部吵闹,搞得两委干部无法正常办公",村落内部激烈斗争。

S经合社干部感到无法承受村民压力："我跟你讲啊,我现在最头疼的是每月的15号给村民发分红的时候,我想15号最好我不要去上班,没办法控制局面,没办法啊,他们(村民)讲的都有理由,很多丑话、很多伤害你自尊心的话都很多、很难,我都不敢讲出来了啊。"

2013年S经合社修改了章程,将股权管理模式变更为动态管理,"生有补,逝有销,每五年调整一次",当年10月召开社员代表会议,以三分之二的多数通过了章程。

巴泽尔(1997)说人们按照对自己有利的原则,决定把产权界定到什么程度。村民行为的目标是自己获取直接利益,而不关心集体产权是否清晰、权能是否完整、流转是否顺畅。产权界定不仅是制度设计中可计算的工具和手段,也是集结、动员和自我赋权的过程(柏兰芝,2013)。村民为实现自己的利益目标,采取各种形式争取自己的权利,不同利益主体的博弈力量对比实现制度的选择或重构。只要村落和集体经济还存在,分歧与博弈就不会停止。

虽然奥斯特罗姆(2012)曾强调管理公共财产的规则制定必须适合当地习俗。但是,动态股权管理模式给社区股份合作制发展造成的不利影响是显见的。首先,每隔三至五年就要对股权做一次重新调整,重新甄别股东身份,分配股权,预期的摩擦成本和组织管理成本将很高。重新分配必将带来新的争议,有位区领导悲观地用"永无宁日"来形容对社区稳定的负面影响。其次,股权不能固化,村民对股份的权利不是明晰和稳定的,股权不能流动,自我封闭,难以实现资本和资源的优化配置。再次,村民拥有的股份及其权利十分软弱,失去了"用脚投票"这样重要的表态方式,很难体现出股权的内在价值,股份合作社难以实现民主管理和政企分开,在相当程度上制约了股份合作社在更大范围内和更深层次上的发展。改革的价值被大大地削弱,村民把集体产权制度改革视为一个解决收入分配的办法,而且似乎解决了分配也就解决了一切问题。动态股权管理模式的弊端在短期内不会显见,但从长期来看,变动的产权将阻碍集体产权资化、市场化的步伐,以及集体经济的活化发展,终将损害的还是集体以及村民的利益。

第二节　组织重建和集体经济发展的决策和选择

一、组织重构

城中村集体产权制度改革后重构的集体经济组织形式主要有股份合作社和有限公司两种。调查显示,有 70% 的普通村民表示支持股份合作制(见表5-7)。

表 5-7　是否支持股份合作制

		Frequency	Percent（%）	Valid Percent（%）	Cumulative Percent（%）
	不支持	74	28.9	30.0	30.0
Valid	支持	173	67.6	70.0	100.0
	Total	247	96.5	100.0	
Missing	System	9	3.5		
Total			100.0		

但有趣的是,在调查中,超过 60% 的普通村民表示不了解什么是股份合作制(见表5-8),在对股份合作这种组织形式并不了解的情况下,村民们为什么会选择它呢?

表 5-8　是否知道股份合作制

		Frequency	Percent（%）	Valid Percent（%）	Cumulative Percent（%）
	不知道	157	61.3	61.6	61.6
Valid	知道	98	38.3	38.4	100.0
	Total	255	99.6	100.0	
Missing	System	1	0.4		
Total		256	100.0		

通过对改革过程的观察和与村民的交谈,发现主要有以下原因:第一,依附村社权威的选择。普通村民在村落的经济社会生活中一般处于被安排和被支配的弱势地位,形成了对村干部等村庄权威的依附心理。在改革中,村民缺乏相应的制度知识,不了解股份合作制或公司制等组织形式的特点与适应性,习惯性地依从村干部的选择。同时,普通村民对集体产权制度改革的关注重点在于分配,对于集体经济组织要采用什么样的组织形式并不关心,村社干部宣传股份合作制,他们就依附。本章利用交叉分组下的频数分析考察村民对股份合作制的支持与村干部的宣传、村民对村干部的信任之间是否存在关联性,卡方检验的结果证明二者都在5%的水平显著相关(见表5-9)。第二,选择趋同效应。家族集体主义是村社中村民传统的价值取向,城中村社区虽然已经进入城市,依然保留很强的血缘和宗缘联结,在这样有着紧密关系和互动的共同体社区,在社会选择中个人行动往往具有相互依赖性,村民的行为容易受到周围人群的影响,使得制度的演化出现"局部趋同效应"(local conformity effect)。虽然村民对于集体经济组织的重建形式缺乏了解,甚至完全无知,但大多数人会跟随村社中的大众主流意见做出选择。

表 5-9　是否支持股份合作制交叉列联表及卡方检验

变量	分类	频数	不支持	支持	Value	df	Asymp.Sig. (2-sided)	检验方法
村干部改制宣传	没有	159	58	101	10.659[a]	1	0.001	Pearson Chi-Square
	有	85	14	71				
是否信任经合社领导	信任	42	10	32	7.203[a]	2	0.027	Pearson Chi-Square
	一般	125	31	94				
	不信任	80	33	47				

二、集体经济发展

在调查中发现,村民最为关心的、询问最多的问题就是:"改革后的收益会不会更好?"当询问普通村民支持集体资产改制的原因时,43.6%的村民回答是为了"能参与每年分红",排名第二的原因是集体资产管理不公开,担心村社干部侵吞集体资产,比例为25.6%。在访谈过程中,大多数村民谈到支持集体资产改革的原因时,坦率地说是为了可以每年拿钱(分红)。在 S 村的村民代表大会座谈中,村民代表特别强调要保证改革后有钱拿,没钱拿的话就不要改了,干脆让村民分掉集体资产算了。有 44%的被调查村民认为集体资产最好由自己管理,把集体资产分掉自己来经营的收益比集体经营更高。B 村的村民甚至 90%以上投票通过要求将集体资产发放到个人,由于地方政府坚决不同意而作罢。

村民支持改革最直接的动因是获得集体资产的剩余索取权,并形成了很强的分配刚性。村民对集体经济的依赖程度高,紧盯集体收益的分红,同时不愿意承担风险,集体资产经营只能赚不能亏,且分红只能增长不能减少。村民的分配刚性与实现集体经济可持续发展的目标,以及提取公积金、公益金用于集体经济再发展的制度设计产生了尖锐的冲突。在 S 经合社的调查中,书记谈到村民们年底要求公开分配集体资产收益时说:"他们眼巴巴地盯着我们要把剩下的资金收益分掉,我们的工作很难做。但是没办法,那时候村民天天闹,扛着锄头到我们家门口敲地板。"

"村改居"虽然从户籍制度上把农村"农民"转变为城市"居民",但实现人的城市化需要一个漫长艰难的过程。失去土地的村民进入城市,文化水平不高,缺乏谋生技能,多数只能依靠房屋租金和分红生活,被动成为租金食利阶层。集体产权制度改革后村民成为合作社的股东,但还无法具备股东的责任意识,普遍重视权利而忽视承担义务,对于分红有很高要求而不愿意承担风险,有很强烈的分配期望而不考虑积累,为社区集体经济的持续发展埋下隐患。

对于村民的上述行为,我们应当认识到的是村民看似非理性行为背后隐藏的理性逻辑。斯科特(2001)认为村民行为遵循"安全第一"(safety-first)的原则,生存取向的农民宁可避免经济灾难而不是冒险去最大限度地增加其平均收益,他们宁愿选择回报较低但较稳定的策略,而不是那些收入回报较高但同时也有较高风险的策略。对于缺乏城市生存技能的村民来说,集体资产是村社共同财产,可以为他们提供某种程度的安全庇护。在政治信任度低的情况下,城中村村民普遍存在对村干部的不信任(仅有 16.4%的普通村民表示信任,见表 5-2),理性的村民将更倾向于选择保守却安全的行为,于是他们要求分光集体资产,或者每年尽可能分掉所有集体资产收益,而不放心将集体资产及收益交由村社干部经营支配,对村民而言这是保护自己利益的理性选择。

第三节　个案呈现与思考

一、Y 村集体产权制度改革

Y 村是位于福州 C 区的城中村,1998 年开始征地,到 2003 年所有农田和宅基地全部被征用。2005 年 11 月 Y 村撤村改居,成立 Y 经济合作社。L 村经合社总户数约 250 户,确认社员 825 人。

2003 年征地结束后,Y 村获得了约 2 800 万元征地补偿款、30 亩的留用地以及 2 700 万元留用地置换款。村集体将 70% 的征地补偿款发放给村民,剩下的 30% 留作集体发展基金;30 亩的留用地以土地参股的方式与某房地产公司共同开发建设房地产。之后又将剩下的 30% 的征地款购置某工业开发区的土地建设厂房,2 700 万的留用地款一部分用于支付厂房建设的工程款,剩下以失地养老保障金的方式发放给社员,每人约 2 万元。

2003—2013 年间,因集体资产收益分配的问题,村内部矛盾激化。现任 Y 经合社主任回忆当时:"村民内部分成几拨人,几乎天天上访告状,安宁之日很少,是全区最乱的城中村。"第一,村民与村干部的矛盾尖锐,村民认为当时的村委会干部管理混乱,侵吞集体资产,"天天进餐馆大吃大喝",村民因此怨声载道,要求将全部集体资产平均分配给村民个人,集体经济清盘解散。第二,"村内人"和"村外人"矛盾尖锐,当时一些没有"村籍"的居民户也介入分享补偿款和资产收益,村民发现后上访到省、市政府,要求撤销这些城镇居民户口享受分配的资格。

2005 年 5 月 22 日,Y 村委会召开村民代表大会,以户籍在本村的纯农业户口为标准甄别资格,以 2005 年 6 月 22 日为基准点,确认集体经济组织成员共 803 人,同时明确此前参与集体资产收益分配的非村民不再享受社员资格。此次社员资格确认后经历了三次变更。

第一次调整,是因为外出求学户口迁出的学生和嫁入的媳妇,因没有获得社员资格而屡次上访告状,Y 经合社所在 JS 街道书记从中调停劝说也不起作用,这些村民持续通过上访、"闹事"等方式表达诉求。2005 年 8 月,村委会讨论明确包括 12 名学生在内的 20 人享受社员资格,社员增加到 823 人。

第二次是一个 2005 年之前再婚嫁入 Y 村的外村妇女,原本符合社员资格标准,但因界定工作遗漏而没有将其列入社员,该妇女到法院起诉,后经村委会核实确认,追加社员资格。

第三次是一个在 2005 年之前出生的因违反计划生育而没有享受社员资格的,补交了计划生育处罚金后享受社员资格。至此,社员共有 825 人。

2005 年 5 月 22 日的村民代表大会上,Y 村委会还提出实行"生不增死不减"的股权固化管理方法。固化股权在当时的城中村集体产权制度改革中还很少见,村民和村干部都有疑虑,执行并不坚决。固化股权的方式增强了股东身份差异带来的股权收益差别,客观上放大了上访诉讼者的预期收益,为牟利性上访诉讼提供了过度利益激励(温铁军等,2018)。一些被界定不具有社员资格的村民到法院去起诉,而法院一审判决他们享有社员资格,引起村民强烈反弹,到法院提起上诉。村社内纷争四起,剑拔弩张。

2005 年 11 月 19 日,由于村民对当时的村社干部不满已久,在选举中选出新的领导班子接管经合社。新的经合社班子上台后提出将"生不增死不减"的股权静态管理模式改为"生增、死减"的动态管理模式,方案一提出,改革时间基准点后出生小孩、娶进来的媳妇纷纷要求成为社员,村民之间的矛盾又起,社区内再度掀起波澜。这时 JS 街道的领导建议不做调整,回到原来的做法,"之前怎么做就怎么做吧"。经历了这一番波折之后经合社干部下决心执行"生不增死不减"的股权管理方式。

2013 年 C 区将 Y 经合社列入该区城中村改制试点,正式启动集体产权股份合作制改革。2013 年 11 月召开社员代表会议通过经合社成员名单,完成股东身份确认工作;2013 年 12 月成立经合社资产登记小组,开展清产核资工作;2014 年 1 月,聘请资产评估机构审计、评估合作社资产;2014 年 3 月 30 日,投票表决《Y 股份经济合作社章程》,Y 经合社的集体产权制度改革制度设计终被大多数村民所认同和接受,股份经济合作社章程以 97.8% 的高支持率获得通过,顺利完成股份合作制改革。

目前还有 5 位居民在起诉 Y 经合社,他们在 2005 年之前搬进 Y 村,但是户口没有搬进来,2005 年界定股东身份时让他们享受社员资格,但是 2011 年被经合社撤销资格。同时有 5 个媳妇 2005 年因政策原因无法将户口迁入,后来迁入时已超过改制时间基准点,不符合生不增死不减的时限要求,不能享受社员待遇,也正在起诉经合社。

二、对案例的思考

Y经合社集体产权制度改革是个具有代表性的案例,集中呈现了改革过程中的关键环节中不同利益群体的分化与博弈。集体经济组织成员资格界定是公认的改革最困难的一环,股权管理模式的确定也是极其关键的、充满矛盾与争议的改革内容。从2005年到2014年,Y经合社用了将近十年的时间确定了股东资格和股权管理的制度设计,其间普通村民与村干部、"村内人"和"村外人"之间发生种种冲突与博弈,走过了曲折、坎坷、争议不断的历程。

在漫长的改革进程中,村民作为理性经济人追求个人效用最大化的行动伴随改革始终。利益是村民行为的直接动机,如果村民预期制度创新能够增加个人收益,他们就会赞成或支持改革,反之则反对或阻挠改革。利益冲突是村民开启改革进程的导火索,村民对集体资产管理不透明、分配不公平的不满使他们迫切希望推进改革。为维护集体资产不被侵蚀,村民对抗村干部,甚至推翻侵犯他们利益的权威。同时在群我主义的行为逻辑和利益驱动下,村民严格控制"自己人"的范畴,划出明确的群己界限,严格界定股民资格和坚守固化股权规定,紧密团结维护自己的利益,积极对抗"外人"要求分享权益的挑战。同时,村民内部也不是铁板一块,也存在利益目标、资源禀赋的异质性,分化出不同的子群体,村民与村民之间关系紧张和复杂,使得利益格局更加复杂化。随着改革的推进,均衡被一次次打破,制度在冲突、协商、讨价还价中慢慢形成。

村民用于表达诉求、争取权益的行动是多元化的。有制度化渠道的合法表达,通过传统的协商、调解方式,避免诉诸法律,希望通过双方协商或第三人调解的方式解决矛盾;通过投票方式自力救济,使用选举权换下侵害他们权利的村干部,推选能够维护和代表利益的代理人;通过诉讼方法对簿公堂寻求司法救济;村民最常使用的制度化表达还是信访,没有门槛、程序简单、成本低廉。但合法的制度内表达通常回应迟滞、低效或者无效,村民通常只好选择非制度化的表达方式,如闹事、集体上访,有的村庄使用堵路等激进手段试图引起政府或社会的关注和重视,给利益相对方施加压力,增加自己的谈判筹码。

孟德拉斯(2005)说:这些无条理的举止表面上看来是自相矛盾的,但在表象后面,却经常表现为一种有其固有逻辑的步骤,这种步骤是对处境做出的反应,虽然有时显得笨拙,但常常很适合于处境,真正没有条理的和错综复杂的是处境本身。

本章小结

产权是主体之间通过冲突、协调、妥协之后互相认可的行为关系,因此产权制度的形成与演变是行为主体之间博弈与较量的结果。普通村民本身力量弱小,缺乏制度知识和公民训练,总体上处于弱势地位。因此,既有对制度变迁的行动者的研究,往往聚焦于启动变革的"制度企业家",却忽略了在改革的场域中,原本边缘、弱势的行动者也有可能经由集体行动占据关键的战略位置,以至于改变了制度变迁的内容或方向(柏兰芝,2013)。

就如诺思(2016)所指出的,当制度限制了行为主体追求目标的能力时,他们就会依靠结合成集体行动的力量,去改变制度的限制而达成目标。村民人数众多,形成的集体行动增强了他们的谈判力量,不但具有决策前的发言权,并通过影响制度的交易费用和生产效率实际影响了制度的绩效,在改革方案的形成过程中起到关键性的作用。

在产权创新的过程中,普通村民最为关心的是集体产权收益在不同成员之间的分配,个人利益最大化是时刻隐藏在村民行为之后的指挥棒,既是动机也是目标。村民会考虑改革后未来的收益和成本,但更倾向于选择使现期收益最大化的方式,同时也受到价值认同、精英威权、趋同效应、社会压力等各种主客观变量和因素的影响和制约。普通村民与村干部、"村内人"和"村外人"间围绕利益分配的不断斗争与妥协,从资产量化、组织重建到集体经济发展,村民从理性计算出发,灵活应用各种规范,根据需要变换立场,建构对自己最为有利的集体资产分配结构,形成了制度方案并推动制度变迁。集体产权制度改革实质上是村民之间、村民与其他利益主体之间就集体资产如何分配与管理达成的一致性协议,服从的是各地不同利益主体之间的力量平衡,而不是一致性的体制规范(周其仁,2002)。

第六章　集体产权重构过程中的
村社精英行为

与普通村民相比,以村社干部为主体的村社精英在社区权力结构中占据优势地位、拥有更多资源,并能够决定或左右资源分配的规则。在集体产权制度改革中村社精英成为处于主导地位的制度企业家,是决定与推动制度变迁的主角,基于制度设计者的身份与能力对改革方向和内容进行思考并做出选择。

第一节　村社精英的角色

本书主要研究以村社干部为代表的掌握村社正式权力资源的体制内精英。由于普通村民制度知识与权力资源的相对匮乏,同时作为原子化的个体很难进行组织化和制度化的表达,真正在改革舞台上行使支配权力、左右改革方向的是村民中的精英。他们是村社治理的缝隙权威,主导改革的制度企业家。

一、社区治理的缝隙权威

Sonia Schoon(2011)认为城中村的干部在村社发展中拥有一种缝隙权威(niche authority),这反映出在"上级国家政权—乡村基层政权—村民"所构成的社会结构之下村社干部的结构地位,并决定了其行为特征。在国家政权和村社地方之间,村社干部承担了双重委托代理关系。在政府与村社干部的委托代理关系中,国家政策需要通过村社干部这一渠道实现在村社的合法化程序,村社干部扮演了政府代理人的角色,需要完成政府指派的各类行政任务,如三资管理、治安管理、社会福利、计划生育管理、征兵等等。因为信息不对称和对地方性公共物品监督的外部性问题,容易产生机会主义空间,使村社干部有可能利用监管者特权获取集体剩余。在政治控制和利益激励下,村社干部会选择上级政府偏好的管理取向,完成上级政府交付的任务,实现政府的意志,同时利用代理身份和特权谋取私人利益,杜赞奇(2003)称之为"营利性经纪"。

同时,村社干部也扮演村民的代理人角色。村民委员会是基层群众性自治组织,由村民选举产生,从法理上看行使的权力来自村民。根据《中华人民共和国村民委员会组织法》(2018年修正)指出:"村民委员会是村民自我管理、自我教育、自我服务的基层群众性自治组织,实行民主选举、民主决策、民主管理、民主监督。村民委员会办理本村的公共事务和公益事业,调解民间纠纷,协助维护社会治安,向人民政府反映村民的意见、要求和提出建议。村民委员会向村民会议、村民代表会议负责并报告工作。"地方权威的授权来源开始发生变化,选举与任免的压力会使村社干部在某种程度上比以往更多地关注村民的利益,选择村民偏好的管理行为,扮演村社的"保护性经纪"。同时,村社是由地方性知识、共同价值规范等交织建构的村庄文化网络所形成的场域,在经济收益之外,社会地位、面子、威望等是村社干部企图获取的社会收益,或者说是他们需要承担的社会压力。

双重委托代理关系的矛盾之处在于,由于同时担任政府与村民二者的代理人,村社干部可能面临身处国家与农民夹缝之中的结构性两难,在政府体制和村民社会的边缘地带,在结构的夹缝之中寻求平衡与利益(吴毅,2002)。当政府意志与村民意愿相左时,村社干部就容易被推向矛盾的风口浪尖,在"赢利型经纪"与"保护型国家经纪"的冲突中艰难平衡。

二、集体产权制度改革的制度企业家

制度理论认为,制度企业家(institutional entrepreneur)是制度变迁的代理人,制度企业家预见到制度变迁的潜在利润,打破原有的制度均衡,创造新的制度规则。制度企业家这一术语被用于描述那些致力于建立和重组产权及其他制度结构以利用经济机会的人(Anderson and Hill,2004)。与传统企业家的区别在于,制度企业家通过对既有的制度规范、行为法则进行创新,设计新的制度安排,推动制度变迁获取潜在利润。制度企业家能否成功取决于两项特质:第一是认识和捕获制度变迁潜在盈利机会的能力,第二是进行和完成实际制度创新的能力。制度企业家的风险在于制度创新的风险,因为信息不对称,制度企业家对制度环境和制度需求的认识不够准确,同时由于二阶因徒困境带来的风险,他们必须向现行的制度规则挑战,将面临习惯于旧规则的人们短期内的不认同(张维迎,2012)。

村社精英是推动城中村集体产权制度改革的制度企业家,在工业化和城镇化共同作用的外部环境变迁过程中,他们敏锐地意识到了环境变化带来的潜在利润,并且了解传统产权制度的缺陷,最早认识到只有通过集体资产产权制度的创新才能获取既有制度安排下无法实现的外部利润,一些村社精英成为制度变迁的推动者。

改革过程中的村社精英可以分为两类:一类是意识到制度变迁的潜在利润后主动推动制度变迁的村社精英。以 M 经合社为例,村支书是一位敏锐实干型的企业家,睿智地预见到改革的潜在收益后,积极着手推动改革。为了形成村社的改革共识,他首先带领村社干部与村民代表赴广东、浙江等改革先进地区进行实地考察与经验交流,打开视野,学习先进的经验做法。回村以后召开社区两委会议、村民小组会议、村民代表大会层层宣传发动,在村民中积极宣传改革的重要意义,通过多次问卷调查等形式征集村民意见,在学习、讨论和争论中增进村民的制度知识,激发村民的改革积极性。同时,借鉴各地的改革制度设计经验,形成改革方案初稿后发到每家每户广泛征求意见,并征求街道、法院、民政、农业等部门意见,最终形成的改革方案以 97.1% 高票通过。另一类村社精英是被动型改革者,由于村民在集体资产收益分配上的矛盾引发利益冲突,严重影响到村社的正常秩序,认识到集体产权制度改革已经不改不行了,或者在地方政府的要求和推动下,成为改革进程的主导者。

第二节 改革中的决策与选择

一、资产量化过程的决策与选择

(一)资产量化范围界定

按照资产的性质可以把集体资产划分为经营性资产、非经营性资产和资源性资产。经营性资产包括用于经营的房屋、建筑物、机器设备、工具器具、农业基础设施、集体投资兴办的企业及其所持有的其他经济组织的资产份额、无形资产,以及现金和存款等。非经营性资产包括用于公共服务的教育、科技、文化、卫生、体育等等非生产性设施。资源性资产是指农民集体所有的土地、森林、山岭、草原、荒地、滩涂等。在改革的实践经验中,对资产量化范围的做法一般有:一是只把经营性资产列入产权界定的范围,对其净值按一定标准折股量化,经营性资产的评估相对简单,易于操作;二是将经营性、非经营性和资源性资产全部纳入量化范围,量化所有资产的改革最为彻底。

目前法律和政策对于集体资产量化的范围没有强制性要求,决策权一般在村社干部。对村社干部来说,对资产量化范围的选择主要基于改革成本的考虑。城中村集体资产的归属历史遗留问题多,权属关系复杂,有的资产被政府平调,也有的被村民或其他个人占用。如 N 村资产被镇政府平调,X 村的某些房产被村里的强势村民强占,W 村的部分土地目前由非社员耕种,要求让他们也享受社员资格才答应把耕种的土地纳入量化范围,以及市政府征用土地后暂未兑现留用地承诺等等,诸如此类的资产权属纠纷类型复杂、数量多,清产核资和资产量化的预期摩擦成本高。同时,土地等资源性资产和非经营性资产评估作价困难,考虑到如果将这部分资产也加入量化范围,集体资产总量会大幅增加,评估费用高,有的村庄股东之间的绝对值差额会变得更大,可能引起股东之间不必要的矛盾。因此目前各村选择量化部分资产的多,量化全部资产的少,一般只量化经营性资产。

但选择先行量化经营性资产的村庄,没有达成产权归属清晰的目标,社员拥有集体资产仍不完整,产权制度改革还未彻底实现,未来还需要追加资产或二次量化。有的村干部还担心:如果只量化部分资产,将来非社员可能会来争夺剩下未量化的资产,埋下后期纠纷的隐患。一些地区已经在资产量化范围上进行突破,如上海市、广东佛山、浙江余杭等地的村落已经在探索包括土地资源在内的全部资产的股份合作制改革。

(二)股权设置

从上一章对股权设置的讨论来看,争议主要集中于是否设置集体股。从制度设计者的正式表达来看,当前设置集体股的目的主要是用其收益支付改革后社区的行政管理和公共服务开支。

对福州 C 区村社干部的调查发现,超过一半的村社干部在考虑改革制度方案时,倾向于通过设置集体股的方式支付改革后的集体公共开支。村社干部希望设置集体股主要基于两点考虑:

一是担心改革后"公共开支没有着落",调研中 X 村支书担心说:"如果把这些(集体资产)都量化后,会不会出现说如果集体用钱,村民股东不同意的现象?"从大部分地区改革后的实际情况来看,改制的集体经济组织除了发展经济的职能外,仍然在不同程度上保留了社会职能,承担社区行政管理和社会事务,依然在向社区提供基础设施、社区治安、村民福利等公共产品。

二是村社干部对继续分享集体资产剩余的考虑。集体经济效率损失的表现之一是集体经济对其管理者的激励不足而导致的无效率(周其仁,2002)。阿尔钦和德姆塞茨(1972)认为经济组织的所有权是一种剩余权,产权的实现必须通过剩余控制权来完成,一直以来正是这种剩余权机制对村干部形成激励。如果不设置集体股,剩余权的激励机制将被削弱,在还未形成其他发挥作用的激励机制的前提下会导致对村干部的激励不足,进而影响集体经济的运作效率。就如调研中村干部所说:"村干部没钱就没威信,讲话就不管用","不设立集体股以后的社区干部也不会有人竞争了"。

村社干部是制度方案的主要设计者,但也需要考虑村民的反对意见,在权衡中寻找利益的均衡点。大多地区最后选择了不设置集体股,但通过提取一定比例公积金、公益金的方式保证社区的经费来源。这种设计既避免了设置集体股造成产权不明晰存在的种种弊端,满足村民的要求,同时保留了集体产权的"公共领域",让村社干部能够继续掌握剩余控制权,分享物质或者非物质的剩余,换取村社干部的合作与效率。

(三)股权管理

在经典经济学理论中,人们只有对财产拥有完整的权利,财产的价值才能充分实现并得到有效利用,否则就是产权不清晰,将导致社会关系的不稳定。按照产权理论,一个完备的产权权利束应该包括占有、使用、收益和处分权,产权的权能是否完整要看所有者能否充分行使产权,是否具有排他权、能否自由转让产权,如果某一方面的权利受到限制,那么这种产权就是残缺的(巴泽尔,1997)。按照大多数村庄设计的改革方案,村民对于所分配的股份只拥有名义上的所有权,只能行使有限的管理权(一人一票)和收益分配权(参与分红),更主要的是村民拥有的集体资产处置权是受到限制的,只允许股权在内部有条件的流动,不允许向外流动,由此村民拥有的并非完整的产权。

学者们普遍认为,衡量产权权能是否完整,主要的判断依据是产权所有者对其是否具有排他权和转让处分权。学者们尤其关注产权所有者是否拥有自由的转让处分权,德姆塞茨(1988)明确指出,在所有权制度安排中最重要的是经济资源的排他性和可让渡性。如果产权所有者对他所拥有的权利没有排他的使用权和自由的转让权,就被称为产权的残缺。柯武刚和史漫飞(2000)也持有相同看法,认同产权要想有效地起作用,必须是可转让的。

多数村社的集体产权制度改革方案对村民拥有的集体资产处分权能进行限制。村民只能拥有有限度的处分权利,允许股权继承和转让,但转让只能在合作社成员之间进行,严格排斥集体以外的人进入。如 T 经合社规定:"股权只能在本股份经济合作社内部转让,即受让人必须是本社股东。"W 村股份量化实施方案中规定:"股份转让未经股份经济合作社办理变更登记或股份转让给非经合社成员的,视为无效转让。"

有些城中村的村社干部还设计了对股份转让权更加严格的限制,不允许村民将手中所有的股份全部转让。一位村社干部解释说:"比如村里有些赌鬼把股份卖完赌完后就到村里面闹","他手上没股份、没钱了就要来找你找政府了,要去上访了"。由于政府财力限制,目前还不能为城中村村民提供充分有效的社会保障,集体资产还要担负起对村民的基本生活保障功能,防范生计风险。同时,村社干部还预见到股份过度集中可能对经合社经营管理产生的威胁,股份过度集中于少数村民手中,大股东可能利用其支配地位谋取私利而侵害其他股东和集体利益。例如 Y 经合社章程规定:"每个本社成员受让他人股份最多不超过个人原始股 3 倍",W 村规定"每个社员受让其他社员股份最多不超过 30 股"。

集体资产的性质类似于地方性的公共物品,学者研究发现不论历史上还是当代背景下,社区成员为了维护共享资源,常常会对转让权进行限制。莫里斯·弗里德曼(Maurice Freedman)在 1958 年出版的著作《中国东南的宗族组织》中,对福建、广东两省的宗族组织进行考察,发现农民对自己完全拥有的土地具有广泛的权利,可以抵押和出卖,但土地出卖的权利受到限制,只能在宗族范围内转让,或者在宗族成员选择之后才有机会卖给族外人。"大宗族里的土地交易,往往发生在宗族的不同成员之间,任何时候都不会处理给族外人。"诸多类似的经验,让学者们认识到许多界定清晰、具有可操作性的公共财产制度已经在没有让渡权的情况下存在了很长时间(McKean 1982)。缺乏完全权利不会阻止可持续管理,只要社区成员有可执行的撤销权、管理权和排他权,在没有让渡权的情况下也可以进行有效的管理。并且,受到限制的转让权还可以"加强社群的凝聚力,从而促进成功的集体管理"(Netting,1981)。

产权并非越清晰、越完整就越有效率,关键要看界定产权的成本与收益,以及能否为它支配下的产权人提供有效的激励。城中村集体产权制度改革形成的产权制度安排并不明晰和完整,但只要与它所嵌入的社会关系网络相适应,能够满足当前阶段产权人的制度需求,发挥产权的社会治理功能,就可以形成有效率的产权。

二、组织重构的制度选择与冲突

(一)组织重构的制度比较

有效率的经济组织是经济增长的关键(诺思,1999)。重建的集体经济组织应当选择何种形式,是村社精英在进行改革的制度设计时需要做出的非常关键并直接影响未来集体经济运作效率的决策。自 20 世纪八九十年代我国东南沿海地区出现股份合作制这一组织形式以来,全国各地纷纷效仿学习。与纯粹的合作制和股份制不同,股份合作制把合作经济的基本原则和股份制的一些主要做法有机结合起来,在大多数改革地区都展现出了良好的制度落地能力和改革绩效。

1.合作制

合作制又称合作经济或合作制经济,它的实质是劳动者的劳动联合。合作社有 6 条原则:一是入社自由,任何人只要能从合作社的服务中获益并履行社员的义务和承担社员的责任,都可以入社。二是民主管理,即"一人一票"制。三是资本报酬适度,股金只能获取利息,不能参与分红。四是盈余返还,合作社活动的盈余用于合作社的发展基金、公共服务事业的建设和管理以及按社员与合作社交易额的比例在社员中分配。五是合作社教育,所有的合作社都应向其社员、雇员及一般公众进行教育。六是合作社之间的合作,所有的合作社应以各种切实可行的方式与地方性的、全国性的或国际性的合作社组织加强合作。在上述原则的基础上,国际合作社联盟对合作经济概念给出了一个基本表述,即只要以促进其成员的经济与社会进步为目标,以互助合作为基础的企业,并遵循合作社 6 条原则,均可被承认为合作社组织(杨坚白,1990)。

以合作制的形式改造集体经济组织,在一定程度上能达到政企分开、产权明确、自主经营、自负盈亏的目的,但是选择合作社作为集体经济组织产权改革的目标模式并不合适。第一,合作社经营以服务而不以盈利为主要目标,这与集体经济组织的发展目标相异。第二,经典的合作制以社员为主体,核心是劳动的联合,社员作为所有者与劳动者或惠顾者身份统一,而城中村村民早已"洗脚上田",他们不是集体经济组织的职工,也没有社员同合作组织之间的交易,只是定期从集体组织领取分红,不存在劳动联合的形式。第三,合作制实行的是所有的社员持股比例一致,而且不能通过对外发行股票来筹集资金,也不能允许某些人向合作社投入更多的资金,只能通过增加社员人数的办法来增加资金总量,这样的股权分布方式将会限制城中村未来集体经济组织市场化运作与生产效率的提高。因此,合作制的形式不适合成为城中村集体经济组织改革方式的选择项。

2.股份制

股份制是以入股的方式,把分散的、属于不同经济主体所有的生产要素尤其是资金要素集中起来,统一使用,统一经营,自负盈亏,按股分红的一种经济组织形式。股份制作为现代市场经济最基本最普遍的经济组织形式,具有如下几个明显的特征：一是以股份的方式集聚资金；二是股权证是所有者对股份制企业产权拥有的法律凭证；三是股权可以继承和转让；四是按股分红，即按资分配；五是按股决策，一股一票；六是资产联合所有，即股份制经济的资产归参股者即股东联合所有；七是两权分离，即股份制经济资本的所有权与经营权分离（曹建良等，2000）。

社区集体经济组织采用股份制形式，首先，可以获得独立的法人地位，形成企业独立的产权形式，有利于所有权和经营权的真正的分离，解决目前城中村集体经济组织权利主体模糊的问题。其次，在股份制企业中，股权平等，同股同利，规范了所有股东的利益分配，避免了利益分配的绝对平均化和不公平现象，解决了利益分配机制的问题。再次，股份制的开放性有利于集体经济组织吸收社会资本，扩大融资规模，解决资金不足问题。

但是，第一，股份制的特点是产权主体的广泛性，股东资格对社会开放，任何人均可通过购股成为股东。而村落对"外人"进入持激烈的反对态度。城中村集体资产的重要组成或来源是土地，村民担心外人入股会侵害原属村民所有的土地资产价值，损害城中村天然成员作为真正土地所有者的权益。第二，股份制要求集体经济组织真正成为以盈利为主要目标的企业，但在改革之后多数集体经济组织依然负责社区的社会管理和公共服务，承担经济发展职能之外还要"办"社会。采用股份制形式将削弱集体经济组织的公益性。第三，股份制企业作为独立的经济实体，要求股东要承担相应的经营风险，但无论是以"租赁经济"为主的集体经济组织，还是期待"低风险，稳回报"的广大村民，对"高效率，高风险"的公司化运作的适应能力都不足。第四，股份制在登记注册、运行管理等方面都有严格的要求，如股份有限公司的发起人不应超过200人，有限责任公司的股东人数不应超过50人，全体股东的货币出资金额不得低于有限责任公司注册资本的30％等，集体经济组织要满足这些法律要求非常困难。同时对村社干部来说，放弃注册企业法人的一个更为实际和关键的考量是：企业法人作为纳税主体需要缴纳各种税费，如所得税、营业税、增值税、分红的红利税等等，极大加重了集体经济组织的税费负担，使制度变迁的外部成本大增。因此，采用一步到位的股份制的改革模式对于大多数城中村来说并不现实。2003年福州市出台的《关于"城中村"改制工作的若干意见（试行）》曾经提出对条件成熟的城中村要积极推行股份制改造，组建股份公司。但到目前为止，福州还没有一个城中村集体经济组织组建为股份公司。

3.股份合作制

股份合作制是一种介于股份制和合作制之间的特殊经济组织。股份合作制在 20 世纪 80 年代产生,是我国农民在农村改革大潮中所进行的体制创新。这种创新首先出现在乡镇企业,而后由乡镇企业扩展到其他企业,再由企业型扩展到社区型,成为城中村集体产权制度改革的主要组织形式。1988 年下半年,深圳市横岗镇新坡镇自然村集体经济组织试行了股份合作制改革,这可以说是我国农村出现的第一个社区型股份合作社。

股份合作制主要体现出五个特征:一是劳动联合与资本联合相结合;二是所有者与劳动者相统一;三是按劳分配与按资分红相结合;四是民主决策和管理;五是封闭性。股份合作制经济的成员一般是本集体或本企业内的成员,成员资格不向社会开放(曹建良等,2000)。如表 6-1 所示。

表 6-1 合作制、股份制、股份合作制比较

特征 \ 模式	合作制	股份制	股份合作制
组织目标	成员互助	获取利润	获取赢利、合理分配
成员资格条件	入社自愿、退社自由	完全开放	基本封闭
管理决策	一人一票	一股一票	一人一票
股权管理	股权不能转让	股权可以转让	股权有限转让
收益分配	按劳分配	按股分配	按劳分配与按股分红相结合

与合作制和股份制相比较,社区股份合作制中既没有纯粹的合作制,也没有纯粹的股份制,实际上是村落共同体和股份经济混合的产物(李培林,2004)。

社区股份合作制在一定程度上恢复了合作经济的某些因素,如承认个人产权、实行一人一票的民主管理、保持一定的封闭性。但是,社区股份合作社与传统意义的合作制还是存在差异:合作社进退自由,而社区股份合作社的成员资格主要取决于是否社区的天然成员和社区的集体意愿,并不体现自愿加入,也不允许自由退股;合作社的个人产权是社员入股形成的,而社区股份合作社的个人产权是集体财产折股量化分配而来的,大多只具有分红的权利。

社区股份合作制借鉴了股份制的组织制度和治理结构,在合作社内部建立股东(社员)代表大会、董事会(理事会)、监事会"三会"的治理结构,形成所

有权、决策权、经营权、监督权"四权"的制衡机制,股份合作社实行股东(社员)代表大会领导下的董事长(理事长)负责制,股东(社员)代表大会是最高权力机构,董事会(理事会)是股东(社员)代表大会的常务决策机构和经营管理机构,监事会是股份经济合作社的监督机构。股东(社员)代表大会表决时主要实行"一人一票"制。股份合作制与股份制的区别在于:股份制成员资格开放,而社区股份合作社对于吸收外来人员上相对比较保守,外人几乎很难进入合作社;股份制的股东一般拥有完备的产权,而社区股份合作社个人产权残缺;股份制的股东风险和权利统一,社区股份合作社权利和风险不对称,社员一般只有分红,不承担风险,具有较多的福利性质。

对于村社干部来说,组织形式选择的关键在于剩余权控制和成本约束。股份合作制是一种渐进式的制度完善,它融合了股份制和合作制的特点,社区股份合作制保持一定的封闭性,成员资格主要取决于先赋因素和社区的集体意愿,不允许自愿加入,也不允许自由退股。社员一般只有分红,不承担风险,具有较多的福利性质。股份合作制的封闭性特征方便内部人控制,有利于村社干部维护他们的地位和权力,为继续在社区内获取剩余索取权提供空间和机会。同时,股份经济合作社具有行政性特点,能够承担起改革之后的社区治理职能。于是,股份合作制成为集体经济组织改革形式的适应性选择。

经验已经证明,股份合作制是"企业"和"村落"的混合体,也是股东价值取向和利益相关者价值取向的融合。城中村依旧是一个基于地缘、血缘的合作共同体,在经济上相互协助既是传统也是需要。股份合作制的组织形式恰好能够满足这一要求。它在保证分利集团"排他性"的同时,通过允许分利集团内部的"搭便车",来提高奥尔森意义上的分利集团的"相容性",另一方面,它还避免了市场经济条件下亚当·斯密式竞争带来生活共同体的破裂(李培林,2004)。社区股份合作制在突出集体利益的再分配权益与适应市场规则方面是一个新的突破,降低了城中村集体产权制度改革的交易费用,并在村庄的再组织中起到了关键性作用。当然,股份合作制在制度安排上的缺陷也是明显的,一些改革较早目前条件已经成熟的股份合作社已出现向股份制企业转化的发展趋势。

(二)股份合作社的职能冲突

集体经济组织重构的目标是在"归属清晰、权责明确、利益共享、保护严格、流转规范、监管有力"的现代产权制度下,逐步实现集体经济组织的实体化、股份化、市场化,以适应市场经济、城市经济的发展要求。因此,组织重构改革的一项重要内容是强化集体经济组织的经济职能,改变原有的"政企不分"的集体资产经营管理制度,将社会管理和公共服务职能剥离给居委会等其他相关组织,使重建的集体经济组织专注于经济发展职能,真正成为以营利为主要目标的市场主体。但从大部分地区改革后的实际情况来看,改制的集体经济组织除了发展经济的职能外,仍然在不同程度上保留了社会职能,承担社区行政管理和社会事务,向社区提供基础设施、社区治安、村民福利等公共产品。集体经济组织承担经济发展和社会管理双重职能被认为是改革中出现的最大"非预期后果"(蓝宇蕴,2005),引发了各方的争议。

不少学者及政府官员认为集体经济组织承担社会职能是"企业办社会"的再现,导致改革后集体经济组织权利和义务严重不对称,分散了财力和精力,将严重削弱集体经济组织的竞争力,拖累集体经济发展。同时,社区公共管理成为社区的内部事务,以社区的财力和人力资源为限,不可能达到最优,使城中村在公共服务上明显区别和落后于一般城市社区(傅晨,2003)。一些学者甚至认为集体经济组织承担过多的社会负担是乡村集体经济陷入普遍困境的原因,并将必然加剧社区内部矛盾并危及社区自身(项继权,2008)。随着经济的发展,社区经济的单一性已经被打破,农村社区无须单纯依赖集体经济提供的资源和支持,城中村集体经济组织应当进一步剥离集体经济组织的社会职能,使之专门从事生产经营,成为真正的市场主体。但也有学者认为城中村集体经济组织"办"社区是体现自主治理精神的集体行动,应当与计划体制相联系的"企业办社会"区分开来。无论在理论还是实践中,不必一味强调集体经济组织行政社会职能的"剥离",相反可以选择性地让其承担某些"办"社区的职能(蓝宇蕴,2005)。

农村集体经济组织产生于20世纪50年代初的农业合作化运动。国家通过改造小农经济,建立互助合作机制,逐步形成了农村财产共有制度,成为现阶段农村集体经济的制度基础(周锐波,闫小培,2009)。所形成的集体产权制度,带有强烈的行政化特征,党政企高度合一。改革开放后,随着农业经营形式转为一家一户模式,集体从事农业生产经营基本不复存在,但高度集中、党政企合一的村落管理体制仍然保留下来。

在集体经济组织重构的方案设计中,改革要实行"政企分开",强化股份经

济合作社的企业功能和集体经济组织的市场主体地位。在股份经济合作社职
能上,剥离集体经济组织的公共管理和社会服务职能,实现"政经分开""政企
分开",股份经济合作社与村委会、党组织分立。有些地区集体资产改制与"村
改居"同时进行,将分离出来的社会职能移交给新组建的居委会。改革的目标
是理顺集体经济组织与社区党政组织、村民的关系,形成按"产权规则"运行的
制度规范。

在改革中,为了节约交易成本,顺利实现集体经济组织的制度变革,保证
社区管理的延续性,党务、社区管理、经济发展的人员相互重叠,"几块牌子,一
套人马"。不少地方的改制方案中有类似规定:第一届股东代表由村民(居民)
代表和原村(社区)两委成员直接过渡,第一届董事会由村(社区)总支委员会
成员直接过渡。集体经济组织与村委会(居委会)、党组织虽然实现了组织分
离,但人员交叉、公私权交织。

改制后的集体经济组织凭借控制集体经济的资源优势,实际上成为社区
管理的主体力量。集体经济组织承担了社区基础设施建设、卫生保洁、治安联
防、发放养老补助等社区福利,以及社区文化教育等社会职能。在政府还未能
全部解决社区社会管理和公共服务的开支之前,社区很大一部分公共支出仍
由集体经济组织提供。一些地区如浙江省的村经济合作社组织条例明确规
定:"村经济合作社应当协助和配合村民委员会工作,为村级组织履职提供必
要的经费,合理安排村公共事务和公益事业所需的资金。"为了保证上述公共
支出的经费来源,在改制过程中各地通过保留集体股或者以公益金等形式安
排提留集体积累,用于社区公共支出。

迪尔凯姆(1995)指出,当我们试图解释一种社会现象时,必须分别研究产
生该现象的原因和它所具有的功能,而且对原因的研究要先于对功能的研究。
大量出现并不是偶然的,它有着自身的现实基础和历史、制度根源。城中村集
体经济组织的职能矛盾既是改革阶段性特征的体现,也是各相关主体利益博
弈的结果,既有深层次的历史渊源,也有现实的客观原因。

首先,城中村集体经济组织承担社会职能是当前阶段城中村转型发展的
现实需要。

城中村在地理位置上已经进入城市,面临着从农村社区向城市社区的转
化。但其本质上仍然是由亲缘、地缘、宗族、民间信仰、乡规民约等深层社会网
络联结的村落乡土社会。城市化并没有完全打破原有村落的社会网络联结,

在非农化过程中依托集体土地资源的物业经济发展模式形成了重新凝聚村落的力量。城中村成为城市与农村之间、工业与农业之间、现代与传统之间的联结纽带。

当场域发生变化时,惯习往往存在"迟滞效应"。对于城中村村民来说,在被动城市化的过程中面临着巨大的不适应,乡土性和现代化格格不入,思想观念、生活方式、行为准则、人际关系的城市融入需要一个较长的过程,尤其是人力资本和社会资本不足使村民在城市社会的整体格局中处于弱势地位。无地和就业不充分的村民需要在城中村中寻求生活和精神的庇护,寄托自己的城市化利益与需求。

因政府财力限制,撤村建居的城中村村民还无法马上享受与城市居民同等的社会公共服务,完善的公共产品供给机制还没有建立。地方政府向城中村发放一定的社区建设管理经费,但标准低,不足以维持社区卫生、安保等基本支出。靠政府补贴维持社区正常运转是远远不够的,承担公共支出的责任落到集体经济组织上。即使是在经济较为发达的地区,如杭州、宁波、厦门等地的城中村股份经济合作社至今依然在承担社区的保洁、治安、养老、保险等公共事务和村民福利支出。一些地方政府通过区级财政预算转移支付的形式对集体经济组织进行经济补偿,但集体经济组织并不认为已经得到财政的足够补偿(傅晨,2003)。将城中村社区建设管理经费全部纳入公共财政体系,提高公共管理和社会服务的量和质需要一个过程。

在政府还不能为村民提供有效、平等社会保障的现实下,城中村作为村民利益共同体与基层治理单元,有义务承担起庇护村民的责任,为村民融入城市争取时间与空间,以及彻底融入城市的条件。

其次,当前阶段集体经济组织也有义务承担起担负社会职能的责任。

城市化进程必然瓦解农村的组织体系,城中村行政管理与公共事务逐步向城市政府的基层管理机构转移,村民委员会转制为社区居民委员会。居委会作为一种强制性的制度安排,是一种半行政性组织,权力来源于上级政府,城中村村民对其缺乏认同感和归属感。面对城中村极其复杂、繁重的社区管理事务,居委会的人手、经费都面临窘境,不能全面有效地实施社区管理,不时需要求助于集体经济组织。

伴随着土地价值的迅速膨胀,城中村集体经济发展壮大,集体经济组织具有强大的经济实力,可以为社区提供更多的资源与公共服务,每年的股份分红更加强化村民对集体经济组织的认同与依赖。在传统村落逐步瓦解、行政组织的权能和凝聚力削弱的情况下,集体经济起到村庄再组织纽带的作用,集体经济组织成为村庄事务的实施主体,更多承担起村落的社会管理职能(周锐波,闫小培,2009)。

很多地区为了扶持村级集体经济的发展,在税收、财政补贴、信贷、生产经营市场准入等多方面对集体经济组织给予扶持。如苏州吴中区规定对各类股份合作社应交纳的房产税、营业税等税种,由合作社先依法纳税,属于地方实得部分的税收,区政府实行以奖代补返回合作社。杭州规定对由村级集体经济组织为主体开发建设的经济项目,市财政每年安排资金以贴息或专项补助的方式给予必要支持。股份经济合作社享受到多重政策优惠。另外,城中村集体经济的发展很大程度上受益于所在区位优势,源于城中村土地等集体资产价值成倍增长。学者提出城中村集体与村民获得的巨大增值收益不应完全归属村民,因为这笔增值收益并不是农民的劳动产生的,而是城市化发展、经济发展水平的提高带来的(田孟,2003)。但目前这种增值收益由村集体和村民共享。在当前政府尚未能提供全部公共服务的现实情况下,城中村集体经济组织有能力和义务承担起对村落社区的社会责任。

同时,城中村社区集体经济类型主要以物业经济为主,集体经济组织的主要收入来源是土地及其附加值,城中村的治安、环卫、城管等社区环境即是发展房地产租赁等物业经济的营商环境。资源依赖理论的核心假设是维持组织的运行需要的资源不可能都由组织自己提供,组织需要获取环境中的资源来维持生存,必须与环境进行交换,获取资源的需求产生了组织对外部环境的依赖。集体经济组织与社区之间存在紧密的利益联结,集体经济组织服务于社区发展,改善社区环境,既是在承担社会职能,同时也从中获益。

再次,股份合作制的制度设计也提供了承担社会职能的现实可能性。

(1)股份经济合作社具有社区性特点。作为集体经济组织的"根据地",城中村是股份经济合作社原始资本的重要来源,合作社依靠社区所提供的资本、土地、人力等要素获得了发展。在农村社区集体经济的基础上,股份合作社的股权由原有集体资产折股量化构成,有的还在此基础上吸收社员的现金入股。土地是城中村最重要的社区集体资产,是村民最为依赖的货币和资本的最主要来源,合作社大多经营项目与物业经济相关,以物业租赁为主累积的集体资产可以说是从集体土地衍生而来。同时,股份合作社的管理层主要来自村两委,无一不是社区的成员,这些城中村的领导精英很大程度上左右着股份经济合作社的经营与发展。股份经济合作社的资源来自社区,发展依托社区,两者守望相助,这种亲密联系使得股份经济合作社有很强的社区认同感和依赖性,对社区发展的关注与投入变得理所当然,成为分内之事。

(2)股份经济合作社具有封闭性的特点。社区股份合作经济组织基本上以历史上形成的社区性农村集体经济组织为载体,不公开向社会招股集资,成员资格不向社会开放,持股人限于本社区的村民,社区外人员一般很难获得股东资格,股权"天赋"的做法使大多数城中村集体经济组织成员和社区成员基本重合,股份经济合作社的社员主要为城中村的村民,管理人员也来自本社区,内部人治理必然关注所在社区利益。集体经济组织承担社区社会管理职能和公共支出,在组织内部不容易引发异议。

(3)股份经济合作社具有行政性的特点。虽然在名义上新的经济组织与城中村社区没有行政关系,但股份经济合作社存在于传统的村庄体系内,继承了村委会的大部分职能。村委会长久积淀的管理权威也通过集体经济组织对村委会的各种承接而得到延续。这种延续势必包含巩固和扩大原村委会既得利益的要求和愿望,必然促使股份经济合作社在新的治理格局下在社区事务中争取主动,获取更大的生存空间(赵过渡等,2003)。集体经济组织中的经济精英通常还是社区党政体系中的政治精英,有丰富的社会管理经验和管理惯性,经济管理和社区管理的边界变得模糊。合作社及管理层具有丰厚的地方性知识和社区社会资本,决定了它能够发挥社区治理中的优势,降低社区社会管理的运行成本。

集体经济组织兼具城中村经济发展与社会管理双重功能,有其历史延续性和现实合理性,未来可能还将持续较长一段时间。集体经济组织承担经济社会双重职能的现实,与政府承担城中村公共服务和社会管理的行为直接关联。随着城市化的发展和政府职能履行的逐步到位,集体经济组织剥离社会职能的必要条件具备,集体经济组织才能朝着真正市场主体的方向发展。

三、发展集体经济的挑战与权衡

改革之后如何发展集体经济是村社干部必须要面对的重大考验和挑战。城中村集体经济的发展之源是土地,征地补偿款、留用地或留用地款、土地之上兴建的物业等是城中村集体资产的主要组成。因此,当前城中村最常见的是以地生财的物业经济发展模式。如 H 经合社用 30％征地款和村产补偿款,投资 1 000 多万购买了两层商业店面出租,并与街道合资投建集贸市场,社员每年可分红约一万元。S 经合社有两块收入来源,一是以土地入股某工业投资区每年可获股份分红,二是用征地的留用地款建设的商住楼和商业楼的租金收入。但单一业态的集体经济发展模式较为脆弱,物业出租的经济效益主要取决于周边人口的集聚状况,容易受到宏观经济环境变化的影响,外生式的集体经济发展方式缺乏内生动力,潜伏着可持续发展的风险。

由于"理性的保守",村社干部普遍缺乏进取和探索多样化集体经济发展路径的动力和激情。

我们假设在当前的租赁经济发展模式下,村干部可以获得的净收益为 R_0,村干部进行新的投资预期可以实现的净收益为 R_1,村干部是保守还是进取首先要考量的是动机 D 是正还是负。

$$D = R_1 - R_0$$

根据对福州地区城中村干部收益的调查,村社干部的收入普遍固定且偏低,如果村干部对集体资产投资得当、经营管理成效显著,是否可以获得经济奖励呢?Y 经合社的干部回答说:"这个话题可不敢跟村民提,绝对通不过。"如果有些地区村社干部能够通过提高经营管理成效提高个人收益的话,那么他还要考虑以下成本:

C_1:寻找新投资机会的信息搜寻成本;

C_2:为了完成投资所必须发生的交易成本,如签订合同、管理与监督合同履行等费用。

C_3:投资可能出现亏损的风险,包括经济上的损失,以及个人威信被质疑,地位受到动摇。

如果 $D < (C_1 + C_2 + C_3)$,也就是预期成本超过了改变投资行为的动机,那么村社干部就不会有积极性去拓展物业出租以外的集体经济发展方向,维持现状是理性的选择。这又是一个典型的由于对管理者激励不足导致的集体经济发展的效率损失。

同时,村民对于村社干部代理行使集体资产经营管理权存在高比例的不信任,对集体经济发展前景缺乏信心。J 村干部想将征地补偿款用于投资,但长期以来普遍存在的委托代理问题让村民警惕村干部可能出现的机会主义行为,有90%以上的村民不同意村干部的投资计划,要求将集体资产分配给村民个人,由村民自己支配管理。

第三节　村社精英改革的成本与收益分析

村社精英是集体产权制度改革中的制度企业家,是决定是否改革、如何改革的主导力量。改革的效率来自企业家推动制度变迁的积极性,那么村社精英因何产生推动制度变迁的动力呢? 戴维斯和诺思(2014a)指出:"如果预期的净收益超过预期的成本,一项制度安排就会被创新。只有当这一条件得到满足时,我们才可望发现在一个社会内改变现有制度和产权结构的企图。"当村社精英意识到制度变迁的需求时,作为追求效用最大化的主体将进行成本与收益的计算,如果改革带来的潜在收益大于将为此付出的成本,就有可能会采取改革行动,推动制度变迁的需求变为现实的制度供给。

一、参数设定与模型构建

成本—收益分析(cost-benefit analysis)是一种使用非常广泛的分析方法,通过构建成本—收益分析框架计算制度创新的预期净收益和预期成本,有助于更为深入地理解村社精英在改革中的决策和选择。戴维斯和诺思(2014b)使用了"滞后供给"模式的一个变形,建立起成本—收益分析的模型,本书借鉴这一模型对村社干部进行改革的成本与收益分析。首先假设:

(1)PV表示村社干部通过集体产权制度创新能够获取的净收入现值。

(2)R_n表示村社干部从制度创新中可以获得的预期收入。

(3)C_o表示支持与推进产权制度改革的预期成本,这项成本不经任何折现,从总计贴现收益中扣除。

(4)C_{sn}表示未来各年因改革这一决策带来的预期阻滞成本,C_{rn}表示未来各年村社干部将承担的股份合作社的经营管理成本。

(5)r表示未来收益的贴现率。

村社干部获得的净收益现值总和为：

$$PV = -Co + \sum_{i=1}^{n} \frac{(R_i - C_{ri} - C_{si})}{(1+r)^i}$$

二、模型分析与解释

通过对以上成本收益的分析来计算村社干部改革的净现值，模型中无法直接量化的成本与收益可以通过逻辑推理形成理性判断。如果计算得出的净现值为正，村社干部就有推动改革的动力；净现值为负，那就缺少改革的动机，很难产生制度创新的动力。

第一，C_o 主要包括改革发生时村社干部要承担的决策与组织成本，包括进行相关信息搜寻、改革方案比较、成立改革组织领导机构、与地方政府等利益主体沟通协作、向普通村民进行改革宣传动员等成本。除决策与组织成本之外，对于村社干部来说更为重要和切身相关的是因为改革可能失去的个人利益，村社干部为改革需要支付的直接和间接个人经济成本。

改革之前 C 区村社干部每月可以获得政府拨付的工资补贴和社保待遇，每人每月 1 000 元，村主干加 300 元固定补贴，其他两委加 200 元，改革之后成为经合社干部不再享受这一待遇。区政府每年拨给每个行政村省级财政转移支付的 7 000～8 000 元办公经费，经济合作社不列入行政村范畴，不在下拨之列。最让村社干部犹疑不决的是担心改革之后可能失去对集体资产的剩余索取权和监管者特权。传统的集体产权主体虚置，单个集体经济组织成员处于普遍的无权利状态，村社干部是集体资产的直接代理，实际支配着集体资产的剩余，由于监管困难，很容易获得寻租收益。同时，由于村社干部既掌握着集体资产的管理权，又是社区公共事务的管理者，具有监管者特权（周其仁，2002），有机会凭借职务赋予的权力谋取私人利益，包括以实物和货币等形式表现的物质利益，也包括获取的各类社会关系资源。

第二，C_s 阻滞成本是改革政策执行过程中，利益主体为维护自身既得利益或追求利益最大化，在政策不利于时用各种手段反对和削弱执行引起公共资源消耗的部分（宁国良，刘辉，2010）。戴维斯和诺思（2014b）认为阻滞成本存在于制度安排的整个生命期。在集体产权制度改革过程中和改革之后，关于改革的利益争议和冲突都还在持续，如关于成员权的争议、关于股权固化的争议等,只要集体还存在,冲突和斗争就不会停止。村社干部在协调利益冲突的过程中,将挑战各种质疑或不认同,得罪某些利益主体,甚至面临下台的风险。

第三,村社干部可以从改革中获取的收益 R 可以分为两类,一是物质收益,村社干部目前拥有的集体资产剩余索取权并不是无限期的,取决于他们的任职期限。村社干部与普通村民一样,希望通过集体资产股份化得到股权的保障,长期获取对集体资产的人格化占有权、收益分配权等一系列权利,在不担任干部职务之后依旧得到集体资产分红收益。同时,村社干部获取剩余索取权是以侵占村民、集体和国家利益为基础的,是不合法和有风险的。而改革之后绝大多数合作社都建立了管理者报酬与集体资产经营业绩相挂钩的考核激励和约束机制,村社干部不仅依然掌握着集体资产的管理权,通过努力创造越多的可支配剩余,就可以合法公开获得相匹配的报酬,在宁波江东区股份经济合作社的管理人员除了股东分红收入外,基本工资加上绩效考核的年收入超过 20 万元。

第二类是精神收益,人们考虑的不仅仅是物质收益,同时还要考虑精神物品,例如声誉、信任、人际关系等隐形激励给村社干部带来的价值。城中村是血缘、亲缘、地缘联结的村落共同体,在这样一个熟人乡土社区中村民的评价会对村社干部形成有效的激励和约束。杜赞奇(2003)认为在文化网络中村庄领袖的主要动机为提高社会地位、威望、荣耀并向大众负责,而并不是为了追求物质利益。村社干部实施集体产权制度改革,想要通过制度创新获取潜在利润,既有获取个人利益的考虑,也有为村社和村民增进福利的考量,在集体福利的增进过程中,村社干部个人获得了威望、荣耀等声誉激励。改革带来的收益增加同时增进了普通村民对村社干部的信任,Russel Hardin(1999)认为,信任是与利益联系在一起的,"我对你的信任包含于你在满足这一信任的利益之中"。村社干部要通过村民选举获得地位,改革增进的福利让村民接受、认可村社干部的能力和主张,表现为对他的再度推选和继续支持,强化了村社干部的地位和收益。

第四,贴现率 r 越高,从一项组织创新的安排变迁中获取较小但是稳定收入的预期能诱致组织创新的可能性越小,村社干部决策和组织改革的成本越大,利益主体更加倾向于选择当前报酬流量的安排(戴维斯、诺思,2014b),更希望将集体资产直接分配给个人,而不支持改革。

在不同的制度环境,以及不同的村社经济、社会及文化背景下,村社干部将产生不一样的成本与收益,计算出正负不等的净收益现值总和。规则的制定、修改常常需要大量的时间、人力和资金,除非行动者相信规则所带来的预期收益超过这些付出,否则是不愿意制定或修改规则的(王群,2010)。所以,只有当村社干部预期改革变化的规则带来的预期收益超过其将要付出的成本时,才有推进改革的动力,否则就会表现出理性的保守、消极应付甚至反抗。

但奥斯特罗姆(2012)也发现,即使制度变迁的收益超过成本,当事人也并不一定会主动地抛弃旧制度、选择新制度,而出现很强的规避责任、搭便车和以机会主义方式行事的诱惑。成本收益的评估偏差可能会体现在以下方面:第一,村社精英对潜在损失的重视程度要高于潜在收益的重视程度;第二,成本是即时产生的,而收益是未来而且具有不确定性的。

在这样的条件下,需要有强大的外部压力来驱使村社精英做出改革的选择。因此,精英的选择依赖于成本与收益的计算与权衡之外,还迫于政府的强制性权力。村社干部处于国家政权与村社基础社会的中间,是政府与村民的双重代理。但"上级国家政权—乡村基层政权—村民"是一种高度一元化单向度的权力结构,村社干部的权力来源于国家政权,合法性基础也源于国家承认。在政府强有力的行政控制与经济控制之下,村社干部依赖且受制于国家权力,呈现出明显的政府化倾向,遵循上级政府意图,完成上级交办的任务。对政府而言,政令必须通过村社干部下达到村社地方,对地方的管控也需要通过村社干部来实现,借重和仰赖于村社干部。C区某位领导说:村主任可以选,但书记必须是我们定。村民自治亦是外源性的行政推动的结果,村委会主任实际上只是村党支部书记的执行者(金太军,2002)。当基层政府把改革当作是地方必须完成的行政任务下派给村社时,在压力型体制之下面对基层政府的强势治理资源,无论村社干部个人的成本与收益核算结果如何,都必须执行,如G村干部抱怨:"你们政府一句话要改制,不管我们村里愿不愿意,就把麻烦事情都推到我们村干部身上!"

🎁 本章小结

以村社干部为代表的村社精英是城中村社区治理的权威,他们在村社权力结构中处于重要节点,左右公共资源的配置,往往能够代表村社集体或者以集体名义决定制度变迁的行动,选择制度变迁的方向,对改革的效率和效果产生关键性影响,成为集体产权制度改革中的制度企业家。在研究村社精英的行为时,就如埃米·R.波蒂特(2010)在论及方法选择面临的实际约束时谈到,缺乏数据和难以取得数据的问题在精英研究上很常见,因此本章主要应用实地研究、访谈和数理模型分析。

本章分析了村社精英作为制度的主要设计者,在资产量化、集体经济组织重建和集体经济发展的制度设计中做出的选择。通过建立成本—收益模型,分析村社精英改革的成本与收益,村社精英要付出的成本包括直接和间接的个人经济成本,失去对集体资产的剩余索取权和监管者特权的风险,决策组织成本和阻滞成本,获取的收益既包括物质收益,也包括声誉、信任等精神收益。村社精英在成本—收益分析的基础上,基于对成本和收益的理性计算和价值判断,做出效用最大化的选择。村社精英对改革成本收益、贴现率的不同评价让他们做出不同的选择,他们中有的人会因改革激励不足而表现出"理性的保守",也有的人则表现出勇于创新的企业家精神,体现出对声誉、利他、公正等非理性、非经济动机的追求。在基于成本收益核算的利益考量之外,村社精英还受制于政府的强制性权力,改革成为村社干部并非自愿却不得不完成的任务。

第七章 村民行为意愿及影响因素分析

诺思(2013)认为,行动者的意向性是制度演化变迁的关键。人类制度的演化变迁由行动者的感知所支配,行动者根据自身感知做出了行动的选择或决策,因此理解经济变迁过程的关键在于促动制度发生变迁的参与者的意向性以及他们对问题的理解(诺思,2013)。本章基于福州市 C 区城中村的调查数据,分析村民的改革行为意愿,并运用二元 logistic 回归模型对村民改革意愿的影响因素进行计量分析,试图通过量化分析寻找在改革中影响村民做出决策和选择的主要因素。

第一节 研究假设

结合既有研究成果,考虑到集体产权制度改革性质以及研究场域和主体特点,本书认为城中村村民改革意愿主要受到个人家庭特征、收益考量、改革认知、村社信任等因素的影响,下文做进一步阐述。

一、个人及家庭特征

村民个体与家庭特征是可能影响村民改革意愿的重要因素。现有研究文献中一般将以下反映个人和家庭特征的变量纳入模型进行显著性估计:性别、年龄、职业、文化程度、政治面貌等个人特征;人口数、主要收入来源、年收入等家庭特征。本书认为受教育程度、家庭人口数、征地后家庭主要收入来源等因素可能会对村民改革意愿产生一定的影响。具体分析如下：

（1）受教育程度。一般而言，受教育程度与谋生能力成正比，受教育程度较高、经历比较丰富的村民见多识广，思想活跃，比较容易接纳和掌握新事物（李婷、刘建平，2011），而受教育程度低、经历比较单一的村民思想相对保守，对改革等新事物通常持观望态度。

（2）家庭人口数。家庭人口的规模及其结构可能直接影响村民改革意愿，家庭总人口的多寡，直接影响到分红的股份，人口越多，潜在分红数量越大，其进行改革的意愿可能越强。

（3）家庭主要收入来源。以非农为主要收入来源的村民，向社区外流动的可能性变大，迫切希望能够通过改革明确并固化自己和家人对集体资产的权益，更倾向于支持改革。

（4）家庭的收入水平。家庭收入是体现村民经济资源禀赋的一个重要变量，本书用家庭年收入衡量村民的家庭收入水平，分析村民的经济禀赋对其改革意愿的影响。家庭收入较低的村民，集体资产的分红可能是家庭总收入的重要的来源之一，对改革的态度会更加积极。

综上，本书采用了村民的受教育程度 X1、家庭人口数 X2、征地后家庭主要收入来源 X3 以及家庭的年总收入 X4 来评价村民的个人及家庭特征。

假设 1：随着受教育程度增加，村民的改革意愿增强；

假设 2：随着家庭人口数增加，村民的改革意愿增强；

假设 3：征地后家庭主要收入来源为非农业的村民改革意愿要强于收入来源为农业的村民；

假设 4：家庭年总收入较低的村民改革意愿较强。

二、收益预期

舒尔茨（1987）认为，农民的行为遵循经济理性，他们擅于计算成本与收益，根据计算与比较再行动，利益是行为的出发点也是目标。调研中发现，在谈及改革时，村民最关心的是改革后是否能够每年分红，如果预期制度创新能够增加个人效用，村民就支持改革；反之，则阻挠改革。因此，本书采用预期改革后集体资产的收益是否提高 X5 这一变量来分析收益预期对村民改革意愿的影响。

假设5:预期改革后集体资产收益提高的村民改革意愿更强。

三、改革认知

村民对集体产权制度改革的认知,如对村集体资产属性的属性、规模、种类的认知,对所拥有的集体资产占有、使用、收益、处分等权利的认知,对集体产权制度改革形式和内容的认知等,会直接影响到村民对所需承担的改革成本和可获得收益的预期。一直以来,改革进展艰难的"一个主要的渊源是缺乏知识,……许多行动是在缺乏对问题后果的全面知识的情况下选择的"(奥斯特罗姆,2012)。村民对改革的认知清晰,有利于形成对改革的准确判断和乐观的收益预期,表现出更为积极的行为态度。具体分析如下:

(1)对集体产权属性的认知。尽管我国宪法和法律明确规定农村集体资产属于集体所有,但调查发现村民对于集体资产归属的认识并不统一,一些村民认为集体资产的产权主体为国家,也有村民认为是个人所有。有学者在研究农户认知对农地制度变迁的影响时发现,农户对资产所有权的认知对其改革意愿有显著影响(汤谨铭、朱俊峰,2013)。本书将验证村民对集体产权归属的认知差异是否会对其改革意愿产生显著影响。

(2)是否关心村集体经济发展。集体产权虚置的现实导致对村民参与集体资产经营管理的激励不足,"人人所有、人人不管"成为普遍现象。村民个体处于对集体资产的无权利状态,导致对集体经济发展的漠视。平时关注村集体资产经营、关心集体经济发展的村民,会有较高的积极性去了解改革的目的和做法,关注改革进程,更希望通过改革明晰产权,改变当前管理中的低效率状态。因此,这部分村民往往会产生较高的改革意愿。

(3)村社是否宣传介绍改革政策。村民缺乏改革的制度知识,参与改革的意愿越低,制度变迁的时滞就越长。村社积极地向村民宣传集体产权制度改革的意义、政策和具体做法等相关制度知识,对村民进行引导,增进村民对改革的认识,会增强村民的改革意愿。

(4)村民对改革的政策和做法是否了解。村民不了解集体产权制度改革的意义、政策和具体做法,甚至存在误解时,会对改革意愿产生消极影响。一般情况下,村民了解改革的内容,改革的信心就会增强,改革的意愿也便随之提高。

综上,本书选择村民对集体资产所有权归属的认知 X6、对村集体经济的运作关心程度 X7、村社是否有介绍改革政策 X8、对集体资产改革政策是否了解 X9 四个指标来判断村民的认知因素,假设:

假设 6:认为集体资产属于国家或集体的村民改革意愿强于认为集体资产属于个人的村民;

假设 7:随着对集体经济运作关心程度的降低,村民改革意愿降低;

假设 8:村社有介绍改革政策等相关内容的村民改革意愿更强;

假设 9:了解集体产权制度改革政策的村民改革意愿更强。

四、村社信任

信任是在存在风险的条件下,对他人的动机依旧抱有积极、自信的期待状态(Cottrell et al.,2007)。改革必然伴随着不确定的风险,此时信任与利益相联系,如果村民信任村社干部、对村社管理集体资产有信心,就能够降低改革的成本,使改革进程较为顺利。具体分析如下:

(1)集体资产管理信息是否公开透明。信息公开透明是村民参与集体资产管理的基础和村民履行监督职能的前提。让村民知晓集体资产的经营管理、收益分配等情况,保障村民对集体资产收益情况、分配规则的知情权,会让村民产生更多的对村社管理的信任感,激励村民参与的热情,村民支持改革的意愿就更强。

(2)对村社干部的信任程度。目前村社干部往往成为集体资产的实际代表,控制着集体资产的剩余与收益分配。在改革中,通常也由他们代表集体或者以集体名义进行制度方案的选择。如果村民信任村社干部,也容易信任村社干部的改革方案,增强改革的意愿。

综上,本书选择资产管理的信息是否公开透明 X10 和对村社干部的信任程度 X11 两个指标来判断村民的信任因素,假设:

假设 10:认为当前集体资产管理信息公开透明的村民改革意愿更强;

假设 11:随着对村社干部信任程度的降低,村民的改革意愿减弱。

第二节　数据来源与样本特征

一、调查区域

福州是全国最早进行改革开放的城市之一,也是全国最早进行城中村集体产权制度改革的地区之一。2003 年 7 月福州市确定了地处城区、已没有土地或仅有少量土地、举村拆迁的城中村作为第一批改革对象,改革取得了一些进展,但由于利益冲突尖锐、矛盾化解困难,改革没有进行下去,处于停滞状态。近年来随着城市建成区范围的不断扩大,由土地征用、房屋拆迁引发的城中村矛盾变得更加突出,2013 年福州市决定重启城中村集体产权制度改革。福州 C 区是福州市"东扩南进、沿江向海"城市发展战略的主战场,在城镇化进程中农村集体土地被大量征用,形成了 77 个城中村,数量居全市首位,是福州市城中村集体产权制度改革情况最复杂、任务最重的区。

C 区的城中村主要有两类情况,第一类城中村已经实行了"村改居",集体经济由经济合作社管理,行政事务名义上已经剥离给居委会。其中一些村社在 2003 年时启动过集体产权制度改革,但改革不彻底,遗留问题多,目前准备再次启动改革。第二类城中村还未改居,存在村委会和经合社两块牌子,但只有一套人马,村委会不仅负责公共管理和社会服务,并实际经营管理着集体资产。

二、调研方法与问卷设计

作者全程参与了 2013 年至今进行的 C 区城中村集体产权制度改革,2014 年开展对 C 区城中村村民改革意愿的问卷调查。问卷共分为六部分,第一部分是个人及家庭基本情况,第二部分是对集体资产的认知情况,第三部分是对改革的认知情况,第四部分是改制意愿,第五部分是村社信任和发展预期,最后一部分是村民的其他需求。调查共发放问卷 300 份,回收有效问卷 291 份,问卷有效率为 97%。

三、样本特征

被调查样本中男性占 61.2％,年龄分布较为均衡,31—40 岁年龄段的人数比例略高为 32.3％,从受教育程度来看学历为中学的样本比重为 54.1％。在工厂打工的样本村民最多,其次为个体经商,务农的样本比例仅占 23.5％。村民的月收入集中在 3 000 元以下,占 65.5％,其中 1 000 元以下的占 20.7％。样本家庭人口多为 3～5 人(50.2％),征地后多数家庭主要收入来源于非农收入(74.7％),71.5％的家庭年总收入小于在 5 万元以下,5 万～10 万的占 19.6％,超过 10 万的仅占 8.9％。

表 7-1　样本特征

项目		频数	频率%	项目		频数	频率%
性别	男	177	61.2	征地前有无土地	有	184	63.2
	女	112	38.8		没有	107	36.8
年龄	≤30	56	19.9	月收入/元	≤1 000	59	20.7
	31—40	91	32.3		1 001～2 000	68	23.9
	41—50	51	18.1		2 001～3 000	88	30.9
	51—60	50	17.7		3 001～5 000	42	14.7
	≥61	34	8.5		5 001～10 000	20	7.0
受教育程度	小学及以下	58	20.0		≥10 001	8	2.8
	初中	67	23.1	家庭人口数	3 人及以下	83	28.7
	高中/中专	90	31.0		3～5 人	145	50.2
	大专及以上	75	25.9		5 人以上	61	21.1
从事职业	务农	68	23.5	征地后家庭主要收入来源	农业	152	17.1
	个体经商	58	20.1		非农业	109	74.7
	工厂打工	82	28.4		其他	18	8.2
	村社干部	5	1.7	家庭年总收入/万元	5 万以下	193	71.5
	公职人员	11	3.8		5～10 万	53	19.6
	学生	10	3.5		≥10 万	24	8.9
	其他	55	19.0				

第三节　样本数据的描述性统计分析

统计结果表明:在全部样本中56.7%的村民表示愿意改革,43.3%的村民选择不愿意改革,改革意愿还存在着较大分歧,反映出村民对集体产权制度改革的共识还未形成。下文从村民个人及家庭特征、预期收益、改革认知、村社信任等方面分析村民的改革意愿差异。

一、村民个人及家庭特征

从村民受教育程度来看,受教育程度与村民的改革意愿间呈非线性关系,教育程度在大专及以上的村民改革意愿最高(66.7%)。从家庭人口数上看,家庭人口数与村民的改革意愿并无明显的相关性。从征地后家庭主要收入来源看,征地后主要收入来源为非农业的村民(63.0%),比收入来源于农业的村民(47.7%)更倾向于支持改革。从家庭收入来看,家庭年总收入在5万~10万的村民改革意愿最强(63.5%),5万以下和10万以上的村民改革意愿相对较低。(见表7-2)

表 7-2　村民个人、家庭特征与改革意愿

变量名称	分类		是否愿意进行改革		合计
			不愿意	愿意	
受教育程度 X1	小学及以下	频数	22	36	58
		受教育程度(%)	37.9	62.1	100.0
	初中	频数	29	38	67
		受教育程度(%)	43.3	56.7	100.0
	高中(中专)	频数	50	40	90
		受教育程度(%)	55.6	44.4	100.0
	大专及以上	频数	25	50	75
		受教育程度(%)	33.3	66.7	100.0

续表

变量名称	分类		是否愿意进行改革		合计
			不愿意	愿意	
家庭人口数 X2	3 人及以下	频数	35	48	83
		家庭人口数（%）	42.2	57.8	100.0
	3~5 人	频数	62	83	145
		家庭人口数（%）	42.8	57.2	100.0
	5 人以上	频数	27	34	61
		家庭人口数（%）	44.3	55.7	100.0
征地后家庭收入主要来源 X3	以农业为主	频数	23	21	44
		收入主要来源（%）	52.3	47.7	100.0
	以非农为主	频数	71	121	192
		收入主要来源（%）	37.0	63.0	100.0
	其他	频数	10	11	21
		收入主要来源（%）	47.6	52.4	100.0
家庭年总收入 X4	5 万以下	频数	90	103	193
		家庭年总收入（%）	46.6	53.4	100.0
	5 万~10 万	频数	23	40	63
		家庭年总收入（%）	36.5	63.5	100.0
	10 万以上	频数	12	12	24
		家庭年总收入（%）	50.0	50.0	100.0

二、预期收益

从预期收益变量来看,认为改革后集体资产收益会提高的村民中,愿意改革的村民比例为 63.7%,认为改革后集体资产收益会降低的村民中,愿意改革的村民比例为 44.7%,预期改革后集体资产收益将提高的村民改革意愿更强。(见表 7-3)

表 7-3 预期收益与改革意愿

变量名称	分类		是否愿意进行改革		合计
			不愿意	愿意	
改革后集体资产收益预期 X5	不会	频数	47	38	85
		未来发展（%）	55.3	44.7	100.0
	会	频数	69	121	190
		未来发展（%）	36.3	63.7	100.0

三、改革认知

从改革认知变量来看，认为集体资产所有权主体是"集体"的村民，支持改革的比例最高（66.2%），认为是"个人"和"国家"的次之。对村集体经济的运作关心程度与村民的改革意愿呈正相关关系，关心程度越高的村民，支持改革的意愿越强烈，与预期假设一致。所在村社宣传介绍过集体产权改革政策相关内容的村民支持改革的比例高（63.4%），了解改革政策和做法的村民比不了解的更愿意支持改革。（见表 7-4）

表 7-4 改革认知与改革意愿

变量名称	分类		是否愿意进行改革		合计
			不愿意	愿意	
集体资产所有权归属认知 X6	国家	频数	33	31	64
		所有权归属（%）	51.6	48.4	100.0
	集体	频数	46	90	136
		所有权归属（%）	33.8	66.2	100.0
	个人自己	频数	20	21	41
		所有权归属（%）	48.8	51.2	100.0
	不确定	频数	27	19	46
		所有权归属（%）	58.7	41.3	100.0

续表

变量名称	分类		是否愿意进行改革		合计
			不愿意	愿意	
是否关心村集体经济的运作 X7	很关心	频数	26	56	82
		关心运作（%）	31.7	68.3	100.0
	偶尔关心	频数	62	66	128
		关心运作（%）	48.4	51.6	100.0
	不关心	频数	38	39	77
		关心运作（%）	49.4	50.6	100.0
村社是否宣传介绍改革政策 X8	没有	频数	88	98	186
		宣传改革（%）	47.3	52.7	100.0
	有	频数	37	64	101
		宣传改革（%）	36.6	63.4	100.0
是否了解改革的政策和做法 X9	不了解	频数	106	127	233
		了解政策（%）	45.5	54.5	100.0
	了解	频数	19	35	54
		了解政策（%）	35.2	64.8	100.0

四、村社信任

从村社信任变量来看,认为集体资产管理的信息公开透明的村民更愿意支持改革(61.3%)。随着对村社干部信任程度的提高,村民的改革意愿增强,与预期假设一致。(见表 7-5)

表 7-5　村社信任与改革意愿

变量名称	分类		是否愿意进行改革		合计
			不愿意	愿意	
集体资产管理是否公开透明 X10	否	频数	70	88	158
		资产管理（%）	44.3	55.7	100.0
	是	频数	43	68	111
		资产管理（%）	38.7	61.3	100.0

续表

| 变量名称 | 分类 | | 是否愿意进行改革 | | 合计 |
			不愿意	愿意	
是否信任村社干部 X11	信任	频数	18	40	58
		是否信任(%)	31.0	69.0	100.0
	一般	频数	54	78	132
		是否信任(%)	40.9	59.1	100.0
	不信任	频数	48	45	93
		是否信任(%)	51.6	48.4	100.0

第四节 村民改革意愿影响因素的回归分析

一、模型选取

本书采用 Logistic 模型来分析影响村民改革意愿的因素。在 Logistic 模型中,作为因变量 Y 的取值含义为:

$$Y = \begin{cases} 1:事件发生 \\ 0:事件不发生 \end{cases}.$$

由此可见,因变量 Y 服从二项分布,其二项分类的取值为 0,1,设 $Y=1$ 的总体概率为:

$$Y_i = f(X_{ij}, W_i, \beta)\exp(v_i - u_i) \tag{7.1}$$

$$P(Y=1 \mid X_1, X_2, \cdots, X_n) = \frac{\exp(\beta_0 + \beta_1 X_1 + \beta_2 X_2 + \cdots + \beta_n X_n)}{1 + \exp(\beta_0 + \beta_1 X_1 + \beta_2 X_2 + \cdots + \beta_n X_n)}$$

$$= \frac{1}{1 + \exp[-(\beta_0 + \beta_1 X_1 + \beta_2 X_2 + \cdots + \beta_n X_n)]} \tag{7.2}$$

既然 P 为事件 $Y=1$ 发生的概率,$1-P$ 就是 $Y=1$ 不发生的概率:

$$1-P = 1-\frac{\exp(\beta_0+\beta_1 X_1+\beta_2 X_2+\cdots+\beta_n X_n)}{1+\exp(\beta_0+\beta_1 X_1+\beta_2 X_2+\cdots+\beta_n X_n)}$$
$$= \frac{1}{1+\exp[-(\beta_0+\beta_1 X_1+\beta_2 X_2+\cdots+\beta_n X_n)]} \tag{7.3}$$

那么,事件 P 发生的概率与事件不发生的概率之比为:

$$\frac{P}{1-P} = \exp(\beta_0+\beta_1 X_1+\beta_2 X_2+\cdots+\beta_n X_n) \tag{7.4}$$

这个比被称为事件的发生比(the odds of experiencing an event),简称 odds。将此二者的比数 $\dfrac{P}{1-P}$ 取自然对数,得到了概率函数与解释变量之间的线性表达式,我们可将这一表达式称为 P 的 Logistic 转换:

$$\text{Logit}P = \ln\left(\frac{P}{1-P}\right) = \beta_0+\beta_1 X_1+\beta_2 X_2+\cdots+\beta_n X_n+\varepsilon \tag{7.5}$$

公式(7.5)即为 Logistic 回归模型,式中,参数 β_0 为常数项,表示解释变量取值全为零时,比数($Y=1$ 与 $Y=0$ 的概率之比)的自然对数值,X_j 为解释变量,参数 β_j 是 $X_j(j=1,2,\cdots,n)$ 对应的偏回归系数,表示当其他解释变量取值保持不变时,该解释变量取值增加一个单位引起比数比或自然对数值的变化量,ε 是随机误差项,它服从二项分布。

本研究以村民改革意愿作为因变量,所指事件的发生比即是指村民对集体产权改革有需求和没有需求之比(用 P 表示),预期影响村民需求的变量包括理论假设部分的 4 大类,11 个细类指标,因此,Logistic 模型可具体表示为:

$$\text{Logit}P = \beta_0+\beta_1 X_1+\beta_2 X_2+\beta_3 X_3+\beta_4 X_4+\beta_5 X_5+\beta_6 X_6+\beta_7 X_7+$$
$$\beta_8 X_8+\beta_9 X_9+\beta_{10} X_{10}+\beta_{11} X_{11}+\varepsilon \tag{7.6}$$

二、变量定义

由上文的描述性统计分析结果可知,征地后家庭主要收入来源 X3、村民对改革后集体资产收益预期 X5、对集体资产所有权归属认识 X6、对村集体经济的运作关心程度 X7、村社是否有宣传介绍改革政策相关内容 X8、是否了解政府出台有关集体资产改革政策做法 X9、是否认可集体资产管理信息公开透明 X10 以及对村社干部是否信任 X11 等指标对改革意愿的影响与预期假设一致,而村民受教育程度 X1、家庭人口 X2、家庭总收入 X4 等变量对村民改革意愿的影响预测方向还无法判断。模型的变量描述与预期影响方向见表 7-6。

表 7-6 变量描述与预期影响方向

变量类型	变量名称	变量赋值	均值	符号预期
因变量	改革意愿 Y	0＝不愿意,1＝愿意	0.57	/
个人及家庭特征	受教育程度 X1	1＝小学及以下,2＝初中,3＝高中(中专),4＝大专及以上	2.63	?
	家庭人口数 X2	——	1.92	?
	征地后家庭主要收入来源 X3	1＝农业,2＝非农业,3＝其他	1.91	＋
	家庭年总收入 X4	1＝5 万元以下,2＝5 万～10 万,3＝10 万元以上	1.40	?
预期收益	改革后集体资产收益预期 X5	0＝不好,1＝会更好	0.69	＋
改革认知	集体资产所有权归属认知 X6	1＝国家,2＝集体,3＝个人自己,4＝不确定	1.99	—
	关心集体资产的运作 X7	1＝很关心,2＝偶尔关心,3＝不关心	1.98	—
	村社有没有介绍改革 X8	0＝没有,1＝有	0.35	＋
	是否了解改革政策 X9	0＝否,1＝是	0.19	＋
村社信任	资产管理是否公开透明 X10	0＝否,1＝是	0.41	＋
	是否信任村社干部 X11	1＝信任,2＝一般,3＝不信任	2.12	—

三、结果分析

在前文分析的基础上,本书构建 Logistic 回归模型分析影响村民改革意愿的显著因素。为了得到较好的实证分析效果,本书先对 11 个自变量采用全进入法(Enter)进行回归分析。为减少误差,对所有多分类变量设置哑变量,且均以第一个选项为参照水平①,自变量对因变量的影响方向和显著度水平详见表 7-7。然后再剔除模型 1 中的不显著影响因素,采用向后剔除法(Back-ward:LR)进行回归分析,其余处理方式同全进入(Enter)法。

由表 7-7 中可知:受教育程度 X1、征地后家庭收入主要来源 X3、改革后集体资产预期收益 X5、集体资产所有权归属认识 X6、是否关心村集体经济的运作 X7,是否信任村社干部 X11 这 6 个变量对应的概率 P 值(Sig.)小于 0.1,说明这 6 个变量对村民改革意愿有显著影响;而其他 5 个变量的概率 P 值(Sig.)大于 0.1,对村民改革意愿无显著影响。

表 7-7 回归结果(Enter)

变量	B	S.E	Wald	df	Sig	EXP(B)
受教育程度 X1			7.236	3	0.065	
初中	0.135	0.538	0.063	1	0.803	1.144
高中(中专)	−0.340	0.528	0.414	1	0.520	0.712
大学及以上	0.940	0.622	2.286	1	0.131	2.560
家庭人口数 X2	−0.202	0.241	0.701	1	0.402	0.817
征地后家庭收入主要来源 X3			10.640	2	0.005	
以非农业为主	1.643	0.504	10.637	1	0.001	5.171
其他	1.211	0.738	2.691	1	0.101	3.357
家庭年总收入 X4			2.465	2	0.292	
5 万～10 万	−0.023	0.433	0.003	1	0.958	0.977
10 万元以上	−0.957	0.624	2.351	1	0.125	0.384
改革后集体资产收益预期 X5	0.934	0.409	5.229	1	0.022	2.545
集体资产所有权归属认知 X6			9.558	3	0.023	
集体	−0.468	0.496	0.889	1	0.346	0.626
个人自己	−1.926	0.652	8.716	1	0.003	0.146
不确定	−0.797	0.576	1.919	1	0.166	0.450
是否关心村集体经济的运作 X7			12.682	2	0.002	

① 参见张文彤,董伟.SPSS 统计分析高级教程(第二版).高等教育出版社,2013:168.

续表

变量	B	S.E	Wald	df	Sig	EXP(B)
偶尔关心	−1.815	0.512	12.574	1	0.000	0.163
不关心	−1.156	0.545	4.505	1	0.034	0.315
村社有没有介绍改革 X8	0.413	0.434	0.902	1	0.342	1.511
是否了解改革政策 X9	0.278	0.557	0.249	1	0.618	1.320
集体资产管理是否公开透明 X10	−0.655	0.438	2.243	1	0.134	0.519
是否信任村社干部 X11			7.206	2	0.027	
一般	−1.381	0.576	5.742	1	0.017	0.251
不信任	−1.629	0.620	6.904	1	0.009	0.196
Constant	1.677	0.966	3.013	1	0.083	5.349

　　根据各个自变量的统计结果,剔除回归模型 1 中影响不显著的变量,采用向后剔除(Backward:LR)方式,经过 6 次迭代后,在新构建的模型 7 中最终保留受教育程度 X1、征地后家庭收入主要来源 X3、改革后集体资产收益预期 X5、集体资产所有权归属认知 X6、是否关心村集体经济的运作 X7,是否信任村社干部 X11 等 6 个显著变量。此时模型 Hosmer and Lemeshow Test 对应的概率 P 值为 0.284,大于 0.05 的显著性水平,说明模型预测值和真实值无显著差异,即模型拟合效果较好。各自变量的回归系数及检验结果详见表 7-8。

表 7-8　回归结果(Backward:LR)

变量	B	S.E	Wald	df	Sig	EXP(B)
受教育程度 X1			6.265	3	0.099	
初中	0.023	0.506	0.002	1	0.964	1.023
高中(中专)	−0.444	0.502	0.781	1	0.377	0.642
大专及以上	0.687	0.566	1.475	1	0.225	1.988
征地后家庭收入主要来源 X3			9.423	2	0.009	
以非农业为主	1.484	0.484	9.397	1	0.002	4.409
其他	1.233	0.717	2.954	1	0.086	3.430
改革后集体资产预期收益 X5	0.712	0.367	3.758	1	0.053	2.038

续表

变量	B	S.E	Wald	df	Sig	EXP(B)
集体资产所有权归属认知 X6			9.004	3	0.029	
集体	−0.506	0.487	1.077	1	0.299	0.603
个人自己	−1.699	0.621	7.484	1	0.006	0.183
不确定	−1.123	0.554	4.113	1	0.043	0.325
是否关心村集体经济的运作 X7			10.595	2	0.005	
偶尔关心	−1.527	0.469	10.592	1	0.001	0.217
不关心	−1.047	0.511	4.204	1	0.040	0.351
是否信任村社干部 X11			6.237	2	0.044	
一般	−1.179	0.526	5.034	1	0.025	0.308
不信任	−1.359	0.559	5.918	1	0.015	0.257
Constant	1.122	0.785	2.042	1	0.153	3.072

由表 7-8 可知,第一,在村民的个人和家庭特征因素中,村民的受教育程度在 10% 的显著性水平下影响村民的改革意愿。以受教育程度为小学及以下的村民为参照水平,受教育程度为初中的村民,支持改革的发生比是受教育程度为小学及以下村民的 1.023 倍;受教育程度为高中的村民,支持改革的发生比是受教育程度为小学及以下村民的 0.642 倍;受教育程度为大专及以上的村民,支持改革的发生比是受教育程度为小学及以下村民的 1.988 倍。一般认为,受教育程度越高,对于改革的理解和接受程度就会越高。但本书的模型估计结果显示,受教育程度与村民的改革意愿间呈现非线性关系。以受教育程度为小学及以下村民为参照水平,受教育程度为大专及以上的村民支持改革的发生比是其 1.988 倍,与其他受教育层次的村民相比表现出最高的改革意愿。通过对改革场域的观察以及对不同学历层次村民的访谈,推测这一结果可能是由以下原因造成:大专及以上受教育程度的村民大多在村社之外有独立工作,不完全倚重于村集体资产收益,同时他们具有较高的理解能力和认识水平,更容易接受集体产权制度改革的意义和必然性。因此,他们支持改革的意愿最强。

征地后家庭收入主要来源在 1% 的显著性水平下影响村民的改革意愿。

征地后家庭主要收入来源为非农业的村民,支持改革的发生比是征地后家庭主要收入来源为农业的村民的 4.409 倍,与预期假设一致。家庭主要收入来源为非农的村民已经向外流动或者有强烈的向村社外流动的意愿,因此更迫切希望通过改革实现对集体资产权利的固化,分离集体经济组织成员身份与村民身份,不因离开村社而失去对集体资产产权的权益。

第二,村民对改革的收益预期在 10% 的水平上对改革意愿产生显著影响,预期改革后集体资产收益会提高的村民,支持改革的发生比是对改革收益预期悲观村民的 2.038 倍。预期乐观的村民对改革的意愿更强,这与前文的假设一致。村民作为追求个人效用最大化的理性经济人,本质上必然是为一个较好的将来而计划而行为(米塞斯,2015),村民对进行集体产权制度改革的意愿,是其作为理性的主体面对约束能够作出反映期望、偏好的决策和选择,最终以有效促进自己的利益。

第三,在认知因素中,集体资产所有权归属认知在 5% 的水平上对村民的改革意愿产生显著影响,认为集体资产所有权归属集体的村民,支持改革的发生比是认为集体资产所有权归属国家 0.603 倍;认为集体资产所有权归属个人自己的村民,支持改革的发生比是认为集体资产所有权归属国家 0.183 倍;认为集体资产所有权归属不确定的村民,支持改革的发生比是认为集体资产所有权归属国家 0.325 倍。从结论中可以看出,认为集体资产属于国家的村民改革意愿最强烈,其次是认为集体资产归属集体所有的村民,认为集体资产所有权属于个人的村民改革意愿最弱,与预期假设一致。这一结果可能的解释是:当村民认为集体资产属于国家所有时,希望通过改革来确定对集体资产的人格化占有权、收益分配权等一系列权利,改革的积极性最高。而当村民将集体资产当作是个人的私有财产时,推动改革的意愿必然最低。

是否关心村集体经济发展在 1% 的水平上显著影响村民改革意愿,偶尔关心集体经济运作的村民,支持改革的发生比是关心集体经济运作的村民的 0.217 倍;不关心集体经济运作的村民,支持改革的发生比是关心集体经济运作的村民的 0.351 倍。越关心集体经济运作的村民对改革意愿越强,与预期假设一致。

第四,在信任因素中,模型估计结果显示是否信任村社干部在 5% 的水平上显著。以信任村社干部的村民为参照水平,选择一般信任村社干部的村民,支持改革的发生比是选择信任村干部的村民的 0.308 倍;选择不信任的村民支持改革的发生比是选择信任村社干部的村民的 0.257 倍。村民对村社干部越信任,其改革的意愿越强,村民越不信任村社干部,其支持改革的意愿越低,与预期假设一致。长期以来,由于产权主体虚置,村社干部成为集体资产的监管者,享有对集体资产的剩余索取权和寻租收益。而信息不对称以及缺乏有效的监督机制,使村民很难监督和约束村社干部的行为,形成对村社干部的普遍不信任。调查结果显示,村民的改革意愿很大程度上受到信任关系的影响。改革集体经济组织的管理决策、资产营运和收益分配机制,完善民主监督管理机制,重建信任关系,未来还有很长的路要走。

本章小结

村民的改革意愿是分析行为的重要依据,也是预测行为的最直接因素。本章基于对福州市 C 区城中村 291 份问卷调查的数据,建立二元 logistic 回归模型,分析村民集体产权制度改革的意愿及影响因素。调查结果显示,村民还未形成对集体产权制度改革的一致认识与强烈意愿,村民的改革意愿受到村民个体和家庭特征、收益预期、改革认知和村庄信任等因素的影响。具体结果如下:

(1)受教育程度 X1、征地后家庭收入主要来源 X3、改革后集体资产收益预期 X5、集体资产所有权归属 X6、关心村集体经济的运作 X7、是否信任村社干部 X11 等 6 个变量将对村民的改革意愿产生显著影响。其中,受教育程度对村民改革意愿的影响是非线性的;家庭主要收入来源为非农的村民改革意愿要强于主要收入来源为农的村民;预期改革后集体资产收益会提高的村民改革意愿较强;认为集体资产所有权归属国家的村民改革意愿最强,认为集体资产所有权归属个人的村民改革意愿最弱;很关心村集体经济运作的村民改革意愿要强于其他村民;随着对村社干部信任程度的减弱,村民改革意愿减弱。

(2)家庭人口数 X2、家庭年总收入 X4、村社有没有介绍改革 X8、是否了解政策 X9、资产管理是否公开透明 X10 等 5 个变量对村民改革意愿没有显著影响。其中,家庭人口数、家庭年总收入与村民改革意愿呈负相关关系;认为村社有宣传介绍改革内容的村民改革意愿要强于认为没有宣传介绍的村民;了解改革政策的村民改革意愿要强于不了解的村民;随着集体资产管理信息公开透明程度的降低,村民的改革意愿减弱。

以上结果表明:可以通过扶持村社集体经济发展、改善村民的收益预期;加强改革政策的宣传引导与培训、增加村民对改革相关知识的了解;建立公正透明的改革程序规则,保障村民知情权、决策权和监督权,引导村民关注、参与集体经济管理运作,提高村民对村社干部的信任程度等方式,引导村民形成改革共识,增强村民改革意愿。

第八章 村民行为的结构与制度
再生产的逻辑

在前文对村民行为定性定量分析的基础上,本章将讨论集体产权制度改革中城中村村民行为的要素构成,构建出村民制度选择行为的模型,分析村民行为表象之后的社会结构根源,在复杂的个体和群体行为背后找到村民在产权实践中进行制度选择的逻辑以及对制度再生产的影响,增进对主体行动与制度再生产关系的理解和认识。

第一节 村民行为的结构

人的行为是在特定场域中进行的,在所处制度环境约束之下去谋取自身利益最大化,内嵌于制度中。集体产权制度改革中城中村村民的改革行为,是作为理性的主体在城中村这一特殊社会网络结构中,受到内外部因素影响做出的制度选择。本书借鉴奥斯特罗姆构建的个人制度选择的分析框架,结合城中村集体产权制度改革的特点加以改进,建立村民制度选择行为的结构模型。

一、村民行为的内部结构

奥斯特罗姆的制度分析理论认为,有限理性的个人在复杂环境下做出的特定行为,既受制于人本身的属性,也受其所处环境的影响。在特定环境下个人根据认知与权衡不同方案的收益和成本以及它们可能的结果做出制度选择。影响个人制度选择的内部因素一般包括 4 个变量：预期收益、预期成本、内在规范和贴现率（奥斯特罗姆，2012）。在城中村集体产权制度改革中，村民是否愿意改革、选择什么样的改革方案，取决于村民是否了解和如何评价改革将给他带来的收益和成本，村民预期收益和成本受到贴现率和内在规范的影响。见图 8-1。

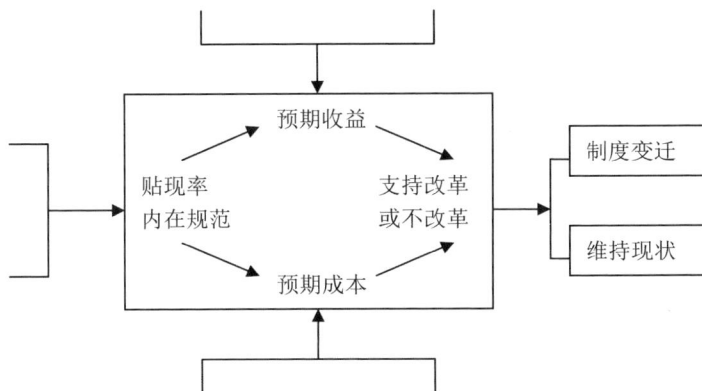

图 8-1　村民行为的内部结构

1.预期收益

改革的预期收益主要包括：（1）改革后的集体资产收益是否能够增加；（2）改革后个人的集体资产产权权利是否明晰；（3）改革后集体资产管理的质量是否会提高。

对于村民来说，他们最为关心的是改革后个人能够分配到的集体资产收益与当前相比是否会增加，希望选择的制度方案也必然是那些能够使自身利益最大化的方案。在集体产权边界界定、股权管理模式选择等改革关键制度选择过程中，经济利益从来是人们竞逐的对象与撕裂的根源，村民作为理性行动者基于策略性计算寻找实现个人偏好的制度方案，在城中村内形成了一个以先赋性因素为主要衡量标准的权益分配圈，不论是政策法律等正式制度，抑或是传统观念、情理习俗等非正式制度都成为人们策略性计算的工具，用以实现行动者的利益目标。

2.预期成本

改革的预期成本主要包括了：（1）规则转换成本，指新旧制度更替过程中需要投入的资源（布坎南、塔洛克，2014）。城中村集体产权制度改革的转换成本主要包括设计制度方案的信息搜寻成本,以及消除新旧制度变革阻力的摩擦成本。因为制度变革产生的利益冲突引发了各种形式的反对与抗争,消耗了大量公共资源,并且这些利益冲突在改革之后依然长期存在,埋下了极易点燃的隐患。(2)制度实施成本,包括组织建设与管理成本、市场交易成本等。(3)监督成本,主要体现为对集体资产经营管理过程和管理者行为的监督成本。

3.贴现率

贴现率是个人对未来预期收益的评价,对收益预期评价高则贴现率低,反之则贴现率高。奥斯特罗姆(2012)认为,贴现率受到个人所处的自然和经济保障程度的影响,以及所在场域人们比较未来与当前的相对重要性时所共有的一般规范的影响。如果村民对改革后集体经济发展状况抱着悲观的心态,对改革的远期收益评价低,认为维持现状可以获得的近期收益更高时,村民给予未来收益的贴现率就高;反之,贴现率就低。因为未来的不确定性,导致人们将未来价值折现(斯密德,2018)。以 W 村为例,该村历年土地征用后的留用地款达到 4 700 多万元,村民对由集体经济组织经营管理这笔庞大的集体资产表示不信任,对未来集体经济的发展抱持悲观态度,于是强烈要求把留用地款等集体资金发放给村民个人,并解散集体经济组织。为实现利益诉求,村民们到市政府门口静坐抗争,并连续四天堵塞道路陈情。一时间村社内的矛盾冲突极其尖锐。为恢复村民对集体经济的信心,区政府安排 W 村以优惠价格购买当地周边一大型商贸城综合楼项目物业,可预期的丰厚租金收入极大增强了村民对集体经营未来收益的信心,村民要求分光集体资产的行动被消解,以 100%的赞成率通过了集体产权制度改革方案。

4.内在规范

村民对收益和成本预期的评价会因他们自己和他人对正确和合适的不同理解而不同(奥斯特罗姆,2012),也就是说个人所做出的决策无法脱离其所在场域的内在规范左右。村民的行为选择和对自己策略的评价受到城中村这一场域的传统文化、惯习等地方性知识的约束,这些地方性知识是村落中历史形成的、被普遍接受的道德规范和行为准则,如果有人违反这一行为规范就会受到群体指责从而对他的行为产生限制。那些被认为是违反村落传统价值的方案,即使是合法的、政府力推的,甚至未来能够带来高收益的,村民依然会反对,他们坚持选择那些符合村落价值的。以 Y 经合社的股份继承方案为例,虽然继承法规定继承权男女平等,但按照农村传统文化,出嫁女没有继承权,老人去世留下的遗产应由儿子继承,因此村落文化与正式制度之间发生冲突。经合社主任是位女性,却坚持认为应当因循村落传统文化来处理股份继承,否则"村里会大乱"。她以自己的经历举例说明:"我也是家里的女儿,按照我们村里风俗我不需要赡养父母,但是我都有在帮忙(赡养父母),可是我父母去世后的遗产我是分文不要的,因为这不符合规矩,那都是我弟弟的。"当地政府官员同样站在了支持村落规范的立场上,认为遵循农村文化才能减少纠纷,让改革方案顺利通过。正如奥斯特罗姆(2012)所指出的"一群长期在一起互动的人认为是错误的行动,不会被个人当作决策的替代选择",追根究底是村落内在规范在左右村民的产权实践逻辑。

二、村民行为的外部结构

接下来考察在制度环境中,有哪些主要因素影响到村民对预期收益、预期成本、贴现率和内在规范的评估。

第一,预期收益。每个人为实现自身的利益而采取相应行动是人类行为的一个基本动因。村民对集体产权制度改革预期收益的评估会受以下因素影响:(1)产权制度改革的制度设计,村民最为关心直接涉及自己利益损益的制度安排,如产权边界界定、股权管理设计等制度内容的设计;(2)集体资产禀赋,如处于优越地理位置的出租物业带来的租金收益能让村民对未来集体经济发展有更强的信心;(3)资产管理者的能力与操守;(4)股东的数量,把"外人"严格排斥在产权边界范围外,控制分享集体资产收益的股东人数,是村民保护自身权益和利益的努力;(5)资源输入:指政府对村庄改革的各项支持,如减免税费、提供有前景的投资项目、让村庄参与土地开发等,都会使村民产生良好的收益预期,增强村民对改革的信心。

第二,预期成本。(1)利益的异质性。奥斯特罗姆(2012)认为转换成本与利益主体的利益异质性是正相关的,利益主体的矛盾冲突越多、对抗越激烈,制度转换成本就越高。(2)改革领导者的能力。有能力和经验的内行人领导制度变迁时,可以降低制度转换成本。(3)制度方案的合理性与适应性,如果集体产权制度改革方案能够在利益主体间达成最大共识,减少与地方正式及非正式规范的冲突,建立起较为合理的资产经营管理、财务管理、收益分配以及监管机制,将降低制度的实施与监督成本。

第三,贴现率。(1)对改革的认知:村民不论是普通村民还是村社精英都普遍缺乏改革的制度知识,不了解为什么要改、改什么以及要如何改。上文定量分析的结果已经证明了,能够得到必要改革知识的村民相比不了解的村民贴现率低。(2)对资产管理者能力和品质的信任,与贴现率呈负相关关系。(3)个人和家庭特征,如村民的受教育程度、征地后家庭收入主要来源等。(4)趋同效应:城中村中依然延续着紧密的宗族和血缘联结,村民互动密切,行为表现出较为明显的依赖性与从众趋势,容易受到环境与周围人群的影响,使制度的演化呈现趋同效应。(5)政策环境。政府力量对改革有强大的影响力,政府为推进改革而给予或允诺的扶持政策措施,为村民描画改革后集体经济的长期发展前景,可以减少村民短期化的行为取向。

第四,内在规范。中国的乡土社会不是"法治"的社会,而是"礼治"社会(费孝通,1998),维持社会运作的是社会公认的行为规范,是世代累积的文化传统。城中村虽然已经进入城市,但传统的村落文化并未被消解,依然展现出很强的影响力,成为村民在进行制度选择时依循的价值标准和伦理规范。

三、村民制度选择行为的模型构建

结合对村民行为内外部结构的分析,本书构建出村民制度选择行为模型(见图8-2)。

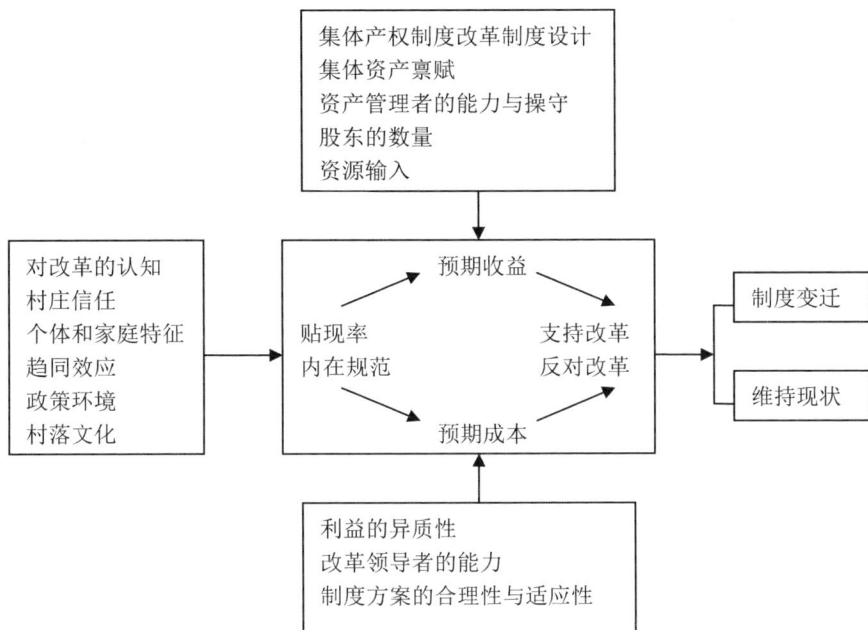

图 8-2 村民制度选择行为模型

第二节 村民行为的机理

一、利益是村民评估是否支持改革和如何改革的核心变量

利益是人类活动的强大驱动力。奥斯特罗姆(2012)在自主治理理论中讨论了行为人的策略选择是在特定环境下对于收益与成本进行权衡选择后的结果,这与新制度学派学者们尤其是理性选择制度主义学者们对行为的分析思路一致。科斯(2014)坦率地说"显然只有得大于失的行为才是人们所追求的"。城中村改革发生在快速城镇化的洪流中,强大的外生推动力量迅速把村庄变为城市,但村庄要融入城市面临经济社会结构、生产生活方式、文化形态、价值观念等艰难漫长的转变过程。村落的巨变带来了传统文化的断裂与认同

危机,乡村价值观念、道德伦理与城市文明的冲突,在认同的迷思与文化的冲突中,人们首先选择了利益。改革过程中,村民基于制度变迁的利益目标函数,使用不同的行为策略,试图建立获益或者消解影响他们受益的决策,村民与外部利益主体之间、村民内部之间展开了激烈的利益争夺。

产权建构过程能与村民形成有力博弈的外部主体是地方政府。村民与政府之间的讨价还价影响着制度变革的效率。福州市近年的拆迁政策是通过现金补偿给村民留用地款,但村民希望获得土地及土地发展权,给"十几二十亩"留用地自己开发,不然"有钱没项目,照样不发展"。X 村被征用土地近 500 亩之后还剩 6 亩土地,村里一直想在这 6 亩土地上建租赁公寓获取租金收益。当区政府计划将 X 村列入改革试点时,村干部以获得土地的发展权为条件与政府多次谈判,政府不肯让步,村干部遂表示该村改革的条件不成熟,X 村改革就此搁置。

在村民内部,利益目标的异质性分化出不同的利益群体。同一种制度设计不同利益主体有不同的福利评价,不同群体社会福利函数的差异决定了对改革的不同态度与不同行为。利益目标异质性造成的冲突,影响对改革共识的形成,普通村民与村社精英、有村籍的社员和无村籍的社区成员之间的利益博弈形成了改革推进的主要障碍。在博弈中还出现了多数人对少数人利益的侵害。在内部平衡的策略安排下,牺牲少数人的利益从而实现最大多数人的利益被认为是正当合理的,典型例子如外嫁女。村民投票遵循少数服从多数这一民主决策原则,少数人的意愿被忽视,权利和利益被伤害或者剥夺。

在短期利益与长期利益之间,村民们明显更关心眼前的利益。村民清楚意识到"一块蛋糕 400 人切和 600 人切不一样,一块饼会越摊越薄的",但是村民对如何把集体资产蛋糕做大的信心和兴趣明显不足,更多考虑的是如何分利,让自己分到更大的一块蛋糕。人们会考虑改革后可能的收益和成本,但倾向于选择能够实现当期收益最大化的方式。这与处于急剧转型、快速流动的社会背景以及城中村的过渡性特质有关,传统的社会网络结构越来越脆弱或濒临溃散,村民之间的关系越来越原子化,理性的村民行为呈现出短期化的倾向。

在上述的分析中,我们可以发现,当每个主体都在追求自身利益最大化时,个人的理性可能导致集体的非理性,陷入囚徒困境,造成改革停滞或者失败。阿马蒂亚·森(2002)对此的思考是:人不仅仅只会考虑个人利益,同时也会关照整体,也就是说人会考虑妥协,能够通过共谋行动达成协议来实现帕累托改进。这对于突破改革困境具有借鉴意义,推动集体产权制度改革的关键应当通过对话与协商找到一种制度安排,不否认个人利益,在满足个人理性的前提下达到集体理性。

二、村民的行为自觉依循社会适宜逻辑

任何行为都是在特定的制度背景和社会网络中进行的,村民的产权实践发生在城中村这一特殊社会结构中,他们对产权制度设计的选择受到行动场域内的共同意识形态和社会规范的约束。即使城中村在城市转型过程中受到外来力量的强烈冲击,空间形态、文化传统不断被侵蚀,但延续数代人、维系村社社会运作的价值与习惯在短期内不会消解,"文化甚至在经历巨大的历史变革时仍保持自身认同的方式"(杜赞奇,2003),村民依然受到城中村内的记忆、信仰、习俗等非正式制度的规训,内化于心,外化于行动。

村社内部规范塑造了行动者的目标价值和行为偏好,习俗与规范提供了村民互动与选择的结构,赋予行动正当性与合法性。因此,在利益最大化的理性选择之外,个体的行为还受到村社共同认同的价值与规范的约束,遵从社会规则的要求,依照传统道德人伦处理人际关系。哈耶克(1973)就一直主张人是"追求目的的动物,也是遵循规则的动物"。社会学制度主义也强调,制度结构中的行动者按照积习渐成的方式展开行动,遵循的是"适当性逻辑"(logic of appropriateness),而非纯粹的工具性计算。例如 Y 经合社的股份继承方案设计,按照传统宗族文化排斥了女性继承权,不仅仅是男性,甚至多数村社女性都认为这是理所当然的地方伦理,而主张男女应平等享受继承权的反对意见在村社里则被反对与污名化,甚至基层政府为了减少争议尽快完成改革也站在了支持村落文化的立场。

改革经验也证明,正如学者所指出村民是自觉自愿依循非正式制度,而非被迫(柯武刚、史漫飞,2000;诺思,2002)。对此,奥斯特罗姆(2012)的解释是约束个体行为的内在规范受到特定环境中共有规范的影响,如果这一规范成为与他人共享的规范,那么在熟人社会中采取被其他人认为是错误的行为所要受到的社会非议,将对个体的行动形成制约。社会学制度主义文化途径(cultural approach)的解释认为,在村社场域中形成的地方性知识为个体行为

提供了认知和规范样本,已经内化为个体的行为目标、行为选择的价值判断,这些道德伦理、信仰观念是如此的"习惯"或自然而然,以致它们避开了详细的审视(Hall & Taylor,1996),乃至出现了超越了个人利害计算而富有文化价值色彩的行动。

三、制度供给非均衡引发行为主体的利益冲突

城中村集体产权制度改革的难点在于制度供给不足与主体利益的异质性,这是导致利益冲突不断产生以及制度变迁低效的根源。村民不是一个抽象的整体,集体产权制度改革中不同的村民因改革而得到的收益或将承担的成本是不同的。就如阿罗(2010)所指出的,不同个体对制度变迁有不同的目标函数和福利评价,不能把每个个人的福利函数加总为一个唯一的社会福利函数,能够满足所有群体成员偏好的社会福利函数是不存在的。政府在逐渐放松对集体产权控制的同时,对于集体产权制度如何改革还缺乏更加明确具体的规范。集体产权制度改革的主要环节有资产量化、组织重建和集体经济发展,其中的关键问题如资产量化、股东界定、股权管理、收益分配等制度如何安排都维系着各方面复杂的利益关系。由于制度供给不足,缺乏充分普遍的法律法规或政策依据等正式制度,村落传统的价值观念和社会习惯等非正式制度因为断裂、被挤压排斥等原因也无法规范村民行为,或者是在某些环节正式制度与非正式制度产生激烈对立与对抗,由于制度存在内在张力和空白,留出了利益主体冲突与斗争的空间,制度变迁的过程成为个体与个体之间、群体与群体之间不断互动博弈的过程。一村一策、因地制宜的背后是改革制度供给的非均衡。改革过程中不同利益主体之间发生的冲突与博弈、妥协与合作,到实现博弈均衡服从的是地方不同利益主体之间的力量平衡,而不是一致的体制规范(周其仁,2002)。

四、公开透明的制度设计机制能够增强村民的改革意愿

由上文的分析可知,利益目标异质性造成的冲突,形成了改革推进的主要障碍。集体产权制度安排是利益各方妥协的产物,改革的制度设计无法实现所有人的帕累托最优,但可以在不同群体的利益诉求中寻求公约数,找到利益

平衡的次满意均衡点。而正当性的程序与良性的结果之间具有很高的相关性，产生矛盾和冲突的原因常常不只因为对立的利益，有时恰恰是因为缺乏有效的表达与沟通。因此需要建立一种制度设计的规则框架，通过合理的方案设计规则和程序安排，让各个行为主体获取知识、沟通信息、表达意愿、协商讨论。

村民是改革中主要的利益主体，也是改革方案的主要决策者，直接影响制度变迁的绩效。村民人数众多，利益切身，但缺乏制度知识和公民训练，所拥有的资源相对不足，总体上处于弱势地位。改革要想争取村民的支持，在制度设计上尤其需要重视村民的充分参与和利益表达，保障村民知情、参与、决策和监督的权利。以 M 经合社为例，2001 年第一次启动集体产权制度改革，由于部分村民反对改革而失败。2006 年第二次启动改革时，非常重视改革规则和程序的公开与透明，积极通过村民代表会议、党员会议等多种形式积极向村民进行宣传动员，让村民了解改革的目的和做法，清产核资、股权设置、折股量化到股权管理、收益分配等的每一个重要环节都详细向村民介绍改革方案的具体内容，每个改革步骤都至少两次通过问卷形式征集村民意见，让村民充分了解改革，让改革方案达成最大共识，最终改革方案以 97.1% 的高票通过。

五、股份合作制的制度缺陷引发村民再分配的行动诉求

产权理论认为，没有基于产权制度的根本性改革，任何组织形式创新都会因缺少根基和保障而流于形式，难以奏效和持久。股份合作制是中国农民创造的结合"股份制"与"合作制"特点的村落共同体和股份经济混合的产物，在城中村产权重构中体现出了适应性效率，但在制度安排上的缺陷也是明显的。

根据《物权法》规定，所有权包括占有、使用、收益和处分四项权能，但上文的分析告诉我们，集体经济组织成员对于所分配的股份只拥有名义上的所有权，只能行使有限的管理权（一人一票）和收益分配权（参与分红），更主要的是村民拥有的集体资产处置权是受到限制的，只允许股权在内部有条件的流动，不允许向外流动，因此村民拥有的并非完整的产权，集体资产权益的实现程度被降低。结果是股东只关心分红，股份合作制变相演化为单纯的分配制度，显示出极强的福利性、封闭性、不完整性。同时在股权管理的制度设计上，几年一调整的动态管理模式采取股权总数随着户籍性质、人口年龄和农龄，以及承

包土地数量等因素变动而经常增减变化的做法,满足了基于村庄伦理之上村民"根深蒂固的成员权观念",但也提供了村民重新分配的集体行动机会,也就是说村民存在违背章程这一具有帕累托改进性质契约的动机和动力。按照改革程序,村民投票通过集体产权制度改革章程,改革就已基本成功。但是村民不仅在改革前具有决策权,在改革后仍然有变更的选择权。

制度不只是个人选择的规则和限制,制度也是资源,提供行动,尤其是集体行动的机会。制度性规则的缺陷引发内在利益紧张的社会关系,埋下了产权结构性冲突的隐患。只要村民获得的集体产权仍然是残缺的,就会不断有人提出对契约合法性的质疑,随着利益主体力量的此消彼长,试图推动再分配的冲突和斗争就不会停止。

第三节　制度再生产的逻辑

行为是制度的结果,同时也是制度的原因(斯科特,2010)。人的行为内嵌于制度中,但行为人并非仅是单纯的、被动的制度接受者或被塑造对象,同时也在影响、改变和创造制度。在城中村内外部制度结构的约束下,村民根据自己的目标函数进行制度选择,村民的行动和互动推动了农村集体产权制度的创新。在这一过程中,我们观察到了以下行为对制度变迁的影响与作用。

一、制度重构是行为主体理性统合的结果

在上文的经验研究中,我们可以看到行为主体的行动与互动重构了城中村集体产权制度。制度变迁因何发生,新的制度安排如何形成,是村民个体理性选择,以及与村社理性、政府理性博弈的结果。

农村集体产权股份合作制改革自 20 世纪 80 年代产生以来,一直局限在以城中村为代表的部分集体经济较为发达的村庄,改革推进的步伐非常缓慢,在大部分地区的农村很少也很难产生自下而上的改革。诺思与戴维斯(2014)在讨论制度变迁的起因时认为,由于外部性变化导致形成的潜在利润在既有的制度框架下无法获取,原有制度安排下的某些行为主体为了获取潜在利润,

会率先克服障碍,推动新的制度安排形成。城中村在城镇化过程中受益于城乡接合部的区位优势,土地等资源资产迅速增值,巨额的外部利润激化了潜伏的集体产权矛盾,围绕集体资产收益分配产生了激烈的争夺。丰厚的外部利润是吸引村民等行为主体开展制度创新的诱因。为了实现个人利益最大化,个人在追逐私利的过程中容易陷入无休止的争斗,因此理性人趋向于建立某种组织和制度(诺思,2008)。而其他地区的村庄缺少庞大的外部利润来使制度变迁变得有利可图,行为主体没有足够激励去实施改革,突破制度变迁的临界阈值。因此,规则源于自利(诺思,2008),是否推动制度变迁是理性行动者为谋求自身利益的最大化,基于对成本—收益核算后行动的结果,村民与村社对潜在利润的追求催生了个体及村社集体的共同行动。制度安排的选择也是如此,究竟选择哪一种改革形式与内容,取决于背后的成本—收益的比较,是受此影响承担不同成本与收益的行动者力量博弈的结果。

同时,改革不仅仅是村民个体理性选择的结果,还体现出村社理性的力量。在城市化变迁过程中,城中村社区具有弱势村民进入城市风险社会的庇护空间价值,产权重构过程中不论是对产权边界严格的排他性限定、对村民拥有的股份处分权能的继续限制,还是重建集体经济组织制度的选择,都体现出了"内部化处置外部性风险"的村社理性(温铁军,2009),通过再分配体制来达到增进村民生计的目的,为村民提供非正式的社会保障。另外,城中村集体产权重构过程也是政府尤其是地方政府意志的体现,集体产权重构必然在制度设置的关键环节统合个体、村社与政府理性,实现了不同行动力量、不同制度规范的某种均衡。

二、村社精英决定制度变迁的方向和内容

学者指出,不同利益的个人和群体之间的相互作用推动和约束了制度变迁,行动者群体间的多重制度逻辑及互动决定了制度变迁的轨迹和方向(周雪光,2010)。但在制度变迁过程中,行动者个体或群体的力量是不平衡的,真正能够决定制度变迁发展轨迹和发展方向的是集体行动中的主要力量。诺思(2013)认为是主导信念,也就是在做决策位置的政治和经济企业家的信念决定了制度结构。瓦尔德纳在《国家构建与后发展》一书中强调精英选择非常重要,制度创新来自统治者而非人民,人民总试图搭便车(诺思,2016)。在城中

村,一般村民更加关注自身的眼前利益,缺少改革的自觉,同时越来越原子化的村民也较难进行组织化和制度化的表达,缺乏能动性的力量。因此,真正主导改革的是村民中的精英。村社精英往往具有发现制度变迁绩效的敏锐眼光、组织推动制度变迁的资源与能力,制度创新将给村社精英带来的激励也远远超过普通村民。城中村集体产权制度改革的经验已经证明,村社精英对改革方向和内容的确定起了导向性作用,村社精英有权威和远见、经营管理能力强的村落,改革容易推进。如果精英与普通村民在制度变迁方向和内容上出现冲突,一般向村社精英支持的方向发展,但高昂的摩擦成本也可能使改革陷入停滞甚至失败。

三、集结的村民也具有影响制度变迁的力量

如上文所述,既往关于制度变迁与行动者关系的研究,更多把重点集中在对制度变迁有决定性影响的关键行动者,比如村社精英。普通村民不掌握社会优势资源,对村社公共事务不甚关心,往往被排除在村社公共权力体系之外,因此常不在研究视野范围中。但改革的经验告诉我们,在制度变迁过程中普通村民不应当是被忽略的行动者。学者已经观察到在改革的场域中,原本边缘、弱势的行动者也有可能经由集体行动占据关键的战略位置(柏兰芝,2013),以至于改变了制度变迁的内容或方向。普通村民处于原子化的分散状态,在村落中拥有较少的价值资源和较低地位,行动会受到较大的结构性约束并且改变的机会较少。要想占有更多有价值资源需要超越个体行动的力量,要动员有相似需求的其他行动者(林南,2001)。如诺思(2016)所指出的,当制度限制了行为主体追求目标的能力时,他们就会依靠结合成集体行动的力量,去改变制度的限制而达成目标。

那么,原子化、弱势、被视为总试图搭便车的村民是如何动员、集结,进行集体行动的呢?在城中村集体产权制度改革中,外嫁女通过集体行动争取成员权是一个典型的观察案例。在改革早期,村社通过村民协商自决的方式合法化地否定外嫁女的成员权资格,制度化地剥夺或者部分剥夺外嫁女的成员权益。因此自有改革以来,就有外嫁女争取权益的抗争。外嫁女是村社中的弱势群体,在人数上不占优势,从伦理上得不到支持,她们对权益的主张还因会分薄本村其他村民的福利而导致敌视与对立。但集体经济组织成员权直接

关乎个人利益,对利益的期望和实现期望的可能性,激励外嫁女抱团抗争,通过集体陈情、闹事、上访、诉讼等各种形式,去争取参与分配的成员权益。在外嫁女们经年坚持不懈的努力下,外嫁女权益保护进入了政策视野,不少地方政府在地方文件中对外嫁女问题作出规范,要求村社让符合条件的外嫁女获得集体经济组织成员权。2016年年底中共中央、国务院印发《关于稳步推进农村集体产权制度改革的意见》,特别强调要防止多数人侵犯少数人权益,切实保护妇女合法权益。从社区自治到政府介入,从被排除到肯定权利,外嫁女通过长期持续的集体抗争推动了制度的演变。

四、制度变迁是关键行动者主导下利益博弈的产物

产权的重新界定是一个权利与利益重新平衡的政治过程,必然会带来社会冲击,引发新的矛盾与冲突,包括利益主体之间的冲突和不同规范之间的冲突。制度变迁往往不一定以达到新的均衡而告终。

普通村民、村社精英、各级政府是城中村集体产权制度改革中的主要利益主体。在改革过程中不同主体将要得到的收益或者要承担的成本不同,行为主体对于个人所承担的成本和获得收益的计算和比较,成为推动、反对制度变迁以及冲突发生的原因。围绕改革,他们在利益博弈的过程中动员、集结、自我赋权,通过斗争争夺主导制度再生产的位置与权力,在自我利益和村社合法性框架下包含或排除群体或个人的集体资产权利,援引或反对正式或非正式制度,直到形成新的利益均衡,实现集体产权制度的重塑和社会关系的重构。

改革最终形成的制度方案是在以村社精英为代表的关键行动者主导下对制度的重新定义,是当时当下主要行为主体力量博弈的结果,以及正式制度和非正式制度、旧制度和新规范权衡取舍和混同的结果。这也可以解释为什么不同地区、相同地区不同村社之间制度方案的差异性。

第九章　结论与建议

第一节　研究结论

　　本书将产权的经济视角与社会视角相结合,在城中村集体产权重构的社会政治过程中,观察村民作为主要产权实践主体的目标函数、行为角色、价值取向、行动与互动,行为主体之间以及不同的社会规范之间的冲突与角力,文章试图在特定的社会关系架构和实践中去理解、把握和认识制度变迁中的主体行为,寻找村民在产权重构实践中进行制度选择的逻辑,以及在既有制度条件约束下村民的行为如何作用于制度变迁,建构出新的产权制度。

　　全书借助制度变迁理论、产权理论、场域理论、公共选择与自主治理等相关理论构建理论分析框架,采用定性与定量结合的多元研究方法,主要基于福州、厦门城中村集体产权制度改革的调研数据和典型案例开展研究,去寻找在差异化产权实践背后普遍的村民行为机理与制度再生产逻辑,得出以下结论:

　　(1)在资源要素相对价格变化的作用下,城中村集体产权制度矛盾凸显,外部利润催生了村民等利益主体的共同集体行动,突破了制度的阈值,城中村成为国内最早进行农村集体产权制度改革的场域,改革主要表现为自下而上村民自发的诱致性制度变迁,在制度安排上多采取股份合作制的形式。改革在部分地区获得适应性效率的同时,也长期被锁定在低速度、不均衡、低水平的发展状态,利益冲突引发的摩擦成本过高,制度供给不足,共同制约着集体产权制度改革推进的效率与效果。

　　(2)制度变迁是制度结构从均衡到不均衡再到均衡的多次循环往复的渐

进过程,也是不同主体发生利益矛盾与冲突、进行利益重新分配的过程。城中村集体产权制度改革涉及的利益主体主要有村民、中央与地方政府、村社组织等,他们围绕资产量化、组织重建和集体经济发展等集体产权制度改革的主要内容,进行制度再生产的竞争、角力与妥协。村民是改革中最主要的利益主体和初级行为主体,是村社集体产权制度变迁的发起者、制度的设计者和决策者。但村民并非抽象、均质的整体,不同的村民因改革而获得的收益或将承担的成本不同,村民内部分化出不同的利益群体,"村内人"与"村外人"、普通村民与村社干部、村民与居民基于差异化的利益目标围绕权利分享与利益分配形成各自的行为策略。利益主体的行动与互动推动了制度变迁,最终重塑了农村集体产权制度。

(3)产权是利益主体之间通过冲突、协调、妥协之后互相认可的行为关系,产权制度的形成与演变是行为主体之间力量博弈与较量的结果。普通村民不掌握社会优势资源,制度知识不足,容易被忽略与边缘化,但村民集合形成集体行动的力量,可能突破社会网络结构与资源的限制,实际影响制度变迁的绩效。个人利益最大化是村民行为的动机和目标,村民从理性计算出发,基于现期收益最大化的目标,灵活援引、应用或排除各种正式与非正式规范,围绕利益分配展开冲突与斗争,试图建构对自己最为有利的集体资产分配结构。产权制度改革最终形成的制度方案是基于不同利益主体的力量对比,在权利与利益重新平衡的社会政治过程,就集体资产如何分配与管理达成的一致性合约。

(4)在制度变迁过程中占据关键位置、行使支配权力的是村民中的精英。以村社干部为主体的村社精英是城中村社区治理的缝隙权威,也是集体产权制度改革中处于主导地位的制度企业家。村社精英具有组织推动制度变迁的资源与能力,能够代表村社集体或者以集体名义决定制度变迁的行动,选择制度变迁的方向与内容,对制度变迁的效率和效果产生关键性影响。本书构建成本—收益分析模型,分析村社干部制度创新的预期收益和预期成本,预期成本包括决策与组织成本、阻滞成本、经营管理成本,同时村社干部还需支付直接和间接个人经济成本;预期收益既包括物质收益,也包括声誉、信任等隐形激励。村社精英基于对改革成本收益、贴现率的不同评价做出选择。除此之外,村社精英的选择还受制于政府的强制性权力。

(5)行动者的意愿是制度演化变迁的关键。本书基于对福州市 C 区城中村 291 份问卷的调查数据,分析村民的改革意愿,运用二元 logistic 回归模型对改革意愿的影响因素进行实证研究。调查结果显示村民还未形成对集体产权制度改革的一致认识与强烈意愿,村民的改革意愿受到村民个体和家庭特征、收益预期、改革认知和村庄信任等因素的影响。村民的受教育程度、征地后家庭收入主要来源、对改革后集体资产收益预期、对集体资产所有权归属的认知、是否关心村集体经济运作、是否信任村社干部等变量对村民的改革意愿产生显著影响。家庭主要收入来源为非农的村民改革意愿更强,预期改革后收益增加的村民改革意愿强于预期改革后收益减少的村民,认为集体资产所有权归属国家的村民改革意愿最强,认为集体资产所有权归属个人的村民改革意愿最弱,越关心村集体经济运作的村民改革意愿越强,越信任村社干部的村民改革意愿越强。

(6)制度变迁中的城中村村民行为,是在特定的场域和内外部因素影响下基于成本约束条件做出的制度选择。本书基于奥斯特罗姆个人制度选择的分析框架,建构出村民制度选择行为的结构模型,包括预期收益、预期成本、内在规范和贴现率 4 个内部因素,制度方案设计、集体资产禀赋、利益的异质性、个体家庭特征、改革认知、村庄信任、传统文化、政策环境等 14 个外部因素。外部因素通过对内部因素的作用影响村民的制度选择,内部因素与外部因素的组合构成了村民制度选择行为的一般模型。

(7)讨论了制度变迁过程中村民行为的机理,村民在产权重构实践中进行制度选择的逻辑主要有:①利益是村民评估是否支持改革和如何改革的核心变量,改革中利益主体对制度变迁有不同的目标函数,试图建立获益或者消解影响他们受益的决策,引致不同的行为策略,并展开激烈的利益争夺。②在利益最大化的理性选择之外,村民的行为还受到村社共同认同的价值与规范的约束,遵从社会规则的要求。城中村内的非正式制度塑造了行动者的目标价值和行为偏好,习俗与规范提供了村民互动与选择的结构,赋予行动正当性与合法性。③由于正式制度供给不足,以及正式制度与非正式制度的对立,制度的空白与张力留出了利益主体冲突与斗争的空间,制度再生产的过程变成为个体与个体之间、群体与群体之间较量与博弈的过程。④正当性的程序与良性的结果之间具有很高的相关性,公开透明的制度设计机制能够增强村民的改革意愿。通过合理的方案设计规则和程序安排,让行为主体获取知识、沟通信息、表达意愿、协商讨论,容易达到次满意均衡点,实现帕累托改进。⑤股份合作制的内在缺陷产生了产权结构性冲突的隐患,只要村民获得的集体产权仍然是残缺的,就会不断有人提出对契约合法性的质疑,随着利益主体力量的此消彼长,试图推动再分配的冲突和斗争就不会停止。

(8)内嵌于制度中的行为同时也在塑造制度。在城中村内外部制度结构的约束下,村民根据自己的目标函数进行制度选择,主体的行动和互动推动了农村集体产权制度的创新。①制度变迁因何发生,新的制度安排如何形成,是村民个体理性选择,以及与村社理性、政府理性博弈的结果。集体产权重构必然在制度设置的关键环节统合个体、村社与政府理性,实现了不同行动力量、不同制度规范的某种均衡。②村社精英是制度变迁过程中处于决策地位的关键行动主体,决定了改革的方向和内容。村社精英有权威和远见、经营管理能力强的村落,改革容易推进。村社精英与普通村民出现冲突时,一般向村社精英支持的方向发展,但高昂的摩擦成本也可能使改革陷入停滞甚至失败。③集结的村民也具有影响制度变迁的力量。弱势、边缘化的村民通过动员、集结,形成集体行动的力量,突破原有制度与结构的限制,通过影响制度的交易费用和生产效率而改变制度变迁的方向与轨迹。④制度是关键行动者主导下利益博弈的产物。产权的重新界定是一个权利与利益重新平衡的政治过程,改革中的主要利益主体争夺主导制度再生产的位置与权力,最终形成的制度方案是关键行动者主导下对制度的重新定义,是当时当下主要行为主体力量博弈的结果,以及不同制度规范权衡取舍和混合的结果。

第二节 政策建议

一、加大对改革的制度供给与政策扶持

当前,农村集体产权制度改革已经到了"非常必要、非常紧迫"的情势(韩长赋,2016),进入由点及面、在全国范围内全面推进的新阶段。但从制度的顶层设计来看,相关法律法规还不健全,并且缺乏充分的政策支持。在国家层面还未出台农村集体经济组织方面的法律,支持集体产权制度改革和集体经济

发展的配套政策措施的力度也还不足,地方改革容易因制度供给不足而遭挫,需要国家与政府力量的规范与扶持,通过有力的顶层制度设计、有效的扶持政策措施给予支持与保障。

首先,各级政府应当尽快出台直接规范集体产权制度改革的政策法规,通过统一的规范性文件,对改革中关键性、原则性、程序性问题予以明确。对资产量化、成员资格界定、集体经济组织等内容予以规范,使改革操作公开、合理、可行,帮助降低改革的成本。特别是要加快推进农村集体经济组织立法进程,对农村集体经济组织的基本特征、法人属性、功能作用、内部运行机制等重大问题进行系统规范(赵阳,2020),帮助集体经济组织真正成为市场竞争的主体。政府制定政策时,还应当充分考虑城中村的传统和惯习,使政策富于弹性并易于接受。

其次,政府应加强对改革创新的政策扶持,出台相应的配套政策措施,一是落实并完善支持集体经济组织发展的税收政策,股份合作社作为市场主体同时还承担着社区公共管理职能,对增值税、企业所得税以及收益分红的税收应予以减免和优惠。二是衔接城乡社区管理制度,将城中村社区公共服务开支纳入公共财政预算,促进集体经济组织剥离社会职能。三是完善社会保障政策,让村民能够享受与城市市民均等化的公共服务与社会福利。

二、善用社区本土资源

村社在漫长的发展过程中积淀了许多传统和惯习,在制度变迁过程中这些传统和惯习能够有效地减少制度运行的交易费用,成为影响经济和整体绩效变化的核心(诺思,2013)。格尔茨使用"地方性知识"解释了传统和惯习的作用,他认为地方性知识是根植于文化脉络里的意义体系,本身就是一种明了并且熟练的意识与自觉,这种意义体系中包容着人们的情感、认识、道德,并且还是与事件、规则、政治、习俗、信仰等联系在一起。在地方性知识的运行逻辑中,以地方性知识体系为基础的共同体行动策略及相关的"合约"无疑比任何外在世界的强制性推行更具有合意性与可行性(蓝宇蕴,2005)。例如 M 村在界定产权边界的过程中,如在处理"外嫁女""上门女婿"的股份分配问题上深受村社传统文化和通行规则影响,这与社会合法性机制的界定结果甚至发生冲突,却得到了村民的支持和实践的便利。政府有能力改变制度,但这种改变是有限的,但单凭政策性规定无法提供社会制度变迁的持续动力与发展(诺思,2016)。因此,在城中村集体经济产权制度改革的方案设计中,需要尊重地方性知识,善于利用城中村这一特定场域内在包含的本土资源,依据、借助和利用本土的传统与惯例,让这些具有民间性质的社会资源在最大限度发挥作用的过程中融入改革的实现之中,把矛盾和冲突降至最低限度。另外,地方性知识作为城中村内化了的准则,其"执行成本"也会远低于外在强制性规则的"执行成本",在提高改革效率的同时降低了公共管理成本。

三、尊重产权界定的渐进性和适应性

产权清晰有助于资源的有效配置已成为国内产权制度改革的共识(Cui,1998)。农村集体产权制度改革的目标被设定为构建归属完整、权能清晰、保护严格、流转顺畅的中国特色社会主义农村集体产权制度。明晰的集体资产所有权关系,有助于实现集体产权市场化流转,推动城乡资源要素平等交换。但对于产权明晰目标的过分强调与追求,却可能忽视产权界定过程的渐进性与相对性,挑战社会承受能力而激发矛盾冲突。

以股权管理的制度设计为例,国家层面的政策文件提倡股权管理采用不随人口变动调整的静态管理模式,通过固化股权实现村民集体资产权利明晰、稳定村民对财产权利的预期,促进集体资产股权的流动。但部分村民认为固化的股权管理模式造成一些理应划入集体资产边界范围内的群体排斥在外,如新生儿、新媳妇等"自己人"无法享受集体资产的股份和权益,是对村社伦理的忽视和挑战。因而希望采用定期调整股民身份的动态股权管理模式,即随人口变动调整股权分配。政府政策导向与村民意愿的冲突激起了村社的矛盾和对立,延宕了改革进程,使改革实施效率受损、交易成本增加。

既往的研究已经表明,产权实践有明晰的发展演进性和地域多样性。尤其是村社伦理、价值等非正式制度与正式制度相比,具有历史延续性和转换的长期性,无法同步实现转换,需要根据地方的接受程度,给予村社时间来消化政策带来的社会冲击,循序渐进推进改革。同时,要理解制度的地区差异性和多样性,在法律政策允许范围内,尊重村民意愿与创新创造,根据当地的社会、文化、组织、资源等因素因地制宜形成相匹配的适应性制度安排,这是制度成败的关键。当然改革的最终目标是朝向产权清晰,但过程可以给予时间、允许各地自行探索,不搞一刀切,齐步走,待时机成熟,再朝着目标推进。

四、建立村民有效参与的程序规则

奥斯特罗姆(2012)认为,在资源所属社区内,参与者之间越互相信任、互惠,那么建立和维持一个相对成功的自主治理体制就越有可能。建立透明公正的程序与规则是增强信任与互惠合作的必须。城中村集体产权制度改革是不同利益主体围绕制度选择的博弈过程,差异化诉求的调和、多赢利益格局的达成,离不开公开公正透明的程序规则。坚持民主参与、规范操作程序,保障改革的利益相关者都能够享有参与改革和制定方案的权利,尤其保障普通村民参与改革的权利,是改革成功的基本条件。村民人数众多、利益诉求多元,掌握改革方案的投票权。制度安排能够满足村民的制度需求,获得村民的认同与支持,是改革顺利进行的前提。改革方案要进行充分的民主讨论并进行可行性论证,尊重客观历史,广泛征求意见,清产核资、界定股东社员资格、配置股权、制定股份合作社章程等重大问题,都要经过民主讨论,保障村民知情权、决策权和监督权,尊重村民的主观意愿和选择权利,树立村民的主体意识,发挥村民的主体作用。同时,由于村民缺乏相应的制度知识,需要做好对村民的宣传和培训工作,通过各种形式加强改革宣传引导,让村民了解改革的意义、内容、做法和相关配套政策,消除疑虑,增强村民的改革信心,引导村民积极参与到改革中来。对村社干部要加强改革具体操作的指导培训,增强村社干部的业务能力和工作水平。通过建立村民有效参与的改革程序规则,增强村民信任,重新连接社区关系,凝聚社区力量,形成一致性的群体目标,有效推进改革。

五、形成各方利益均衡的制度方案

集体产权制度方案是行为主体利益均衡的合约安排,改革的制度设计无法实现所有人的帕累托最优,但可以在不同群体的利益诉求中寻求公约数,找到利益平衡的次满意均衡点。在这一均衡点上,决策实施得到决策影响者的基本认可,或决策实施支付的社会发展成本处在可容忍水平。对利益主体而言,结果并不是最佳或最满意,但可接受,通过博弈与妥协最终形成的多方利益均衡的合约安排也是一种帕累托改进。

在集体资产产权制度改革过程中应当注意协调好村民等不同主体之间的利益关系。在改革过程的博弈中，每个群体都希望自己能够获得的利益最大化，但是资源是有限的，一个群体所获利益的增加就意味着另一个群体利益的减少。只有当各行为主体在改革的对话、协商和交易中形成均势时，制度变迁的成本降低、产权创新才能实现。改革的制度设计应当反映出公约数的群体需求或群体利益，在设计改革方案时，设计者应注意把握尺度，充分考虑各个群体的利益诉求，在产权重构、组织重构等制度安排上寻求各群体的次满意均衡点。制度方案的安排应当使得个体或群体对利益的追求与作为一个整体的目标达成一致而不是相反。在集体股的设置问题、产权边界的确定、股份的分配、股权的有限流转、集体经济组织的模式选择等具体制度的设计中，考察不同主体间经济行为背后的社会结构关系，在乡村文化、权力斗争等非经济性因素的影响下，经济制度的安排上做出某些"非经济"的调整，降低交易成本，提高改革方案推行的效率。

六、探索集体经济多元化发展路径

城中村集体产权制度改革的最终目标是实现集体经济的可持续发展，为村民增收和抵御外部风险提供保障，维护村社稳定和活力。集体经济发展的良好预期同时也能够增强村民的改革意愿，推动改革顺利进行。城中村集体经济以物业经济为主要形态，发展模式相对单一，应在此基础上活化资源要素，积极探索集体经济发展新业态、新模式、新途径、运行新机制，以增强集体经济内生发展能力为方向，利用区位、土地等资源优势，通过土地租赁或流转、创办集体企业、异地购置资产等方式，因地制宜谋划建设集体经济项目，积极发展资源型、物业型、服务型和创新型经济，带动集体收入提升。鼓励集体经济组织通过自行开发运营、联营、入股等方式建设运营集体资产，整合内外部资源要素，探索集体经济发展多元路径。

参考文献

[1]阿尔钦.产权：一个经典注释[C]//科思等著.财产权利与制度变迁——产权学派与新制度学派译文集.刘守英等译.上海：格致出版社·上海三联书店·上海人民出版社,2014:121-129.

[2]阿兰·斯密德.冲突与合作——制度与行为经济学[M].刘璨,吴水荣译.上海：格致出版社、上海三联书店、上海人民出版社,2018.

[3]阿罗.社会选择与个人价值[M].丁建峰译.上海：上海世纪出版集团,2010.

[4]阿马蒂亚·森.理性与自由[M].李风华译.北京：中国人民大学出版社,2012.

[5]埃莉诺·奥斯特罗姆.公共事物的治理之道——集体行动制度的演进[M].余逊达等译.上海：上海译文出版社,2012.

[6]奥尔森.集体行动的逻辑[M].陈郁等译.上海：格致出版社,2011.

[7]巴泽尔.产权的经济分析[M].费方域等译.上海：上海人民出版社、上海三联书店,1997.

[8]保罗·霍普.个人主义时代之共同体重建[M].沈毅译.杭州：浙江大学出版社,2010.

[9]北京大学社会学系.21世纪与中国社会学[M].北京：北京大学出版社,2004.

[10]彼得·戴蒙德,汉努·瓦蒂艾宁.行为经济学及其应用[M].贺京同等译.北京：中国人民大学出版社,2011.

[11]包路芳.单位化的村庄——一个乡村变迁研究的视角[J].学术探索,2010(2):51-56.

[12]柏兰芝.集体的重构：珠江三角洲地区农村产权制度的演变——以

"外嫁女"争议为例[J].开放时代,2013(3):109-129.

[13]布迪厄.实践与反思[M].李猛等译.北京:中央编译出版社,1998.

[14]波蒂特,奥斯特罗姆.共同合作:集体行为、公共资源与实践中的多元方法[M].路蒙佳译.北京:中国人民大学出版社,2013.

[15]曹海林.村落公共空间演变及其对村庄秩序重构的意义——兼论社会变迁中村庄秩序的生成逻辑[J].天津社会科学,2005(6):61-65.

[16]曹正汉.产权的社会建构逻辑——从博弈论的观点评中国社会学家的产权研究[J].社会学研究,2008(1):200-216.

[17]曹建良,史人鹏,冯海发.龙岗农村股份合作制发展模式研究[M].北京:人民日报出版社,2000.

[18]陈冲.农民参与合作影响因素的实证研究[J].农村经济,2007(6):122-124.

[19]陈丹,唐茂华.中国农村土地制度变迁 60 年回眸与前瞻[J].城市,2009(10):41-45.

[20]陈双.中西部大城市城中村空间形态的和谐嬗变[D].重庆大学博士学位论文,2010.

[21]陈天宝.中国农村集体产权制度创新研究[D].中国农业大学博士学位论文,2005.

[22]陈文胜,曹锦清.如何发展农村集体经济[EB/OL].2017-06-28.http://www.zgxcfx.com/jinritoutiao/201706/100413.html.

[23]程燕玲.农村集体经济股份合作制改革研究[D].上海交通大学,2012.

[24]陈志新,江胜蓝.城市化进程中农村集体产权制度改革[M].北京:化学工业出版社,2010.

[25]陈志武.农村土地私有化后结果不会比现在糟[N].财经时报,2005-10-08.

[26]党国英.可以不要集体经济、不可以不要集体产权[N].南方农村报,2012-03-22.

[27]代堂平.关注"城中村"问题[J].社会,2002,(5):44-46.

[28]戴维·瓦尔德纳.国家构建与后发展吉林出版集团有限责任[M].刘娟凤、包刚升译.长春:吉林出版集团有限责任公司,2011.

[29]道格拉斯·C.诺思,罗伯斯·托马斯.西方世界的兴起[M].厉以平等译.北京:华夏出版社,1999.

[30]道格拉斯·C.诺思.新制度经济学及其发展[J].经济社会体制比较.2002,(5):9.

[31]道格拉斯·C.诺思.制度、制度变迁与经济绩效[M].杭行译.上海:上海三联书店,2008.

[32]道格拉斯·C.诺思.理解经济变迁过程[M].钟正生、邢华等译.北京:中国人民大学出版社,2013.

[33]道格拉斯·C.诺思.经济史的结构与变迁[M].刘瑞华译.台北:联经出版事业股份有限公司,2016.

[34]德姆塞茨.关于产权的理论[C]//科思等著.财产权利与制度变迁——产权学派与新制度学派译文集.刘守英等译.上海:格致出版社·上海三联书店·上海人民出版社,2014:70-82.

[35]迪尔凯姆.社会学方法的准则[M].狄玉明译.北京:商务印书馆,1995.

[36]狄金华,钟涨宝.从主体到规则的转向——中国传统农村的基层治理研究[J].社会学研究,2014(5):73-97.

[37]丁宏,王巍.我国社区治理中的多元主体博弈分析[J].长沙大学学报,2006(1):24-25.

[38]杜赞奇.文化、权力与国家[M].江苏:江苏人民出版社,2003.

[39]凡勃伦.有闲阶级论——关于制度的经济研究[M].蔡受百译.北京:商务印书馆,1983.

[40]樊平."草根"民主走向制度化——看农村村民自治选举[J].中国改革,1999(1):8-9.

[41]方爱明,魏晓洁,王德海.城市化进程中农村集体经济产权制度变迁对策——以北京市朝阳区为例[J].农村经济,2012(5):127-129.

[42]方福前.当代西方公共选择理论及其三个学派[J].教学与研究,1997(10):31-36.

[43]方志权.农村集体经济若干重大问题研究[J].科学发展,2015(09):60-71.

[44]菲利普·鲍尔.预知社会——群体行为的内在法则[M].暴永宁译.北

京:当代中国出版社,2013.

[45]菲利普·柯尔库夫.新社会学[M].钱翰译.北京:社会科学文献出版社,2001.

[46]费孝通.乡土中国生育制度[M].北京:北京大学出版社,1998.

[47]风笑天.社会学研究方法[M].北京:中国人民大学出版社,2001.

[48]冯开文.合作制度变迁与创新研究[M].北京:中国农业出版社,2003.

[49]冯晓英、魏书华、陈孟平.由城乡分治走向统筹共治——中国城乡接合部管理制度创新研究:以北京为例[M].北京:中国农业出版社,2007.

[50]弗里德利希·冯·哈耶克.自由秩序原理[M].邓正来译.上海:上海三联书店,1997.

[51]傅晨,狄瑞珍.贫苦农户行为研究[J].中国农村观察,2000(2):39-42.

[52]傅晨.农村社区型股份合作制研究:一个制度分析方法的阐释和运用[M].北京:中国经济出版社,2003.

[53]傅晨.中国农村合作经济:组织形式与制度变迁[M].北京:中国经济出版社,2006.

[54]傅晨,刘梦琴."城中村"及其改造:一个"三农"的研究视角[J].农业经济问题,2008(8):75-79.

[55]顾海英,朱国玮.中国农户合作行为的博弈分析和现实阐释[J].中国软科学,2005,(12):60-66.

[56]郭海霞.社会变迁中的农民合作与村庄发展[M].北京:中国社会出版社,2010.

[57]郭绯.珠三角城中村问题的公共政策分析[J].特区经济,2006(2):58-60.

[58]郭红东,蒋文华.影响农户参与专业合作经济组织行为的因素分析——基于对浙江省农户的实证研究[J].中国农村经济,2004(5):10-16.

[59]郭强.农村集体产权制度的创新过程解析与发展路径研究[D].中国农业大学博士学位论文,2014.

[60]郭星华,汪永涛.农民行动逻辑的演变[J].黑龙江社会科学,2012(4):75-81.

[61]郭于华."道义经济"还是"理性小农"——重读农民学经典论题[J].读书,2002(5):104-110.

[62]郭于华.农村现代化过程中的传统亲缘关系[J].社会学研究,1994(6):49-58.

[63]哈耶克.自发秩序原理[M].北京:生活·读书·新知三联书店,1997.

[64]韩俊.土地农民集体所有应界定为按份共有制[J].政策瞭望,2003(12):32-33.

[65]韩俊,叶兴庆,何宇鹏,张云华,伍振军.集体所有制的前世今生[M]//国务院发展研究中心农村经济研究部.集体所有制下的产权重构.北京:中国发展出版社,2015:67-84.

[66]韩松.我国农民集体所有权的享有形式[J].法律科学,1993(3):50-58.

[67]韩松.农村改革与集体所有权的完善[J].江海学刊.2009(01):177-184+260.

[68]韩松.农民集体所有权主体的明确性探析[J].政法论坛:中国政法大学学报.2011,(01):104-116.

[69]赫尔南多·德·索托.资本的秘密[M].王晓冬译.南京:江苏人民出版社,2005.

[70]赫伯特·西蒙.西蒙选集[M].黄涛译.北京:首都经济贸易大学出版社,2002.

[71]何慧丽,邱建生,高俊等.政府理性与村社理性:中国的两大"比较优势"[J].国家行政学院学报,2014(6):39-44.

[72]贺雪峰.熟人社会的行动逻辑[J].华中师范大学学报(人文社会科学版),2004(1):5-7.

[73]贺雪峰.退出权,合作社与集体行动的逻辑[J].甘肃社会科学,2006(1):213-217.

[74]贺雪峰.差序格局与乡村治理的区域差异[J].江海学刊,2007(4):114-118.

[75]贺雪峰.公私观念与中国农民的双层认同——试论中国传统社会农民的行动逻辑[J].天津社会科学,2006(1):56-60.

[76]贺雪峰.村庄精英与社区记忆:理解村庄性质的二维框架[J].社会科学辑刊,2000(4):34-40.

[77]贺雪峰,仝志辉.论村庄社会关联——兼论村庄秩序的社会基础[J].

中国社会科学,2002(3):124-134.

[78]贺雪峰.论农村土地集体所有制的优势[J].南京农业大学学报(社会科学版),2017,017(003):1-8.

[79]胡敏华.农民理性及其合作行为问题的研究述评——兼论农民"善分不善合"[J].财贸研究,2007(6):46-52.

[80]胡莹."城中村"的文化冲融——以广州市石牌村为例.城市问题,2002(3):42-44.

[81]华生.新土改:土地制度改革焦点难点辨析[M].北京:东方出版社,2004.

[82]黄家亮.乡土场域的信任逻辑与合作困境:定县翟城村个案研究[J].中国农业大学学报(社会科学版),2012(3):81-92.

[83]黄静晗,郑传芳,潘扬彬.城中村集体产权制度改革的利益冲突与平衡——基于厦门市马垅社区个案的研究[J].中共福建省委党校学报,2013(12):99-105.

[84]黄静晗.城中村集体经济组织转型中双重职能的矛盾与出路[J].福建论坛(人文社会科学版),2013(12):125-129.

[85]黄珺,顾海英,朱国玮.中国农民合作行为的博弈分析和现实阐释[J].中国软科学,2005(12):60-66.

[86]黄宗智.华北的小农经济与社会变迁[M].北京:中华书局,1986.

[87]黄祖辉,胡豹.经济学的新分支:行为经济学研究综述[J].浙江社会科学,2003(3):72-79.

[88]黄祖辉,徐旭初,冯冠胜.农民专业合作组织发展的影响因素分析——对浙江省农民专业合作组织发展现状的探讨[J].中国农村经济,2002(3):13-20.

[89]黄祖辉.农民合作:必然性,变革态势与启示[J].中国农村经济,2000(8):4-8.

[90]吉登斯.社会的构成[M].李康等译.北京:生活·读书·新知三联书店,1998.

[91]贾生华,郑文娟,田传浩.城中村改造中利益相关者治理的理论与对策[J].城市规划,2011(5):62-68.

[92]姜明伦,于敏,郭红东.农民合作的经济学分析[J].经济问题探索,

2005(3):21-25.

[93]姜裕富.农民合作能力与新农村建设——以浙江省常山县 ZF 村为个案[J].调研世界,2007(1):41-43.

[94]金太军,董磊明.近年来的中国农村政治研究[J].政治学研究,1999(4):33-46.

[95]金太军.村级治理中的精英分析[J].齐鲁学刊,2002(5):119-125.

[96]康芒斯.制度经济学[M].于树生译.北京:商务印书馆,1997.

[97]柯水发.农户参与退耕还林行为理论与实证研究[D].北京林业大学博士学位论文,2007.

[98]柯武刚,史漫飞.制度经济学[M].韩朝华译.北京:商务印书馆,2000.

[99]孔有利.农村城镇化进程中农村集体经济组织产权制度变迁—对无锡市农村集体经济组织产权制度变迁的剖析[D].南京农业大学博士学位论文.2004.

[100]孔祥智,陈丹梅.政府支持与农民专业合作社的发展[J].教学与研究,2007(1):17-20.

[101]孔有利,王荣.农村集体经济组织产权结构分析[J].财经问题研究,2004(4):51-56.

[102]兰斯·E.戴维斯,道格拉斯·C.诺思.制度变迁的理论:概念与原因[C]//科思等著.财产权利与制度变迁——产权学派与新制度学派译文集.刘守英等译.上海:格致出版社·上海三联书店·上海人民出版社,2014a:185-205.

[103]兰斯·E.戴维斯,道格拉斯·C.诺思.制度创新的理论:描述、类推与说明[C]//科思等著.财产权利与制度变迁——产权学派与新制度学派译文集.刘守英等译.上海:格致出版社·上海三联书店·上海人民出版社,2014b:206-228.

[104]蓝宇蕴.城中村生成与属性,改制与改造逻辑[J].人民论坛,2011(24):23-26.

[105]蓝宇蕴.论城中村改造的社会基础——以广州市城中村为例的研究[J].华中师范大学学报,2007(3):55-60.

[106]蓝宇蕴.都市里的村庄——一个"新村社共同体"的实地研究[M].北京:三联书店,2005.

[107]蓝宇蕴,郭正林.论城中村的社区保障及城市化意义——以广州一城中村为例的研究[J].社会科学战线,2006(2):188-193.

[108]蓝宇蕴.城中村空间结构的社会因素分析[J].学术研究,2008(3):90-95.

[109]蓝宇蕴.对改制公司"办"社区的思考——广州城中村撤村改制个案研究[J].社会,2005(2):78-92.

[110]雷全林.村民变股民,集体资产如何改革[J].经济导刊,2003(12):82-84.

[111]李长健,李昭畅,黄岳文.和谐语境下农村社区建设问题探讨——利益机制的分析进路[J].江西财经大学学报,2007(6):62-67.

[112]李军杰,钟君.中国地方政府经济行为分析——基于公共选择视角[J].中国工业经济,2004(4):27-34.

[113]李怀."城中村"研究的三种视角[J].广东社会科学,2006(3):174-178.

[114]李怀."组织化动员"失效的制度逻辑[J].中山大学学报(社会科学版),2010(3):130-140.

[115]李佳.农民合作:必然性,困境及化解逻辑——一个基于集体行动逻辑的分析框架[J].前沿,2008(8):60-62.

[116]李培林.巨变:村落的终结——都市里的村庄研究[J].社会学月刊,2002(4):168-179.

[117]李培林.村落的终结——羊城村的故事[M].北京:商务印书馆,2004.

[118]李晴,常青."城中村"改造实验:以珠海吉大村为例[J].城市规划,2002(11):23-27.

[119]李江涛,吴重庆.村委会选举与乡村社会的自组织资源[M]//华中师范大学中国农村问题研究中心.中国农村研究 2001 年卷.北京:中国社会科学出版社,2002.

[120]李绍龙.基本农地制度与农民行为选择分析[J].广东农业科学,2010(6):338-340.

[121]李胜兰,冯晟.再论我国农地使用权制度改革[J].学术研究,2004(12):31-36.

[122]李婷,刘建平.农业结构调整中农民有效参与分析——基于集体行为的视角[J].农村经济,2011(11):122-125.

[123]李维华.我国利益结构分化及政府在利益平衡中的作用[J].党政干部论坛,2006(8):24-25.

[124]李行,温铁军.中国60年农村土地制度变迁[J].科学对社会的影响.2009(3):38-41.

[125]李周.坚持农地集体所有的思考[J].财经问题研究,2016(4):110-117.

[126]梁漱溟.中国文化要义[M].上海:上海世纪出版集团,2005.

[127]林火水.城中村集体资产产权制度改革村民意愿研究——以福州市A区为例[D].福建农林大学硕士学位论文,2014.

[128]林南.社会资本——关于社会结构与行动的理论[M].张磊译.上海:上海人民出版社,2005.

[129]林耀华.义序的宗族研究[M].上海:生活·读书·新知三联书店,2000.

[130]林毅夫.小农与经济理性[J].农村经济与社会,1988(3):31-33.

[131]林毅夫.制度、技术与中国农业发展[M].上海:上海三联书店,1994.

[132]林毅夫.关于制度变迁的经济学理论:诱致性变迁与强制性变迁[C]//科思等著.财产权利与制度变迁——产权学派与新制度学派译文集.刘守英等译.上海:格致出版社·上海三联书店·上海人民出版社,2014:260-287.

[133]梁木生.论城中村改造的产权障碍[J].岭南学术,2004(4):60-62.

[134]刘国臻、刘东汶.论农村土地私有化的巨大政治风险[J].政治学研究,2006(3):61-70.

[135]刘杰,向德平.城市化推进下的"村落单位化":渊源,条件及社会风险[J].山东社会科学,2014(6):52-56.

[136]刘金海.集体产权变迁中的国家、集体与农民[D].华中师范大学博士学位论文,2003.

[137]刘胜天.农村股份合作制经济发展的社会经济根源及现实可行性研究[J].农村经济,2006(3):67-69.

[138]刘世定.科斯悖论和当事者对产权的认知[J].社会学研究,1998(2):

14-23.

[139]刘守英.农村集体所有制与三权分离改革[J].中国农村发现,2014
(3):8-14.

[140]刘炜.农村集体经济产权的股份制改革及其优化[J].华南农业大学
学报,2006(3):25-31.

[141]卢现祥,易杏花.论制度分析中的"实际的人"及其演变[J].改革与战
略,2010,26(5):47-55.

[142]陆学艺.城郊农村实现城市化的好模式——宁波江东区调查[J].今
日中国论坛,2007(11):34-40.

[143]路德维希·冯·米塞斯.人的行为[M].夏道平译.上海:上海社会科
学院出版社,2005.

[144]罗纳德·H·科斯.社会成本问题[C]//科思等著.财产权利与制度
变迁——产权学派与新制度学派译文集.刘守英等译.上海:格致出版社·上
海三联书店·上海人民出版社,2014:3-42.

[145]罗必良,潘光辉.社区型股份合作制:改革面临创新——基于"龙岗
模式"的理论与实证研究[J].华南农业大学学报,2004(4):1-10.

[146]罗兴佐.农民合作的类型与基础[J].华中师范大学学报(人文社会科
学版),2004(1):11-12.

[147]马航.深圳城中村改造的城市社会学视野分析[J].城市规划,2007
(1):26-32.

[148]马晓静.基于制度理论与制度经济学的制度企业家精神研究述评
[J].商业时代,2013(27):104-107.

[149]马学广.城中村空间的社会生产与治理机制研究[J].城市发展研究,
2010(2):126-133.

[150]马歇尔.经济学原理(上卷)[M].朱志泰译.北京:商务印书馆,2005.

[151]马彦丽,林坚.集体行动的逻辑与农民专业合作社的发展[J].经济学
家,2006(2):40-45.

[152]毛丹.村落变迁中的单位化——尝试村落研究的一种范式[J].浙江
社会科学,2000(4):134-139.

[153]毛丹,王燕锋.J市农民为什么不愿做市民——城郊农民的安全经济
学[J].社会学研究,2006(6):45-73.

[154]莫里斯·弗里德曼.中国东南的宗族组织[M].刘晓春译.上海:上海人民出版社,2000.

[155]缪勒.公共选择理论[M].韩旭等译.北京:中国社会科学出版社,2010.

[156]宁国良,刘辉.成本—效益分析:公共政策执行力研究的新视角[J].中国行政管理,2010(06):61-64.

[157]农业部集体经济产权制度改革研究课题组.农村集体经济产权制度改革研究[J].农林经营管理,2005(4):40-48.

[158]农业部课题组.推进农村集体经济组织产权制度改革[J].中国发展观察,2006,(12):29-36.

[159]农业部农村经济体制与经营管理司调研组.浙江省农村集体产权制度改革调研报告[J].农业经济问题,2013,34(10):4-9.

[160]农业部课题组.对农村集体产权制度改革若干问题的思考[J].农业经济问题,2014(4):8-14.

[161]农业部课题组.农村集体产权制度改革的实践与探索[J].农村工作通讯,2014(3):52-55.

[162]帕累托.普通社会学纲要[M].田时纲译.北京:东方出版社,2007.

[163]帕森斯.社会行动的结构[M].张明德等译.南京:译林出版社,2012.

[164]潘扬彬."城中村"集体资产产权制度改革问题研究——以厦门马垅村为例[D].福建农林大学硕士学位论文,2007.

[165]庞玉珍,王俊霞."村改居"社区与城市社区的差异及原因分析——基于对青岛市社区的实地调查[J].理论界,2011(8):160-162.

[166]皮建才.顶层设计的经济学逻辑[J].经济学家茶座.2014(2):37-40.

[167]平乔维奇.马克思、产权学派和社会演变过程[C]//J.C.伍德编.卡尔.马克思经济学(第4卷).伦敦:克鲁姆·赫尔姆出版公司,1988:240.转引自吴易风.马克思的产权理论与国有企业产权改革[J].中国社会科学,1995(1):4-24.

[168]普特南.使民主运转起来[M].王列等译.南昌:江西人民出版社,2001.

[169]恰亚诺夫.农民经济组织[M].萧正洪译.北京:中央编译出版社,1996.

[170]钱鼎炜,郑庆昌."城中村"集体经济改革路在何方[J].开放潮,2003
(8):23-25.

[171]乔治·瑞泽尔.当代社会学理论及其古典根源[M].杨淑椒译.北京:
北京大学出版社,2005.

[172]青木昌彦.比较制度分析[M].周黎安译.上海:上海远东出版社,
2001.

[173]秦中春.农村土地集体所有制的阶段性特征考量[J].改革,2015
(10):130-142.

[174]邱梦华.中国农民公私观念的变迁——基于农民合作的视角[J].内
蒙古社会科学(汉文版),2008(6):137-141.

[175]邱梦华.社会变迁中的农民合作与村庄秩序—以浙东南两个村为例
[D].上海大学博士学位论文,2007.

[176]翟岩.制度变迁中的行动模式转换[D].长春:吉林大学博士学位论
文,2006.

[177]权小娟,王宏波."城中村":断裂社会的连接带——基于西安市"郝
家村"的个案研究[J].中国社会科学院研究生院学报,2007(1):128-132.

[178]任丹丽.关于集体成员资格和集体财产权的思考[J].南京农业大学
学报(社会科学版),2008(1):64-68.

[179]孙宪忠.推进我国农村土地权利制度改革若干问题的思考[J].比较
法研究,2018(1):171-179.

[180]佘明龙,翁胜斌,李勇.农村土地制度创新的成本收益分析——以浙
江省嘉兴市"两分两换"为例[J].农业经济问题,2013(3):33-39.

[181]申静,王汉生.集体产权在中国乡村生活中的实践逻辑—社会学视
角下的产权建构过程[J].社会学研究,2005(1):113-148.

[182]邵任薇.镶嵌式自主:城中村改造中的地方政府[J].浙江学刊,2011,
(2):150-154.

[183]施坚雅.中国农村的市场和社会结构[M].北京:中国社会科学出版
社,1998.

[184]史永亮.透视"城市灰色区"[J].现代城市研究,2001(3):11-14.

[185]舒尔茨.改造传统农业[M].梁小民译,北京:商务印书馆,1987.

[186]舒尔茨.制度与人的经济价值的不断提高[C]//科思等著.财产权利

与制度变迁——产权学派与新制度学派译文集.刘守英等译.上海:格致出版社·上海三联书店·上海人民出版社,2014:175-184.

[187]苏杨珍,翟桂萍.村民自发合作:农村公共物品提供的第三条途径[J].农村经济,2007(6):9-12.

[188]孙立平.断裂——2O 世纪 9O 年代以来的中国社会[M].北京:社会科学文献出版社,2003.

[189]孙立平."过程-事件分析"与对当代中国农村社会生活的洞察[C]//王汉生,杨善华主编.农村基层政权运行与村民自治.北京:中国社会科学出版社,2001.

[190]孙庆忠.都市化与农民的终结:广州南景村经济变迁研究[J].中国农业大学学报,2003,(2):15-22.

[191]孙亚范.农民专业合作社利益机制、成员合作行为与组织绩效研究[D].南京农业大学博士学位论文.2011,6.

[192]Sonia Schoon,高军.城中村中的缝隙权威[J].住区,2011(5):63-70.

[193]谭芝灵,王丛霞.回顾与反思:中国农村股份合作制经济发展历程[J].求实,2009(4):78-81.

[194]田莉."都市里的村庄"现象评析——兼论乡村—城市转型期的矛盾和协调发展[J].城市规划汇刊,1998(5):54-56.

[195]田孟.我国土地制度的优势——与郑永年先生商榷[EB/OL].http://www.guancha.cn/tian-meng/2013_03_28_134792_s.shtml,2013-03-28.

[196]田毅鹏,齐苗苗.城郊"村落单位化"的社会管理功能及其限度[J].社会科学,2014(1):83-90.

[197]童列春.论中国农地集体所有权[J].农业经济问题,2014(10):17-25.

[198]仝德,冯长春,邓金杰.城中村空间形态的演化特征及原因——以深圳特区为例[J].地理研究,2011(3):437-446.

[199]仝志辉,贺雪峰.村庄权力结构的三层分析——兼论选举后村级权力的合法性[J].中国社会科学,2002(1):158-167.

[200]W·理查德·斯科特.制度与组织——思想观念与物质利益[M].北京:中国人民大学出版社,2010.

[201]汪丁丁.行为经济学讲义:演化论的视角[M].上海:世纪出版集团、

上海人民出版社,2011.

[202]王宾,刘祥琪.农村集体产权制度股份化改革的政策效果:北京证据[J].改革,2014(6):138-147.

[203]王道勇.国家与农民关系的现代性变迁[M].北京:中国人民大学出版社,2008.

[204]王春光.城市化中的“撤并村庄”与行政社会的实践逻辑[J].社会学研究,2013(3):15-28.

[205]王汉生.改革以来中国农村的工业化与农村精英构成的变化[J].中国社会科学季刊,1994(8):18-26.

[206]王立人,金政等.股份重建与农村集体经济改革[J].现代经济探讨,2004(5):18-20.

[207]王景新.中国农村土地制度变迁 30 年:回眸与瞻望[J].现代经济探讨,2008(6):5-11.

[208]王景新.再论乡村新型合作经济组织的趋势,问题及政策[J].现代经济探讨,2007(9):5-9.

[209]王景新,赵旦.长江三角洲村域集体经济转型发展研究[J].现代经济探讨,2009(11):30-34.

[210]王利明,周友军.论我国农村土地权利制度的完善[J].中国法学,2012(1):45-54.

[211]王萍.渔村社区合作经济组织的变迁研究—以山东荣成市为例[D].中国海洋大学博士学位论文,2011.

[212]王群.奥斯特罗姆制度分析与发展框架评介[J].经济学动态,2010(4):137-142.

[213]王松梅.农村股份合作制改革与完善研究[D].杭州:浙江大学硕士学位论文,2004.

[214]王思斌.村干部的边际地位与行为分析[J].社会学研究,1991(4):46-51.

[215]王婷,余丹丹,WangTing 等.边缘社区更新的协作式规划路径——中国“城中村”改造与法国“ZUS”复兴比较研究[J].规划师,2012,28(2):81-85.

[216]王新.城中村改造中的利益群体冲突—以温州城中村改造为例[D].

吉林大学博士学位论文,2011.

[217]王颖.新集体主义:乡村社会的再组织[M].北京:经济管理出版社,1996.

[218]王振.浙江省农村社区股份合作制改革调查与分析[J].农村经营管理,2004(4):43-44.

[219]王志弘.多重的辩证:列斐伏尔空间生产概念三元组演绎与引申[J].地理学报,2009,55(4):1-24.

[220]汪和建.自我行动的逻辑:理解"新传统主义"与中国单位组织的真实的社会建构[J].社会,2006(3):24-45.

[221]韦伯.新教伦理与资本主义精神[M].康乐、简惠美译.桂林:广西师范大学出版社,2010.

[222]魏立华,闫小培.中国经济发达地区城市非正式移民聚居区—"城中村"的形成与演进[J].管理世界,2005(8):48-57.

[223]温铁军,王平,石嫣.农村改革中的财产制度变迁——30年3个村庄的案例介绍[J].中国农村经济,2008,(10):4-12.

[224]温铁军."三农"问题与制度变迁[M].北京:中国经济出版社,2009.

[225]温铁军,董筱丹.村社理性:破解"三农"与"三治"困境的一个新视角[J].中共中央党校学报,2010(4):22-25.

[226]温铁军.为何我国不能实行农村土地私有化[J].甘肃农业,2013(3):10-12.

[227]温铁军,刘亚慧,唐溧等.农村集体产权制度改革股权固化需谨慎——基于S市16年的案例分析[J].国家行政学院学报,2018(5):64-68.

[228]文贯中.吾民无地[M].北京:东方出版社,2014.

[229]沃尔特·W.鲍威尔,保罗迪·J.马吉奥.组织分析的新制度主义[M].姚伟译,上海:上海人民出版社,2008.

[230]吴理财.中国农民行为逻辑的变迁及其论争[J].中国农业大学学报(社会科学版),2013(3):22-30.

[231]吴时辉.制度变迁中的感性选择——抚顺市国企改革中下岗职工再就业行为研究[D].吉林大学博士学位论文,2006.

[232]肖卫.有限理性、契约与集体行动:中国农民合作的产生与效率研究[D].湖南农业大学博士学位论文,2011.

[233]肖瑛.从"国家与社会"到"制度与生活":中国社会变迁研究的视角转换[J].中国社会科学,2014(9):88-104.

[234]谢立中.结构—制度分析,还是过程—事件分析?——从多元话语分析的视角看[J].中国农业大学学报(社会科学版),2007,24(4):12-31.

[235]谢志岿.村落如何终结——中国农村城市化的制度研究[J].城市发展研究,2005(5):22-29.

[236]谢志岿.村落向城市社区的转型——制度、政策与中国城市化进程中的城中村问题研究[M].北京:中国社会科学出版社,2005.

[237]许惠渊.保护农民权益的关键在于深化农村集体产权改革——兼谈农村产权改革的具体形式[J].开发研究,2005(1):1-4.

[238]徐晓黎.论制度变迁的成本约束[J].经济问题,2003(5):1-3.

[239]徐旭初.对农村社区股份合作制改革的几点思考[J].农村经济管理,2007(10):18-22.

[240]徐勇,邓大才.社会化小农:解释当今农户的一种视角[J].学术月刊,2006(7):5-13.

[241]徐勇.如何认识当今的农民、农民合作与农民组织[J].华中师范大学学报(人文社会科学版),2007(1):1-3.

[242]徐勇.村干部的双重角色:代理人与当家人[J].二十一世纪,1997(8).

[243]徐志刚,张森,邓衡山,黄季焜.社会信任:组织产生,存续和发展的必要条件?[J].中国软科学,2011(1):47-58.

[244]轩明飞.股权改制与"精英"牟利——一项城中村社区组织改革的经验研究[J].中国农村观察,2006(1):39-45.

[245]轩明飞.村(居)改制:城市化背景下的制度变迁[M].北京:社会科学文献出版社,2008.

[246]项继权.农村社区建设:社会融合与治理转型[J].社会主义研究,2008(2):61-65.

[247]姚伟.关系网络、制度结构与经济绩效——一项关于企业集群的经济社会学分析[D].中国人民大学博士学位论文,2006.

[248]鄢军.农民行为研究的理论与思路:从组织到个体[J].经济问题,2011(2):81-85.

[249]闫小培，魏立华，周锐波.快速城市化地区城乡关系协调研究——以广州市“城中村”改造为例[J].规划研究，2004，28(3)：30-38.

[250]闫文秀.社会学视角下乡村集体产权的建构与重组[D].山东大学硕士学位论文，2005.

[251]阎占定.新型农民合作经济组织参与乡村治理研究[D].华中农业大学博士学位论文，2011.

[252]杨坚白.合作经济学概论[M].北京：中国社会科学出版社，1990.

[253]杨爽，周晓唯.基于制度经济学的视角分析“城中村”城市化问题[J].经济师，2006(10)：84-85.

[254]杨择郡.农村土地股份制合作参与主体行为研究[D].华中科技大学博士学位论文，2013.

[255]杨飞，马世界.我国农村股份合作制改革研究概述[J].广东农业科学，2007(10)：92-94.

[256]杨红炳.基于新农村建设的农民合作研究：国内一个文献综述[J].生产力研究，2012(2)：242-245.

[257]杨善华，侯红蕊.血缘、姻缘、亲情与利益——现阶段中国农村社会中“差序格局”的“理性化”趋势[J].宁夏社会科学，1999(6)：51-58.

[258]叶兴庆.集体所有制下的产权重构——在坚持农村集体所有制与赋予农民更多财产权利之间寻找平衡点[M]// 国务院发展研究中心农村经济研究部.集体所有制下的产权重构.北京：中国发展出版社，2015：3-66.

[259]叶裕民，牛楠.转型时期城中村改造：基于农民工住宅选择的实证研究[J].经济与管理研究，2012(4)：18-25.

[260]于磬.“都市里的村庄”如何都市化——广州“城中村”改造实录[J].中国土地，2005(9)：37-38.

[261]于水.试析农村公共产品供给与各利益主体间的博弈[J].中共南京市委党校南京市行政学院学报，2007(4)：65-70.

[262]于飞.集体所有、共同共有、总有、合有的关系[C]//国务院发展研究中心农村集体产权制度改革研讨会会议论文，2014.

[263]余葵.农村集体产权制度改革任重道远[J].农村经营管理，2012(09)：1.

[264]运迎霞，常玮.博弈·和谐·共赢——城中村改造经验借鉴及其策

略研究[J].城市规划设计,2006(3):64-69.

[265]苑鹏.中国农村市场化进程中的农民合作组织研究[J].中国社会科学,2001(6):63-73.

[266]袁明宝.小农理性及其变迁[D].中国农业大学博士学位论文,2014.

[267]袁庆明.新制度经济学[M].北京:中国发展出版社,2005.

[268]詹姆斯·D.格瓦特尼、理查德·L.斯特鲁普、卢瑟尔·S.索贝尔.经济学:私人与公共选择(第9版)[M].王茂斌等译.中信出版社,2004.

[269]詹姆斯·C.斯科特.农民的道义经济学:东南亚的反叛与生存[M].程立显、刘建译,南京:译林出版社,2001.

[270]詹姆斯·M.布坎南,戈登·塔洛克.同意的计算——立宪民主的逻辑基础[M].陈光金译.上海人民出版社,2014.

[271]张京祥,胡毅,孙东琪.空间生产视角下的城中村物质空间与社会变迁——南京市江东村的实证研究[J].人文地理,2014(2):1-6.

[272]张国胜,陈瑛.我国户籍制度改革的演化逻辑与战略取向——以农民工为例的新政治经济学分析[J].经济学家,2014(5):78-86.

[273]张劲松,万金玲.城中村改造中的多元主体互动[J].安徽农业科学,2007(4):1174-1176＋1188.

[274]张开泽.农村外嫁女权益保障的三大思路[J].中华女子学院山东分院学报,2008(1):24-27.

[275]张鸣.漫议乡间合作发生的文化条件[J].华中师范大学学报(人文社会科学版),2004(5):35-37.

[276]张润君,刘红旭.村庄精英在社区公共事务中的角色扮演——以甘肃定西市Z村婚嫁丧葬仪式为例[J].华南农业大学学报(社会科学版),2008(1):108-112.

[277]张素罗,张广荣,高迎霞.农民合作意愿影响因素的实证分析[J].经济问题,2012(7):78-82.

[278]张维迎.博弈论与信息经济学[M].上海:格致出版社、上海三联书店、上海人民出版社,2007.

[279]张维迎.制度企业家与儒家社会规范[J].北京大学学报(哲学社会科学版),2013(1):16-35.

[280]张维迎,吴有昌,马捷.公有制经济中的委托人—代理人关系:理论

分析和政策含义[J].经济研究,1995(4):10-20.

[281]张显未.制度变迁中的政府行为理论研究综述[J].深圳大学学报(人文社会科学版),2010(3):76-81.

[282]张小军.复合产权:一个实质论和资本体系的视角——山西介休洪山泉的历史水权个案研究[J].社会学研究,2007(4):23-50.

[283]张英洪.重构集体产权是新一轮农村改革的重中之重[N].农民日报,2015-10-17.

[284]张应良,杨芳.农村集体产权制度改革的实践例证与理论逻辑[J].改革,2017(3):119-129.

[285]张志强,高丹桂.农村集体经济组织及其成员权和农村社区组织及其成员权混同的法经济学分析[J].农业经济问题,2008(10):46-50.

[286]张占录,王义发.基于完全信息动态博弈的中国征地问题分析[J].中国土地科学,2011(6):49-53.

[287]赵过渡,郑慧华,吴立鸿,龚惠琴."城中村"社区治理体制研究——以广州市白云区柯子岭村为个案[J].国家行政学院院报,2003(3):93-97.

[288]赵立秋.农村集体产权的制度创新研究[J].理论界,2006(5):153-154.

[289]赵全军.股权改制的适应性效率与结构性困境探析——宁波市江东区社区股份合作制改革的经验研究[J].农村经济,2008(4):106-110.

[290]赵晓峰.公私观念与传统中国农民的行为逻辑[J].华中科技大学学报(社会科学版),2012(3):106-112.

[291]赵阳.深入推进农村集体产权制度改革的若干问题[N].农村大众报,2020-03-27.

[292]折晓叶.村庄的再造:一个超级村庄的社会变迁[M].北京:中国社会科学出版社,1997.

[293]折晓叶,陈婴婴.产权制度选择中的"结构—主体"关系[J].社会学研究,2000(5):64-81.

[294]折晓叶,陈婴婴.产权怎样界定——一份集体产权私化的社会文本[J].社会学研究,2005(4):1-43.

[295]郑风田,赵淑芳.论城市化与农村集体资产改制[J].财经问题研究,2006(1):86-90.

[296]郑孟煊.城市化中的石牌村[M].北京:社会科学文献出版社,2006.

[297]郑庆昌.聚焦"城中村"——"城中村"转型发展系列研究之一[J].福建论坛(经济社会版),2002(2):25-28.

[298]郑水明.浙江农村社区股份合作制改革的发展特点和趋势[J].农村经营管理.2008(11):42-44.

[299]中国社会科学院农村发展研究所"农村集体产权制度改革研究"课题组.关于农村集体产权制度改革的几个理论与政策问题[J].中国农村经济,2015(2):4-12,37.

[300]周大鸣、高崇.城乡接合部社区研究:广州南景村50年变迁.社会学研究,2001(4):99-108.

[301]周其仁.产权与制度变迁——中国改革的经验研究[M].北京:社科文献出版社,2002.

[302]周其仁.改革的逻辑[M].北京:中信出版社,2013年.

[303]周锐波,闫小培.集体经济:村落终结前的再组织纽带——以深圳"城中村"为例[J].经济地理,2009(4):628-634.

[304]周铁如.社区合作经济组织制度创新的探索——金星村组建股份合作社的调查[J].上海农村经济,2002(1):27-29.

[305]周雪光."关系产权":产权制度的一个社会学解释[J].社会学研究,2005(2):1-31.

[306]周雪光,艾云.多重逻辑下的制度变迁:一个分析框架[J].中国社会科学,2010(4):132-150.

[307]周晓唯,杨爽,李莉.二元结构制度变迁与"城中村"改造[J].西安电子科技大学学报,2006(1):56-61.

[308]周业安.中国制度变迁的演进论解释[J].经济研究,2000(5):3-11.

[309]周新宏.城中村问题:形成、存续与改造的经济学分析[D].复旦大学博士学位论文,2007.

[310]邹东涛,席涛.制度变迁中个人,企业和政府行为主体的经济分析[J].北京大学学报(哲学社会科学版),2002(2):5-14.

[311]志新.城市化中的农村集体产权制度改革——以江苏无锡为个案[J].求索,2006(5):76-78.

[312]钟书华.政府决策应寻求群体利益公约数[N].社会科学报,2005-

08-11.

[313]朱逸,纪晓岚."礼法共同体"的行动逻辑——基于农村新集体化视阈下的村庄图景[J].天府新论,2013(5):105-111.

[314]ABRAHAMSEN M A.Discussion:Government Regulations and Market Performance.Problems in Research,and Future Roles for Agricultural Cooperatives[J].Journal of Farm Economics,1966,48(5):1439-1443.

[315]ANDERSON,T. L. and HILL,P. J. The not so wild,wild west: Property rights on the frontier[M].Stanford,CA:Stanford University Press, 2004.

[316]BATTILANA J,LECA B,BOXENBAUM E.How Actors Change Institutions:Towards a Theory of Institutional Entrepreneurship[J].The Academy of Management Annals,2009,3(1):65-107.

[317]BECKER G S.The Economic Approach to Human Behavior[M]. Chicago:University of Chicago Press,1976.

[318]BOEKE J H.Economics and Economic Policy of Dual societies as Exemplified by Indonesia,New York:Institute of Pacific Relations,1953.

[319]CARRUTHERS B G,ARIOVICH L.The Sociology of Property Rights[J].Annual Review of sociology,2004,30(1):23-46.

[320]COTTRELL C A,NEUBERG S L,LI N P.What do people desire in others? A sociafunctional perspective on the importance of different valued characteristics[J].Journal of Personality & Social Psychology,2007,92 (2):208-231.

[321]Cui Zhiyuan.Whither China? The Discourse on Property Rights in the Chinese Reform Con-text[J].Social Text,1998,55(16):67-81.

[322]DEMSETZ H.Ownership,Control,and the Firm[M].Oxford:Basil Blackwell,1988.

[323]DIMAGGIO P.Interest and agency in institutional theory[A].In L.G.Zucker(Eds.),Institutional patterns and organizations[C].Cambridge, MA:Ballinger,1988:3-22.

[324]FURUBOTN E G,PEJOVICH S.Property Rights and Economic Theory:A Survey of Recent Literature[J].Journal of Economic Literature,

1972,Vol.10:1137-1162.

[325]GARFINKEL H.Studies in Ethnomethodology[M].Englewood Cliffs,NJ:Prentice Hall,1967.

[326]HALL P A,TAYLOR R C R.Political science and the three institutionalisms[J].Political Studies,1996,44(5):936-957.

[327]HARDIN G.The tragedy of the commons[J].Science,1968(162): 1243—1248.

[328]HARDIN R.Do We Want Trust in Government[A].In Mark Warren(Eds.),Democracy and trust[M].Cambridge University Press.1999:22-41.

[329]HODGSON G M.Evolution and institutions:On Evolutionary Economics and the Evolution of Economics[M].Northampton,MA:E.Elgar Publishing,1999.

[330]JUDD E R.No Change for Thirty Years:The Renewed Question of Women's Land Rights in Rural China.Development and Change,2007,38 (4):689-710.

[331]KAHNEMAN D.and TVERSKY A.Prospect theory:An analysis of decision under risk,Econometrica,1979,47(2):263-291.

[332]LEFEBVRE H.The Production of Space[M].Oxford UK & Cambridge USA:Blackwell,1991.

[333]MACKAY F,KENNY M,CHAPPELL L.New institutionalism through a gender lens:towards a feminist institutionalism? [J].International Political Science Review.2010,31(5):573-588

[334]MCKEAN M A,COX T R.The Japanese Experience with Scarcity:Management of Traditional Common Lands[J].Environmental Review ER,1982,6(2):63-91.

[335]NETTING R M.Balancing on an Alp[M].Cambridge University Press,1981.

[336]NORTH,D C.The New Institutional Economics[J],Journal of Institutional and Theoretical Economics,1986,91(3):481-510.

[337]OSTROM E,GARDNER R,WALKER J.Rules,Games,and Com-

mon-Pool Resources[M].Ann Arbor:University of Michigan Press,1994.

[338]OSTROM E.Understanding Institutional Diversity[M].Princeton University Press,2005.

[339]PETER H.Who Owns China's Land? Policies,Property Rights and Deliberate Institutional Ambiguity[J]. The China Quarterly, Vol. 166, 2001:394-421.

[340]POPKIN S.The Rational Peasant:The Political Economy of Rural Society in Vietnam[M].Berkeley:University of California Press,1979.

[341]REMICK E J.Building Local States[M].Cambridge,MA:Harvard University Press,2004.

[342]ROSEN F,OLSSON P.Institutional entrepreneurs,global networks,and the emergence of international institutions for ecosystem-based management:The Coral Triangle Initiative[J].Marine Policy,2013,38(3): 195-204.

[343]SEXTON R.The formation of cooperatives:A game-theoretic approach with implications for cooperative finance,decision making and stability[J].American Journal of Agricultural Economics,1986,68:423-433.

[344]STAATZ J M.Recent developments in the theory of agricultural cooperation[J].Journal of Agricultural Cooperation,1987,2:74-95.

[345]SUDDABY R,GREENWOOD R,HININGS C R A.Theorizing Change:The Role of Professional Associations in the Transformation of Institutionalized Fields[J].Academy of Management Journal,2002,45(1):58-80.

[346]SUNSTEIN C R.Social Norms and Social Roles[J].Social science Electronic Publishing,2014,96(4):903-968.

[347]VORONOV M,WEBER K.People,actors,and the humanizing of institutional theory[J].Journal of Management Studies,2020,57(4):873-884.

附录一 调查问卷

城中村集体产权制度改革调查问卷

调查地点：

调查时间： 调查员：

一、个人及家庭基本情况

A1.您所在居所(镇、街道 村、社区)＿＿＿＿＿＿＿＿＿＿＿。

A2.性别( ) A.男 B.女

A3.您的年龄＿＿＿＿＿＿＿＿＿＿＿。

A4.您是否是户主？( ) A.是 B.否

A5.您的受教育程度是( )。

　　A.小学及以下 B.初中

　　C.高中(中专) D.大学(大专)及以上

A6.您的政治面貌是否中共党员？( )

　　A.是 B.否

A7.您是否当过村干部？( )

　　A.是 B.不是

A8.您从事的主要工作是什么？( )

　　A.务农 B.个体经商 C.工厂打工

　　D.村(合作社)干部 E.公职人员 F.学生

　　H.其他

A9.您的月收入是多少?(　　　)

    A.1 000 元及以下　　　B.1 001～2 000 元　　　C.2 001～3 000 元

    D.3 001～5 000 元　　　E.5 001～10 000 元　　　F.10 001 元以上

A10.家庭人口数_____人,农村户籍人口_____人。

A11.家庭劳动力人数_____人。(提示:16 岁以上有劳动能力)

A12.您在征地前有无土地?(　　　)

    A.有土地　　　　　　　B.没有土地

A13.您的家人在征地前有无土地?(　　　)

    A.有　　　　　　　　　B.没有

A14.(1)征地前家庭收入主要来源(　　　)。

    A.以农业为主　　　　　B.以非农为主　　　　　C.其他

(2)征地后家庭收入主要来源(　　　)。

    A.以农业为主　　　　　B.以非农为主　　　　　C.其他

A15.您的家庭年总收入大约是多少?(　　　)

    A.3 万元以下　　　　　B.3 万～5 万元　　　　　C.5 万～10 万元

    D.10 万元及以上

A16.您是否本村经济合作社社员?(　　　)

    A.是　　　　　　　　　B.不是

A17.您家庭共有社员_____人。

二、集体资产认知情况

B1.您知道村里集体资产经营情况吗?(　　　)

    A.知道　　　　　　　　B.不知道(跳过 B2)

B2.村集体资产规模多少?_____

具体有哪些:

B3.您认为集体资产所有权归属者是谁?(　　　)

    A.集体　　　　　　　　B.国家　　　　　　　　C.个人自己

    D.不确定

其中(1)经营性资产归属于(　　　)。

    A.集体　　　　　　　　B.国家　　　　　　　　C.个人自己

    D.不确定

(2)集体留用地等资源性资产归属于(　　　)。

    A.集体   B.国家   C.个人自己

    D.不确定

（3）公益性资产归属于（　　　）。

    A.集体   B.国家   C.个人自己

    D.不确定

B4.您关心村集体经济的运作情况吗？（　　　）

    A.很关心   B.偶尔关心   C.不关心

B5.您认为集体资产应当怎么管理？（　　　）

    A.村干部代管理   B.经合社管理   C.分给村民

B6.如果把村集体资产拿去进行投资,您支持吗？（　　　）

    A.支持   B.不支持

若支持的话:您选择什么样的投资方式？<u>低风险低回报</u>   <u>高风险高回报</u>

B7.您知道农村经济合作社是干什么的吗？（　　　）

    A.知道   B.不知道

三、改革认知情况

C1.据您了解,政府有没有进行集体资产改制的宣传？（　　　）

    A.有   B.没有

C2.村社有没有介绍改制相关的内容？（　　　）

    A.有   B.没有

C3.您对市、区政府出台有关集体资产改制政策是否了解？（　　　）

    A.了解   B.不了解

C4.您知道股份合作制吗？（　　　）

    A.知道   B.不知道

C5.您是否了解集体资产改制的内容？（　　　）

    A.了解   B.不了解

C6.您是否了解过其他村集体资产改制的成功案例？（　　　）

    A.了解   B.不了解

C7.您经常向村两委或者政府了解改制的情况吗？（　　　）

    A.很经常   B.偶尔   C.从不

四、改制意愿

D1.您是否愿意进行集体资产改制？（　　　）

A.愿意 B.不愿意

若不愿意,原因是什么? _____

D2.您觉得哪些集体资产要量化?( )(可多选)

A.经营性资产 B.公益性资产 C.资源性(土地)

D.其他

D3.您觉得改制后集体公共开支如何承担?( )

A.设置集体股 B.从资产收益中按比例提取经费

C.其他

D4.(1)您是否赞成"生不增、死不减"?( )

A.赞成 B.不赞成

(2)您是否赞成个人的股份可以继承或者在合作社内部转让( )

A.赞成 B.不赞成

D5.经合社成员资格界定的标准可以有哪些?( )(可多选)

A.本村户籍 B.有承包土地 C.婚姻关系

D.依照政策规定 E.其他

D6.您认为以下哪些群体有资格成为社员?( )(可多选)

A.已出嫁的本村女子

B.本村外嫁女子的子女

C.因上学户口迁出本村的原农业户口人员

D.服义务兵役的原农业户口人员

E.正在服刑的原农业户口人员

F.有正式编制的行政机关、事业单位在职工作人员

G.计划生育政策外生育及非法抱养的本村原村民子女

H.嫁入本村的女子所携带的非本村民子女

I.区级以上(含区级)的行政机关、大集体企事业离退休人员

J.户口已迁出本村后又迁回的非农户口及其子女

K.其他

D7.您是否支持集体经济组织采用股份合作制形式?( )

A.支持 B.不支持

五、信任与预期情况

E1.您认为现在村集体经济发展得好不好?( )

A.很好	B.较好	C.一般
D.不好	E.很差	

E2.您觉得现在村集体资产管理是否公开透明？（　　　）

A 是　　　　　　　　　　B 否

E3.您对当前村集体经济的管理评价如何？（　　　）

A.很满意　　　　　　　　B.满意　　　　　　　　C.一般

D.不满意　　　　　　　　E.很不满意

E4.您觉得现在村干部或者村经合社领导班子工作能力怎样？（　　　）

A.很强　　　　　　　　　B.较强　　　　　　　　C.一般

D.较差　　　　　　　　　E.很差

E5.您对现在村经合社领导经营管理集体资产是否信任？（　　　）

A.信任　　　　　　　　　B.一般　　　　　　　　C.不信任

E6.改制后,您觉得集体资产的收益会提高吗？（　　　）

A.会　　　　　　　　　　B.不会

六、其他要求

F1.您对集体资产改制有什么要求？

F2.您在社会保障(养老、医保、就业)还有什么需求？

F3.您在计生政策还有什么意见？

F4.您在基础设施服务还有什么需求？

F5.您在环境卫生治理还有什么需求？

附录二 中央与地方改革文件

中共中央 国务院关于稳步推进
农村集体产权制度改革的意见

2016 年 12 月 26 日

为探索农村集体所有制有效实现形式，创新农村集体经济运行机制，保护农民集体资产权益，调动农民发展现代农业和建设社会主义新农村的积极性，现就稳步推进农村集体产权制度改革提出如下意见。

一、重大意义

（一）农村集体产权制度改革是巩固社会主义公有制、完善农村基本经营制度的必然要求。农村集体经济是集体成员利用集体所有的资源要素，通过合作与联合实现共同发展的一种经济形态，是社会主义公有制经济的重要形式。改革开放以来，农村实行以家庭承包经营为基础、统分结合的双层经营体制，极大解放和发展了农村社会生产力。适应健全社会主义市场经济体制新要求，不断深化农村集体产权制度改革，探索农村集体所有制有效实现形式，盘活农村集体资产，构建集体经济治理体系，形成既体现集体优越性又调动个人积极性的农村集体经济运行新机制，对于坚持中国特色社会主义道路，完善农村基本经营制度，增强集体经济发展活力，引领农民逐步实现共同富裕具有深远历史意义。

（二）农村集体产权制度改革是维护农民合法权益、增加农民财产性收入的重大举措。农村集体资产包括农民集体所有的土地、森林、山岭、草原、荒地、滩涂等资源性资产,用于经营的房屋、建筑物、机器设备、工具器具、农业基础设施、集体投资兴办的企业及其所持有的其他经济组织的资产份额、无形资产等经营性资产,用于公共服务的教育、科技、文化、卫生、体育等方面的非经营性资产。这三类资产是农村集体经济组织成员的主要财产,是农业农村发展的重要物质基础。适应城乡一体化发展新趋势,分类推进农村集体产权制度改革,在继续按照党中央、国务院已有部署抓好集体土地等资源性资产确权登记颁证,建立健全集体公益设施等非经营性资产统一运行管护机制的基础上,针对一些地方集体经营性资产归属不明、经营收益不清、分配不公开、成员的集体收益分配权缺乏保障等突出问题,着力推进经营性资产确权到户和股份合作制改革,对于切实维护农民合法权益,增加农民财产性收入,让广大农民分享改革发展成果,如期实现全面建成小康社会目标具有重大现实意义。

二、总体要求

（三）指导思想。全面贯彻党的十八大和十八届三中、四中、五中、六中全会精神,以邓小平理论、"三个代表"重要思想、科学发展观为指导,深入贯彻习近平总书记系列重要讲话精神和治国理政新理念新思想新战略,紧紧围绕统筹推进"五位一体"总体布局和协调推进"四个全面"战略布局,牢固树立新发展理念,认真落实党中央、国务院决策部署,以明晰农村集体产权归属、维护农村集体经济组织成员权利为目的,以推进集体经营性资产改革为重点任务,以发展股份合作等多种形式的合作与联合为导向,坚持农村土地集体所有,坚持家庭承包经营基础性地位,探索集体经济新的实现形式和运行机制,不断解放和发展农村社会生产力,促进农业发展、农民富裕、农村繁荣,为推进城乡协调发展、巩固党在农村的执政基础提供重要支撑和保障。

（四）基本原则

——把握正确改革方向。充分发挥市场在资源配置中的决定性作用和更好发挥政府作用,明确农村集体经济组织市场主体地位,完善农民对集体资产股份权能,把实现好、维护好、发展好广大农民的根本利益作为改革的出发点和落脚点,促进集体经济发展和农民持续增收。

——坚守法律政策底线。坚持农民集体所有不动摇,不能把集体经济改弱了、改小了、改垮了,防止集体资产流失;坚持农民权利不受损,不能把农民的财产权利改虚了、改少了、改没了,防止内部少数人控制和外部资本侵占。严格依法办事,妥善处理各种利益关系。

——尊重农民群众意愿。发挥农民主体作用,支持农民创新创造,把选择权交给农民,确保农民知情权、参与权、表达权、监督权,真正让农民成为改革的参与者和受益者。

——分类有序推进改革。根据集体资产的不同类型和不同地区条件确定改革任务,坚持分类实施、稳慎开展、有序推进,坚持先行试点、先易后难,不搞齐步走、不搞一刀切;坚持问题导向,确定改革的突破口和优先序,明确改革路径和方式,着力在关键环节和重点领域取得突破。

——坚持党的领导。坚持农村基层党组织的领导核心地位不动摇,围绕巩固党在农村的执政基础来谋划和实施农村集体产权制度改革,确保集体经济组织依法依规运行,逐步实现共同富裕。

(五)改革目标。通过改革,逐步构建归属清晰、权能完整、流转顺畅、保护严格的中国特色社会主义农村集体产权制度,保护和发展农民作为农村集体经济组织成员的合法权益。科学确认农村集体经济组织成员身份,明晰集体所有产权关系,发展新型集体经济;管好用好集体资产,建立符合市场经济要求的集体经济运行新机制,促进集体资产保值增值;落实农民的土地承包权、宅基地使用权、集体收益分配权和对集体经济活动的民主管理权利,形成有效维护农村集体经济组织成员权利的治理体系。

三、全面加强农村集体资产管理

(六)开展集体资产清产核资。这是顺利推进农村集体产权制度改革的基础和前提。要对集体所有的各类资产进行全面清产核资,摸清集体家底,健全管理制度,防止资产流失。在清产核资中,重点清查核实未承包到户的资源性资产和集体统一经营的经营性资产以及现金、债权债务等,查实存量、价值和使用情况,做到账证相符和账实相符。对清查出的没有登记入账或者核算不准确的,要经核对公示后登记入账或者调整账目;对长期借出或者未按规定手续租赁转让的,要清理收回或者补办手续;对侵占集体资金和资产的,要如数退赔,涉及违规违纪的移交纪检监察机关处理,构成犯罪的移交司法机关依法追究当事人的刑事责任。清产核资结果要向全体农村集体经济组织成员公示,并经成员大会或者代表大会确认。清产核资结束后,要建立健全集体资产登记、保管、使用、处置等制度,实行台账管理。各省级政府要对清产核资工作作出统一安排,从 2017 年开始,按照时间服从质量的要求逐步推进,力争用 3 年左右时间基本完成。

（七）明确集体资产所有权。在清产核资基础上，把农村集体资产的所有权确权到不同层级的农村集体经济组织成员集体，并依法由农村集体经济组织代表集体行使所有权。属于村农民集体所有的，由村集体经济组织代表集体行使所有权，未成立集体经济组织的由村民委员会代表集体行使所有权；分别属于村内两个以上农民集体所有的，由村内各该集体经济组织代表集体行使所有权，未成立集体经济组织的由村民小组代表集体行使所有权；属于乡镇农民集体所有的，由乡镇集体经济组织代表集体行使所有权。有集体统一经营资产的村（组），特别是城中村、城郊村、经济发达村等，应建立健全农村集体经济组织，并在村党组织的领导和村民委员会的支持下，按照法律法规行使集体资产所有权。集体资产所有权确权要严格按照产权归属进行，不能打乱原集体所有的界限。

（八）强化农村集体资产财务管理。加强农村集体资金资产资源监督管理，加强乡镇农村经营管理体系建设。修订完善农村集体经济组织财务会计制度，加快农村集体资产监督管理平台建设，推动农村集体资产财务管理制度化、规范化、信息化。稳定农村财会队伍，落实民主理财，规范财务公开，切实维护集体成员的监督管理权。加强农村集体经济组织审计监督，做好日常财务收支等定期审计，继续开展村干部任期和离任经济责任等专项审计，建立问题移交、定期通报和责任追究查处制度，防止侵占集体资产。对集体财务管理混乱的村，县级党委和政府要及时组织力量进行整顿，防止和纠正发生在群众身边的腐败行为。

四、由点及面开展集体经营性资产产权制度改革

（九）有序推进经营性资产股份合作制改革。将农村集体经营性资产以股份或者份额形式量化到本集体成员，作为其参加集体收益分配的基本依据。改革主要在有经营性资产的村镇，特别是城中村、城郊村和经济发达村开展。已经开展这项改革的村镇，要总结经验，健全制度，让农民有更多获得感；没有开展这项改革的村镇，可根据群众意愿和要求，由县级以上地方政府作出安排，先进行试点，再由点及面展开，力争用 5 年左右时间基本完成改革。农村集体经营性资产的股份合作制改革，不同于工商企业的股份制改造，要体现成员集体所有和特有的社区性，只能在农村集体经济组织内部进行。股权设置应以成员股为主，是否设置集体股由本集体经济组织成员民主讨论决定。股权管理提倡实行不随人口增减变动而调整的方式。改革后农村集体经济组织要完善治理机制，制定组织章程，涉及成员利益的重大事项实行民主决策，防止少数人操控。

（十）确认农村集体经济组织成员身份。依据有关法律法规，按照尊重历史、兼顾现实、程序规范、群众认可的原则，统筹考虑户籍关系、农村土地承包关系、对集体积累的贡献等因素，协调平衡各方利益，做好农村集体经济组织成员身份确认工作，解决成员边界不清的问题。改革试点中，要探索在群众民主协商基础上确认农村集体经济组织成员的具体程序、标准和管理办法，建立健全农村集体经济组织成员登记备案机制。成员身份的确认既要得到多数人认可，又要防止多数人侵犯少数人权益，切实保护妇女合法权益。提倡农村集体经济组织成员家庭今后的新增人口，通过分享家庭内拥有的集体资产权益的办法，按章程获得集体资产份额和集体成员身份。

（十一）保障农民集体资产股份权利。组织实施好赋予农民对集体资产股份占有、收益、有偿退出及抵押、担保、继承权改革试点。建立集体资产股权登记制度，记载农村集体经济组织成员持有的集体资产股份信息，出具股权证书。健全集体收益分配制度，明确公积金、公益金提取比例，把农民集体资产股份收益分配权落到实处。探索农民对集体资产股份有偿退出的条件和程序，现阶段农民持有的集体资产股份有偿退出不得突破本集体经济组织的范围，可以在本集体内部转让或者由本集体赎回。有关部门要研究制定集体资产股份抵押、担保贷款办法，指导农村集体经济组织制定农民持有集体资产股份继承的办法。及时总结试点经验，适时在面上推开。

五、因地制宜探索农村集体经济有效实现形式

（十二）发挥农村集体经济组织功能作用。农村集体经济组织是集体资产管理的主体，是特殊的经济组织，可以称为经济合作社，也可以称为股份经济合作社。现阶段可由县级以上地方政府主管部门负责向农村集体经济组织发放组织登记证书，农村集体经济组织可据此向有关部门办理银行开户等相关手续，以便开展经营管理活动。发挥好农村集体经济组织在管理集体资产、开发集体资源、发展集体经济、服务集体成员等方面的功能作用。在基层党组织领导下，探索明晰农村集体经济组织与村民委员会的职能关系，有效承担集体经济经营管理事务和村民自治事务。有需要且条件许可的地方，可以实行村民委员会事务和集体经济事务分离。妥善处理好村党组织、村民委员会和农村集体经济组织的关系。

（十三）维护农村集体经济组织合法权利。严格保护集体资产所有权，防止被虚置。农村承包土地经营权流转不得改变土地集体所有性质，不得违反耕地保护制度。以家庭承包方式承包的集体土地,采取转让、互换方式流转的,应在本集体经济组织内进行,且需经农村集体经济组织等发包方同意;采取出租(转包)或者其他方式流转经营权的,应报农村集体经济组织等发包方书面备案。在农村土地征收、集体经营性建设用地入市和宅基地制度改革试点中,探索正确处理国家、集体、农民三者利益分配关系的有效办法。对于经营性资产,要体现集体的维护、管理、运营权利;对于非经营性资产,不宜折股量化到户,要根据其不同投资来源和有关规定统一运行管护。

(十四)多种形式发展集体经济。从实际出发探索发展集体经济有效途径。农村集体经济组织可以利用未承包到户的集体"四荒"地(荒山、荒沟、荒丘、荒滩)、果园、养殖水面等资源,集中开发或者通过公开招投标等方式发展现代农业项目;可以利用生态环境和人文历史等资源发展休闲农业和乡村旅游;可以在符合规划前提下,探索利用闲置的各类房产设施、集体建设用地等,以自主开发、合资合作等方式发展相应产业。支持农村集体经济组织为农户和各类农业经营主体提供产前产中产后农业生产性服务。鼓励整合利用集体积累资金、政府帮扶资金等,通过入股或者参股农业产业化龙头企业、村与村合作、村企联手共建、扶贫开发等多种形式发展集体经济。

(十五)引导农村产权规范流转和交易。鼓励地方特别是县乡依托集体资产监督管理、土地经营权流转管理等平台,建立符合农村实际需要的产权流转交易市场,开展农村承包土地经营权、集体林权、"四荒"地使用权、农业类知识产权、农村集体经营性资产出租等流转交易。县级以上地方政府要根据农村产权要素性质、流转范围和交易需要,制定产权流转交易管理办法,健全市场交易规则,完善运行机制,实行公开交易,加强农村产权流转交易服务和监督管理。维护进城落户农民土地承包权、宅基地使用权、集体收益分配权,在试点基础上探索支持引导其依法自愿有偿转让上述权益的有效办法。

六、切实加强党对农村集体产权制度改革的领导

(十六)强化组织领导。各级党委和政府要充分认识农村集体产权制度改革的重要性、复杂性、长期性,认真抓好中央改革部署的贯彻落实,既要鼓励创新、勇于试验,又要把控方向、有历史耐心,切实加强组织领导,积极稳妥推进改革。要建立省级全面负责、县级组织实施的领导体制和工作机制,地方各级党委书记特别是县乡党委书记要亲自挂帅,承担领导责任。各地要层层分解任务,落实工作措施,提出具体要求,创造保障条件,确保事有人管、责有人负,对于改革中遇到的矛盾和问题,要切实加以解决,涉及重大政策调整的,要及时向上级请示汇报,确保社会和谐稳定。

(十七)精心组织实施。农村集体产权制度改革工作由中央农村工作领导小组组织领导,农业部、中央农村工作领导小组办公室牵头实施。要梳理细化各项改革任务,明确任务承担单位,制定配套的分工实施方案,有关部门按职责抓好落实。各有关部门要加强调查研究和工作指导,及时做好政策评估,协调解决改革中遇到的困难和问题;农业等有关部门的干部要深入基层,加强政策解读和干部培训,编写通俗易懂的宣传材料,让基层干部群众全面了解改革精神和政策要求。加强监督检查,严肃查处和纠正弄虚作假、侵害集体经济组织及其成员权益等行为。注重改革的系统性、协同性,与正在推进的有关改革做好衔接,发挥改革的综合效应。

(十八)加大政策支持力度。清理废除各种阻碍农村集体经济发展的不合理规定,营造有利于推进农村集体产权制度改革的政策环境。农村集体经济组织承担大量农村社会公共服务支出,不同于一般经济组织,其成员按资产量化份额从集体获得的收益,也不同于一般投资所得,要研究制定支持农村集体产权制度改革的税收政策。在农村集体产权制度改革中,免征因权利人名称变更登记、资产产权变更登记涉及的契税,免征签订产权转移书据涉及的印花税,免收确权变更中的土地、房屋等不动产登记费。进一步完善财政引导、多元化投入共同扶持集体经济发展机制。对政府拨款、减免税费等形成的资产归农村集体经济组织所有,可以量化为集体成员持有的股份。逐步增加政府对农村的公共服务支出,减少农村集体经济组织的相应负担。完善金融机构对农村集体经济组织的融资、担保等政策,健全风险防范分担机制。统筹安排农村集体经济组织发展所需用地。

(十九)加强法治建设。健全适应社会主义市场经济体制要求、以公平为核心原则的农村产权保护法律制度。抓紧研究制定农村集体经济组织方面的法律,赋予农村集体经济组织法人资格,明确权利义务关系,依法维护农村集体经济组织及其成员的权益,保证农村集体经济组织平等使用生产要素,公平参与市场竞争,同等受到法律保护。抓紧修改农村土地承包方面的法律,赋予农民更加充分而有保障的土地权益。适时完善集体土地征收、集体经营性建设用地入市、宅基地管理等方面的法律制度。认真做好农村产权纠纷调解仲裁和司法救济工作。

积极发展农民股份合作赋予农民对集体资产股份权能改革试点方案

农经发〔2014〕13号

各省、自治区、直辖市人民政府：

《积极发展农民股份合作赋予农民对集体资产股份权能改革试点方案》已经党中央、国务院审议通过。经国务院同意，现印发给你们，请按要求组织做好有关改革试点工作。

农业部

中央农村工作领导小组办公室

国家林业局

二〇一四年十一月二十二日

为贯彻落实党的十八届三中全会《决定》关于"保障农民集体经济组织成员权利，积极发展农民股份合作，赋予农民对集体资产股份占有、收益、有偿退出及抵押、担保、继承权"的要求，根据《中央有关部门贯彻实施党的十八届三中全会〈决定〉重要举措分工方案》（中办发〔2014〕8号）的任务分工，制定本改革试点方案。

一、指导思想和基本原则

（一）指导思想。全面贯彻落实党的十八大和十八届三中、四中全会精神，坚持社会主义市场经济改革方向，坚持和完善农村基本经营制度，以保护农村集体经济组织及其成员合法权益为核心，以赋予农民更多财产权利为重点，积极探索集体所有制的有效实现形式，不断壮大集体经济实力，不断增加农民的财产性收入；在坚持家庭承包责任制的基础上，在保护农民合法权益、尊重农民意愿的前提下，发展多种形式的股份合作，推动各种现代生产要素向农业积聚，探索建立中国特色社会主义的农村集体产权制度，为现代农业发展和社会主义新农村建设奠定坚实的制度基础。

（二）基本原则

1.坚持正确的改革方向。既要体现农村集体经济的优越性,又要调动农村集体经济组织成员的积极性。保护农民财产权利,明晰产权归属,完善各项权能,激活农村各类生产要素潜能,使农民真正成为集体资产的主人。坚持农村集体所有制,探索发展壮大股份合作经济的途径,增强集体经济组织的服务功能。

2.坚持推进体制机制创新。守住防止集体资产被侵蚀和农民利益受损害的底线,鼓励地方先行先试,探索可复制、能推广的实践经验,建立符合市场经济要求的农村集体经济运营新机制。

3.坚持尊重农民群众意愿。充分发挥农民的主体作用,尊重群众的选择和创造,通过民主协商解决矛盾纠纷,确保农民群众成为改革的参与者和受益者。

4.坚持重点突出和风险可控。着力在关键环节、重点领域争取突破,配套推进相关改革,控制和化解各种风险,确保试点工作顺利实施。

二、主要内容

按照党的十八届三中全会要求,重点围绕保障农民集体经济组织成员权利,积极发展农民股份合作,赋予农民对集体资产股份占有、收益、有偿退出及抵押、担保、继承权等方面开展试点。

（一）保障农民集体经济组织成员权利。探索界定农村集体经济组织成员身份的具体办法,按照尊重历史、照顾现实、程序规范、群众认可的原则明确集体经济组织成员身份,解决集体经济组织成员边界不清的问题。建立健全集体经济组织成员登记备案机制,集体经济组织要编制成员名册,并在县级主管部门备案。依法保障集体经济组织成员享有的土地承包经营权(含集体林地、草地承包经营权)、宅基地使用权、集体收益分配权,落实好农民对集体经济活动的民主管理权利。探索集体经济组织成员与社区内其他居民间的权利关系。

（二）积极发展农民股份合作。按照"归属清晰、权责明确、保护严格、流转顺畅"的现代产权制度要求,开展以清产核资、明确债权债务、资产量化、股权设置、股权管理、收益分配等为主要内容的农村集体产权股份合作制改革。改革的集体资产范围包括集体所有的耕地、林地、草地、山岭、荒地、滩涂等资源性资产,用于经营的房屋、建筑物、机械设备等经营性资产,以及用于农村教育、文化、卫生等公益事业的非经营性资产。对上述三类集体资产,在进行股份合作制改革中要实行分类指导。对于资源性资产,重点是抓紧抓实土地承包经营权确权登记颁证工作,在充分尊重承包农户意愿的前提下,探索发展土地股份合作等多种形式;在稳定林地承包关系、保持林地用途不变的前提下,积极稳妥开展集体林地股份合作制经营。关于宅基地、集体经营性建设用地使用权的改革,根据《中央有关部门贯彻实施党的十八届三中全会〈决定〉重要举措分工方案》的任务分工,由国土资源部牵头研究制定专门试点方案。对于经营性资产,重点是明晰集体产权归属,将资产折股量化到集体经济组织成员,发展农民股份合作,明确集体经济组织的市场主体地位,健全集体资产运营的管理、监督和收益分配机制。对于非经营性资产,重点是探索集体统一运营管理的有效机制,更好地为集体经济组织成员及社区居民提供公益性服务,已经折股量化的,也应由集体经济组织管理。要切实加强农村集体资产和财务的民主监督管理,防止被少数人控制、侵蚀集体资产、侵吞农民利益。建立健全农村集体资产信息化管理平台,完善农村集体资产台账和资产评估制度,加强农村审计监督。有条件的地区可以探索政经分设的组织形式和治理方式。

(三)赋予农民对集体资产股份占有、收益、有偿退出及抵押、担保、继承权。集体资产股份合作改革,主要是指将经营性资产折股量化到成员。赋予集体资产股份权能改革试点,要根据不同权能分类实施。农民对集体资产股份的占有权和收益权应落实到位;农民对集体资产股份的有偿退出权和继承权应选择有条件的地方开展试点;农民对集体资产股份的抵押、担保权应在制定相关办法的基础上慎重开展试点。

1.积极开展赋予农民对集体资产股份占有权、收益权试点。

对于占有权,要将集体资产折股量化到人、落实到户。建立健全农村集体资产股权证书管理制度,以户为单位向其出具股权证书,作为成员占有集体资产股份、参与管理决策、享有收益分配的有效凭证,保障农民对集体资产股份实际占有权。建立健全农村集体资产股权台账管理制度,将集体资产股份的登记、变更、交易以及成员名册纳入农村集体资产信息化管理平台归档管理,并在县级主管部门备案。

对于收益权,农村集体经济组织要制定经成员认可并符合国家财务会计制度的收益分配制度,明确收益分配范围,规范收益分配顺序,确定收益分配比例,对收益分配中集体公积金、公益金的提取比例、性质、用途等作出具体规定,把农民对集体资产股份的收益分配权落实到位。有关部门要探索改革后农民集体资产股份分红收益的有关税收政策。

2.有条件地开展赋予农民对集体资产股份有偿退出权、继承权试点。

对于有偿退出权,要明确集体资产股份有偿退出的范围、条件和程序,建立农民对集体资产股份有偿退出机制,提出完善相关法律法规的建议。集体资产股份有偿退出应以保护农村集体经济为核心,现阶段应严格限制在本集体经济组织的范围内,可以转让给本集体经济组织其他成员,也可以由本集体经济组织赎回。转让给本集体经济组织其他成员的,应对受让方占有的股权比重合理设置上限;由本集体经济组织赎回的,应对赎回的条件、收购的价格、收购股份的处置等内容作出具体规定。一般应由成员自愿提出退出股份申请,农村集体经济组织按照一定的程序和价格收购,收购资金可以从本集体经济组织的经营收益中列支。所收购的股份可以追加到集体股中或转让给其他成员,也可以用于核减相应的总股份数。

对于继承权,要在尊重本集体经济组织成员意愿的基础上制定具体办法,重点探索具备法定继承人资格但不是集体经济组织成员的人员继承集体资产股份的规则,以及继承人与集体的关系和对农村集体经济组织社区性的影响。

3.慎重开展赋予农民对集体资产股份抵押权、担保权试点。

在农民有需求和集体经济组织章程允许的情况下,试点地区可与人民银行分支机构、银监会派出机构,在深入调研、充分协商的基础上,探索农民以其所持集体资产股份向金融机构申请抵押、担保贷款的具体办法,以及可能面临的风险和制度障碍,提出完善相关法律政策建议。试点过程中,试点地区和金融机构应严格防范金融风险,避免集体经济的产权结构受到冲击,并及时向有关部门报告具体试点内容和进度情况。

三、组织实施

(一)试点工作组织。由农业部、中央农办、国家林业局牵头,财政部、国土资源部、人民银行、法制办、国研室、发展研究中心、银监会等部门和单位按照各司其职、相互配合的原则,形成共同推进试点的工作机制,统筹协调和指导试点各项工作。

(二)试点数量与布局。拟在东中西部选择若干有条件的县(市、区)进行试点,重点在国务院批准的统筹城乡综合配套改革试验区和农业部会同有关部门确定的农村改革试验区中安排试点。一个试点县（市、区）可以选择不同乡镇承担不同的改革试点任务。

（三）试点申报条件。申报地区应具备以下基本条件：一是有较强的改革创新意识和工作积极性；二是已初步具备农村集体产权制度改革的基础；三是有与承担试点任务相适应的工作力量。

（四）试点报批程序。省级人民政府可以根据本方案选定1个县（市、区）作为改革试点单位，并研究拟定具体的改革试点方案报送农业部。由农业部、中央农办、国家林业局会同其他相关部门和单位，共同研究批复。试点如涉及农民以其所持集体资产股份向金融机构申请抵押、担保贷款的内容，应由农业部、中央农办、国家林业局商人民银行、银监会等有关部门报国务院批准后实施。

（五）检查监督指导。中央和省级各相关部门和单位应按照职责分工，加强对试点工作的跟踪指导与监督检查，研究制定推动改革试点的配套扶持政策，落实试点工作经费，组织编写通俗易懂的政策宣传材料，并做好相关培训工作。省级相关部门应于每年年底对试点单位工作进展情况进行总结评估。农业部、中央农办、国家林业局于次年年初汇总各地试点工作进展情况，报送中共中央办公厅、国务院办公厅、中央全面深化改革领导小组办公室。

（六）试点经验总结。全部试点工作于2017年12月底前完成。试点工作完成后，试点单位应提交全面系统的总结报告，由省级人民政府报送农业部。农业部、中央农办、国家林业局会同相关部门和单位在总结各地试点经验的基础上，形成全国试点工作总结报告，提出制订和修改相关法律、法规、政策的建议，按程序上报中共中央、国务院。

农业部关于稳步推进农村集体经济组织产权制度改革试点的指导意见

为贯彻落实党的十六届三中、五中全会关于推进农村集体经济组织制度创新的有关精神,按照中共中央办公厅、国务院办公厅《关于加强农村基层党风廉政建设的意见》(中办发[2006]32号)"积极推进股份制、股份合作制等村集体经济的有效实现形式"的要求,现就在条件成熟的地方,积极稳妥地开展农村集体经济组织产权制度改革,探索集体经济的有效实现形式,保护农村集体经济组织及其成员的合法权益等相关问题提出如下意见。

一、充分认识农村集体经济组织产权制度改革的重大意义

(一)农村集体经济组织产权制度改革是解决城镇化、工业化过程中面临新问题的需要。农村集体经济组织产权制度改革,是我国农村城镇化和工业化发展新形势下,生产力发展对生产关系调整提出的要求。近年来,农村特别是城郊接合部和沿海发达地区集体经济组织资产及其成员都出现了新的变化,农村集体经济组织成员转为城镇居民增多,流动人口进入较富裕地区增多,部分地区村集体经济组织成员构成日趋复杂。同时,在城镇化进程中,原集体经济组织征地补偿费、集体不动产收益在集体成员中的分配问题、原集体经济组织成员对集体资产的权益及份额等问题凸显出来,需要通过农村集体经济组织产权制度改革来加以明晰及妥善解决。

(二)农村集体经济组织产权制度改革是发展生产力和完善农村市场经济体制的需要。我国社会主义市场经济体制的建立和完善对农村集体经济组织产权制度安排提出了新要求。市场经济体制的确定,促进了资源的有效配置,推动了农村生产力的蓬勃发展。物流、人流、资金流的日益频繁,丰富了农村市场的交易行为,形成了更为复杂的利益关系,同时提出了建立明晰的产权制度的要求。农村集体经济组织产权制度改革,成为完善我国市场经济体制改革的重要组成部分。

(三)农村集体经济组织产权制度改革是维护农民合法权益的需要。随着农村工业化、城镇化进程的加快,近年来发达地区和城镇周边的一些地区乡村行政体制作了相应调整,在撤乡并村和"村改居"过程中,如何防止集体经济组织资产流失或被平调,防止损害农村集体经济组织及其成员的利益,客观上要求农村集体经济组织有效地解决传统产权制度产权虚置的弊端,解决集体经济产权主体模糊、决策独断、监督不善、分配随意等问题,实现产权清晰,落实到人,以便更有力地维护集体经济组织及其每个成员的利益。

二、农村集体经济组织产权制度改革的总体思路、目标要求和基本原则

(四)总体思路。在坚持家庭承包经营的基础上,以科学发展观为指导,以保护农村集体经济组织和农民合法权益为核心,以农村集体经济组织产权制度创新为主线,逐步建立起适应社会主义市场经济的农村集体经济组织运营机制和分配机制,增强集体服务功能,提高管理水平,促进农民增收、农村社会和谐、集体经济可持续发展。

(五)目标要求。推进以股份合作为主要形式,以清产核资、资产量化、股权设置、股权界定、股权管理为主要内容的农村集体经济组织产权制度改革,建立"归属清晰、权责明确、利益共享、保护严格、流转规范、监管有力"的农村集体经济组织产权制度,明确农村集体经济组织的管理决策机制、收益分配机制,健全保护农村集体经济组织和成员利益的长效机制,构建完善的农村集体经济组织现代产权运行体制。

(六)基本原则。在推进农村集体经济组织产权制度改革中,要遵循以下原则:一是坚持民主决策,农民自愿。要充分保障农民群众的知情权、决策权、参与权和监督权,尊重农民群众的选择。二是坚持公开、公正、公平。要在民主参与、民主决策的前提下,把公开、公正、公平精神贯穿于改革的全过程。三是坚持规范操作,加强指导。改革方案要进行充分的民主讨论并进行可行性论证,整个改革工作的各个环节必须经过合法的民主程序。四是坚持因地制宜,分类指导。要根据各地经济发展水平和实际情况,选择广大农民群众普遍接受的改革方式,正确处理好国家、集体、农民的利益关系。五是坚持广泛协商,稳步推进。推动农村集体经济组织进行产权制度改革,必须获得广大农民群众的支持;必须调动基层干部的主动性和积极性;必须依靠党委政府的有力领导和主管部门的业务指导,成熟一个,进行一个,不得强迫命令。

三、严格农村集体经济组织产权制度改革的程序

(七)制定方案。实行改革的村集体经济组织要建立在村党组及村委会领导下的,由村集体经济组织负责人、民主理财小组成员和村集体经济组织成员代表共同组成的村集体经济组织产权制度改革领导小组和工作班子,组织实施改革工作。领导小组拟定的改革具体政策和实施方案,必须张榜公布,经村集体经济组织成员大会三分之二以上成员同意后通过,报县(市、区)级人民政府备案。

(八)清产核资。由县乡农村经营管理部门和产权制度改革领导小组联合组成清产核资小组,对村集体经济组织所有的各类资产进行全面清理核实。要区分经营性资产、非经营性资产和资源性资产,分别登记造册;要召开村集体经济组织成员大会,对清产核资结果进行审核确认。对得到确认的清产核资结果,要及时在村务公开栏张榜公布,并上报乡(镇)农村经营管理部门备案。在进行清产核资的同时,要依照相关政策法规妥善处理"老股金"等历史遗留问题。

(九)资产量化。在清产核资的基础上,合理确定折股量化的资产。对经营性资产、非经营性资产以及资源性资产的折股量化范围、折股量化方式等事项,提交村集体经济组织成员大会讨论决定。

(十)股权设置。各地根据实际情况由村集体经济组织成员大会讨论决定股权设置。原则上可设置集体股、个人股。集体股是按照集体资产净额的一定比例折股量化,由全体成员共同所有的资产,集体股所占总股本的比例由村集体经济组织成员大会讨论决定,也可以根据实际情况不设立集体股;个人股按集体资产净额的总值或一定比例折股量化,无偿或部分有偿地由符合条件的集体经济组织成员按份享有。

(十一)股权界定。股份量化中股权分配对象的确认、股权配置比例的确定,除法律、法规和现行政策有明确规定外,要张榜公布,反复协商,并提交村集体经济组织成员大会民主讨论,经三分之二村集体经济组织成员通过后方可实施。

(十二)股权管理。集体资产折股量化到户的股权确定后,要及时向股东出具股权证书,作为参与管理决策、享有收益分配的凭证,量化的股权可以继承,满足一定条件的情况下可以在本集体经济组织内部转让,但不得退股。同时,村集体经济组织要召开股东大会,选举产生董事会、监事会,建立符合现代企业管理要求的集体经济组织治理结构。

(十三)资产运营。产权制度改革后,村集体经济组织可以选择合适的市场主体形式,成立实体参与市场竞争,也可以选择承包、租赁、招标、拍卖集体资产等多种方式进入市场。要以市场的思维、市场的方式参与市场竞争,管理集体资产,提高运营效率,增加农民收入,发展集体经济。

(十四)收益分配。改制后的集体经济组织,按其成员拥有股权的比例进行收益分配。要将集体经济组织收益分配到人,确保农民利益。改制后集体经济组织的年终财务决算和收益分配方案,提取公积金、公益金、公共开支费用和股东收益分配的具体比例由董事会提出,提交股东大会或村集体经济组织成员大会讨论决定。

(十五)监督管理。完成产权制度改革的村集体经济组织,要及时制定相应的股份合作组织章程,实行严格的财务公开制度;要发挥监事会的监督管理作用,保障村集体经济组织成员进行民主管理、民主决策、民主监督,保障村集体经济组织成员行使知情权、监督权、管理权和决策权;各级农村经营管理部门要加强对农村集体经济组织的业务指导,开展审计监督管理。

四、加强领导,稳步推进农村集体经济组织产权制度改革

(十六)统一思想,宣传动员。农村集体经济组织产权制度改革是一项复杂的系统工程,要做好宣传工作,充分调动农民群众的积极性。在具体实践和工作中,要充分发挥基层党组织的作用和党员干部的模范带头作用,坚持思想教育和积极引导的工作方法,将保障农民群众民主权益作为基本原则,做好不同对象的思想工作,讲清政策,明确权利和责任,避免和防止改革简单化和少数人说了算,通过广泛深入的宣传教育,营造良好的改革氛围。

(十七)精心组织,规范决策。农村集体经济组织产权制度改革涉及全体成员的切身利益,必须严格按照改革方案要求提交村集体经济组织成员大会民主讨论;有关政策规定和实施方案要交集体成员广泛讨论,充分听取意见,履行规范的操作程序,取得广大成员的理解和支持,未得到集体成员同意和认可的改革方案不得强行推行;要区别不同情况有针对性地进行试点,逐步总结经验,形成较规范的工作方案和指导政策。

(十八)加强指导,履行职责。农村集体经济组织产权制度改革涉及面广,政策性强,操作难度大,县乡农村经营管理部门要在当地党委政府的领导下,承担起指导监督管理农村集体经济组织产权制度改革的具体工作,切实履行职责,提高认识,精心组织,周密实施,积极主动帮助农村集体经济组织解决产权制度改革中遇到的困难和问题,在试点过程中要善于总结经验和教训,不断完善工作方案;省级农村经营管理部门要从经济发展和社会稳定大局的高度,研究农村产权制度改革实践中出现的新情况、新问题,指导基层搞好产权制度改革的试点,帮助完善工作程序,及时总结交流工作经验,确保农村集体经济组织产权制度改革稳步推进。

中华人民共和国农业部

二〇〇七年十月九日

中共福建省委 福建省人民政府印发《关于稳步推进农村集体产权制度改革的实施意见》的通知

闽委发〔2017〕24 号

各市、县(区)党委和人民政府,平潭综合实验区党工委和管委会,省直各单位:

《关于稳步推进农村集体产权制度改革的实施意见》已经省委、省政府研究同意,现印发给你们,请结合实际认真贯彻执行。

中共福建省委

福建省人民政府

2017 年 10 月 1 日

(此件公开发布)

关于稳步推进农村集体产权制度改革的实施意见

为全面贯彻落实《中共中央、国务院关于稳步推进农村集体产权制度改革的意见》精神,现就稳步推进我省农村集体产权制度改革提出如下实施意见。

一、总体要求

(一)指导思想。全面贯彻党的十八大和十八届三中、四中、五中、六中全会精神,深入贯彻习近平总书记系列重要讲话精神和治国理政新理念新思想新战略,认真落实习近平总书记对福建工作的重要指示,紧紧围绕统筹推进"五位一体"总体布局和协调推进"四个全面"战略布局,立足福建发展实际,以明晰农村集体产权归属、维护农村集体经济组织成员权利为目的,以推进集体经营性资产改革为重点任务,以发展股份合作等多种形式的合作与联合为导向,坚持农村土地集体所有,坚持家庭承包经营基础性地位,探索集体经济新的实现形式和运行机制,不断解放和发展农村社会生产力,促进农业发展、农民富裕、农村繁荣,为推进城乡协调发展、巩固党在农村的执政基础提供重要支撑,为"再上新台阶、建设新福建"提供坚实保障。

（二）基本原则

——把握正确改革方向。坚持社会主义市场经济改革方向，充分发挥市场在资源配置中的决定性作用和更好发挥政府作用，明确农村集体经济组织市场主体地位，完善农民集体资产股份权能，把实现好、维护好、发展好广大农民的根本利益作为改革的出发点和落脚点，促进集体经济发展和农民持续增收。

——坚守法律政策底线。坚持农民集体所有不动摇，不能把集体经济改弱了、改小了、改垮了，防止集体资产流失。坚持农民权利不受损，不能把农民的财产权利改虚了、改少了、改没了，防止内部少数人控制和外部资本侵占，切实保障农民财产权利。坚持严格依法办事，妥善处理各种利益关系。

——尊重农民群众意愿。坚持发挥农民主体作用，支持农民创新创造，把选择权交给农民，确保农民知情权、参与权、表达权、监督权，坚持把公平、公正、公开贯穿于改革的全过程，通过民主协商解决改革中的矛盾问题，真正让农民成为改革的参与者和受益者。

——因地制宜有序推进。坚持从实际出发，根据集体资产的不同类型和不同地区条件确定改革任务，分类实施、稳步推进，实行"一村一策"，不搞齐步走、不搞一刀切。坚持试点先行，确定改革的突破口和优先序，既鼓励大胆创新，又注重防范和化解风险，着力在关键环节和重点领域取得突破，做到稳慎有序，确保农村社会稳定。

——始终坚持党的领导。坚持农村基层党组织的领导核心地位不动摇，注重调动广大干部群众的积极性、主动性、创造性，围绕巩固党在农村的执政基础来谋划和实施农村集体产权制度改革，确保集体经济组织依法依规运行，逐步实现共同富裕。

（三）改革目标和进度安排。通过完成农村集体资产清产核资、科学确认农村集体经济组织成员身份、推进经营性资产股份合作制改革、发展壮大农村集体经济，逐步构建归属清晰、权能完整、流转顺畅、保护严格的农村集体产权制度，保护和发展农民作为农村集体经济组织成员的合法权益。按照试点先行、有序推进的要求，将福清、晋安、仓山、长乐、同安、漳浦、东山、平和、永春、晋江、泉港、沙县、大田、尤溪、永安、仙游、荔城、建瓯、邵武、松溪、武平、永定、新罗、漳平、屏南、古田、蕉城、寿宁、福鼎、平潭等 30 个县（市、区）列为省级农村集体产权制度改革试点，其中，晋江、沙县、荔城、漳平、同安作为国家级试点。在总结试点经验基础上,由点及面推进,2017 年在全省全面开展集体资产清产核资;2018 年基本完成清产核资,其中 30 个试点县(市、区)先行完成农村集体经济组织成员身份确认,并着手开展经营性资产股份合作制改革;2019 年全省基本完成集体经济组织成员身份确认,30 个试点县(市、区)有经营性资产的村镇先行完成股份合作制改革;2020 年全省有经营性资产的村镇基本完成股份合作制改革。

二、全面开展清产核资

(四)明确清产核资范围。农村集体资产包括法律规定属于农民集体所有的土地、森林、山岭、草原、荒地、滩涂等资源性资产,用于经营的房屋、建筑物、机器设备、工具器具、农业基础设施、集体投资兴办的企业及其所持有的其他经济组织的资产份额、无形资产等经营性资产,用于公共服务的教育、科技、文化、卫生、体育等方面的非经营性资产。〔责任单位:各市、县(区)党委和人民政府,平潭综合实验区党工委和管委会,省农业厅(省委农办)〕

(五)有序开展清产核资。各县(市、区)要成立清产核资工作指导小组,负责指导协调本辖区内的清产核资工作。各乡(镇)政府(街道办事处)要组成由乡村干部、财务人员、村民代表以及农业、林业、水利、海洋渔业等方面专业技术人员参加的清产核资工作组,对集体所有的全部账内账外资产进行全面清理核实,重点清查核实未承包到户的资源性资产和集体统一经营的经营性资产以及现金、债权债务等,查实存量、价值和使用情况,并按经营性资产、资源性资产和非经营性资产分类登记造册,做到账证相符和账实相符。清产核资结果要向全体农村集体经济组织成员公示,并经成员大会或者成员代表大会确认。清产核资结束后,要建立健全集体资产登记、保管、使用、处置等制度,实行台账管理。〔责任单位:各市、县(区)党委和人民政府,平潭综合实验区党工委和管委会,省农业厅(省委农办)、财政厅、国土厅、林业厅、海洋渔业厅〕

(六)明确集体资产所有权。在清产核资基础上,把农村集体资产的所有权确权到不同层级的农村集体经济组织成员集体,并依法由农村集体经济组织代表集体行使所有权。属于村农民集体所有的,由村集体经济组织代表集体行使所有权,未成立集体经济组织的由村民委员会代表集体行使所有权;分别属于村内两个以上农民集体所有的,由村内各该集体经济组织代表集体行使所有权,未成立集体经济组织的由村民小组代表集体行使所有权;属于乡镇农民集体所有的,由乡镇集体经济组织代表集体行使所有权。集体资产所有权确权要严格按照产权归属进行,不能打乱原集体所有的界限。〔责任单位:各市、县(区)党委和人民政府,平潭综合实验区党工委和管委会,省农业厅(省委农办)〕

(七)强化农村集体资产财务管理。各县(市、区)要加强农村集体资金资产资源监督管理,加强乡镇农村经营管理体系建设。县乡两级要建立完善农村集体资产监督管理平台,健全管理制度。稳定农村财会队伍,落实民主理财,规范财务公开,切实维护集体成员的监督管理权。加强农村集体经济组织审计监督,做好日常财务收支等定期审计,继续开展村干部任期和离任经济责任等专项审计,建立健全问题移交、定期通报和责任追究查处制度,防止侵占集体资产。对集体财务管理混乱的村,县级党委和政府要及时组织力量进行整顿,防止和纠正发生在群众身边的腐败行为。〔责任单位:各市、县(区)党委和人民政府,平潭综合实验区党工委和管委会,省委组织部,省农业厅(省委农办)、财政厅、监察厅、审计厅〕

三、确认农村集体经济组织成员身份

(八)科学制定成员身份确认办法。各县(市、区)要借鉴闽侯县、晋江市试点经验,依据有关法律法规,按照尊重历史、兼顾现实、程序规范、群众认可的原则,制定集体经济组织成员身份确认的指导意见,并督促各村(居)在群众民主协商基础上确认农村集体经济组织成员的具体程序、标准和管理办法。成员身份确认办法必须统筹考虑户籍关系、土地承包关系、对集体积累的贡献等因素,协调平衡各方利益,既要坚持民主协商、让多数人认可,又要防止多数人侵犯少数人权益,切实保护妇女合法权益。〔责任单位:各市、县(区)党委和人民政府,平潭综合实验区党工委和管委会,省农业厅(省委农办)、公安厅、民政厅,省妇联〕

(九)严格按照程序确认成员身份。集体经济组织成员身份确认情况应全程张榜公布。对身份确认有异议的,由集体经济组织成员大会或成员代表大会讨论决定,确保集体经济组织成员利益不受侵害。对经确认的集体经济组织成员,要建立登记备案制度,准确记录村集体经济组织成员的具体信息,并报乡(镇)政府(街道办事处)和县级农村经管部门备案。〔责任单位:各市、县(区)党委和人民政府,平潭综合实验区党工委和管委会,省农业厅(省委农办)〕

四、有序推进经营性资产股份合作制改革

(十)加强对经营性资产股份合作制改革的指导。在清产核资和成员确认的基础上,将农村集体经营性资产以股份或者份额的形式量化到本集体成员,作为其参加集体收益分配的基本依据。股权设置应以成员股为主,是否设置集体股由本集体经济组织成员民主讨论决定。集体股可用于处置遗留问题、补缴税费、社会保障支出和必要的公益性支出。农村集体经营性资产股份合作制改革,要体现成员集体所有和特有的社区性,原则上实行"量化到人、确权到户、户内共享"的模式。〔责任单位:各市、县(区)党委和人民政府,平潭综合实验区党工委和管委会,省农业厅(省委农办)〕

(十一)保障农民集体资产股份权利。建立集体资产股权登记制度,记载农村集体经济组织成员持有的集体资产股份信息,并出具股权证书。健全集体收益分配制度,明确公积金、公益金提取比例,把农民集体资产股份收益分配权落到实处。股权管理提倡实行不随人口增减变动而调整的方式,新增人口主要通过分享家庭内拥有的集体资产权益的办法,按章程获得集体资产份额和集体成员身份。探索农民对集体资产股份有偿退出的条件和程序,现阶段农民持有的集体资产股份有偿退出不得突破本集体经济组织的范围,可以在本集体内部转让或者由本集体赎回。〔责任单位:各市、县(区)党委和人民政府,平潭综合实验区党工委和管委会,省农业厅(省委农办)〕

五、发展壮大农村集体经济

(十二)发挥农村集体经济组织功能作用。农村集体经济组织是集体资产管理的主体,是特殊的经济组织,可以称为经济合作社,也可以称为股份经济合作社。现阶段可由县级以上政府主管部门按有关规定向农村集体经济组织发放组织登记证书,农村集体经济组织可据此向有关部门办理银行开户等相关手续。在基层党组织领导下,探索明晰农村集体经济组织与村民委员会的职能关系,有效承担集体经济经营管理事务和村民自治事务。有需要且条件许可的地方,可以实行村民委员会事务和集体经济事务分离。〔责任单位:各市、县(区)党委和人民政府,平潭综合实验区党工委和管委会,省委组织部,省农业厅(省委农办)、民政厅〕

(十三)维护集体经济组织合法权利。严格保护集体资产所有权,防止被虚置。承包农户转让、互换土地承包权应在本集体经济组织内进行且需经发包方同意;采取出租(转包)或其他方式流转土地经营权的,应报发包方书面备案。集体土地被征收的,集体经济组织有权就征地补偿安置方案等提出意见并依法获得补偿。在集体经营性建设用地入市和宅基地制度改革试点中,要正确处理国家、集体、农民三者利益分配关系,注重保护集体经济组织成员的利益,让农民享受更多的改革红利。对于经营性资产,要体现集体的维护、管理、运营权利;对于非经营性资产,不宜折股量化到户,要根据其不同投资来源和有关规定统一运行管护。〔责任单位:各市、县(区)党委和人民政府,平潭综合实验区党工委和管委会,省农业厅(省委农办)〕

(十四)多种形式发展集体经济。农村集体经济组织可以利用未承包到户的集体"四荒"地(荒山、荒沟、荒丘、荒滩)、果园、养殖水面等资源,集中开发或者通过公开招投标等方式发展现代农业项目;可以利用生态环境和人文历史等资源发展休闲农业和乡村旅游;可以在符合规划前提下,探索利用闲置的各类房产设施、集体建设用地等,以自主开发、合资合作等方式发展相应产业。支持农村集体经济组织为农户和各类农业经营主体提供产前产中产后农业生产性服务。鼓励整合利用集体积累资金、政府帮扶资金等,通过入股或者参股农业产业化龙头企业、村与村合作、村企联手共建、扶贫开发等多种形式发展集体经济。没有经营性资产或经营性资产有限的村镇,可以结合当地实际,开展资源变资产、资金变股金、农民变股东等改革,赋予农民更加充分的财产权,维护农民的收益权,增强集体经济发展活力和实力。〔责任单位:各市、县(区)党委和人民政府,平潭综合实验区党工委和管委会,省农业厅(省委农办)、林业厅、海洋渔业厅、财政厅、国土厅、旅发委〕

(十五)搭建农村产权流转交易平台。在坚持政府主导、公益方向前提下,建立符合农村实际需要的产权流转交易市场,开展农村承包土地经营权、集体林权、"四荒"地使用权、农业类知识产权、农村集体经营性资产出租等流转交易。县级以上地方政府要制定农村产权流转交易管理办法,建立健全规范的市场管理制度、产权交易规则和内部监督工作机制,扶持和引导农村产权流转交易市场健康发展。〔责任单位:各市、县(区)党委和人民政府,平潭综合实验区党工委和管委会,省农业厅(省委农办)、林业厅、海洋渔业厅、财政厅、国土厅、知识产权局,人行福州中心支行〕

六、切实加强组织领导

(十六)建立工作机制。农村集体产权制度改革实行省级全面负责、县级组织实施的领导体制和工作机制。各级党委书记特别是县乡党委书记要亲自挂帅,担负起领导责任。省级建立农村集体产权制度改革联席会议制度,由省委、省政府分管领导担任召集人,相关部门分管负责人担任成员,联席会议办公室的日常事务由省农业厅(省委农办)负责。各地要建立健全组织协调机制,层层分解任务,落实工作措施,提出具体要求,提供保障条件,确保事有人管、责有人负。要加强改革的统筹协调,着力落实改革重大事项,切实解决改革中遇到的矛盾问题。涉及重大政策调整的,及时请示汇报。要加强工作经费保障,改革所需工作经费列入各级财政预算。〔责任单位:各市、县(区)党委和人民政府,平潭综合实验区党工委和管委会,省直有关单位〕

(十七)精心组织实施。各地要加强领导,梳理细化各项改革任务,明确任务承担单位,制定配套的分工实施方案。有关部门要加强调查研究和工作指导,及时协调解决改革中遇到的困难和问题。各乡(镇)党委、政府要强化责任落实,指导各村(组)成立工作小组,制定改革实施方案,经村(组)成员大会或成员代表大会讨论通过后实施。农村基层党建、脱贫攻坚、选派党员干部驻村等工作要把农村集体产权制度改革作为重要内容统筹兼顾,合力推进。〔责任单位:各市、县(区)党委和人民政府,省委组织部、编办,省农业厅(省委农办)、财政厅〕

(十八)做好宣传培训。各地要广泛宣传发动,运用广播电视、新媒体、报纸、墙报、入户走访、召开政策宣讲会等多种形式,编写通俗易懂的宣传材料,解读好农村集体产权制度改革的文件精神,让基层干部群众全面了解改革精神和政策要求。各级党委、政府要按照分级负责、分级培训的原则,做好基层党政领导、农业部门领导和业务骨干培训工作,确保其准确领会中央政策精神,有效推进我省农村集体产权制度改革工作落到实处。〔责任单位:各市、县(区)党委和人民政府,省委组织部、宣传部,省农业厅(省委农办)〕

(十九)强化政策支持。统筹安排农村集体经济组织发展所需用地。进一步完善财政引导、多元化投入共同扶持集体经济发展机制,开展省级扶持村级集体经济发展试点。支持财政项目资金直接投向符合条件的农村集体经济组织,允许财政补助形成的资产转交集体经济组织持有和管护。对政府拨款、减免税费等形成的资产归农村集体经济组织所有,可以量化为集体成员持有的股份。逐步增加政府对农村的公共服务支出,减少农村集体经济组织的相应负担。按规定落实税费优惠政策,在农村集体产权制度改革中,免征因权利人名称变更登记、资产产权变更登记涉及的契税,免征签订产权转移书据涉及的印花税,免收确权变更中的土地、房屋等不动产登记费。落实对农村集体经济组织的融资、担保等政策,为发展壮大集体经济营造良好金融环境。〔责任单

位:省农业厅(省委农办)、财政厅、国土厅、林业厅、地税局,人行福州中心支行、福建银监局〕

(二十)加强督促检查。农村集体产权制度改革列入省委、省政府重点督查内容。各地要制定详细、符合实际的责任清单、定期通报、督导检查等具体措施,抓好各年度工作计划的推进落实,对工作进度缓慢、成果质量存在问题的地方,要重点督导,限期整改。要严肃查处和纠正弄虚作假、侵害集体经济组织及其成员权益等行为。要注重改革的系统性、协同性,与正在推进的有关改革做好衔接,提高改革的综合效应。认真做好农村产权纠纷调解仲裁和司法救济工作。〔责任单位:各市、县(区)党委和人民政府,省农业厅(省委农办)〕

厦门市关于加快推进农村集体资产改制发展 社区股份合作经济的指导意见

（厦府办〔2010〕107 号 2010 年 5 月 13 日）

为贯彻落实市委、市政府《关于加快推进统筹城乡发展综合配套改革的若干意见》（厦委发〔2010〕3 号），加快推进以"村改居"为重点的农村集体资产改制，发展新型社区股份合作经济，促进城乡经济社会统筹协调发展，特制定本意见。

一、指导思想和基本原则

（一）指导思想。按照市委、市政府关于统筹城乡发展、推进岛内外一体化的战略部署，以科学发展观为指导，以繁荣农村经济、增加农民收入为核心，以农村集体经济组织产权制度创新为主线，以股份合作为主要形式，建立产权清晰、运作规范、利益协调的社区股份合作经济发展模式。

（二）基本原则。一是因地制宜，一村一策。区、镇、村（居）根据各自情况，从实际出发，尊重群众首创精神，以解决实际问题为最高准则。二是实事求是，稳步推进。充分考虑区位有别、城市化进程各异、集体资产的演变历程和构成不同，试点先行、积累经验、循序渐进，确保社会稳定。三是民主决策，依法办事。严格遵守有关法律法规，坚持村民自治，强化村务公开，充分保障农民群众的知情权、决策权、参与权和监督权，改革实施方案须经集体组织三分之二以上成员通过。四是创新发展，鼓励先行。借鉴先行地区成功做法，探索资源变资产、资产变资金、资金变资本的工作机制，鼓励先行先试。对先行者优先落实优惠和扶持政策，支持发展股份合作项目，率先增收致富。

二、推进以"村改居"为重点的集体资产改制

（三）规范改制程序。一是成立区、镇（街）领导小组和办事机构，研究制订集体资产改制具体政策规定和实施方案，明确改制目标任务、内容和具体要求。二是拟实施改制的"村改居"社区制订改革实施方案，提出改制申请，报镇（街）和区农业（农村）主管部门批准。三是按照规定程序进行清产核资、产权界定、股权设置、成员身份界定及股份量化,并产生成员代表。四是召开首次成员大会,审议通过社区股份合作组织《章程》,选举产生理事会和监事会。五是办理登记。社区股份合作组织应将本组织名称、法定代表人、《章程》、股份合作制改革方案、清产核资及股份量化结果等情况上报镇政府(街道办)确认,凭镇政府(街道办)出具的相关证明材料,依法向区工商行政管理部门申请办理法人登记。工商部门参照农民专业合作社登记管理的有关规定办理注册登记,核发法人营业执照。社区股份合作组织名称统一表述为"××区××镇(街)××社区股份经济合作社",其经营范围参照企业经营范围登记相关规定予以登记。

(四)加快清产核资。由镇(街)统一委托具有执业资格的社会中介机构实施,按有关文件规定对属于村(居)、组两级集体所有的经营性资产、非经营性资产和土地等资源性资产进行全面清查,并按不同核算单位分别登记造册。各区各有关部门应制订清产核资和确权发证具体实施意见。

(五)合理设置股权。原则上只设置个人股,不设置集体股。个别确实需要设置集体股的,须控制在总股本的30%以内。股权量化到人后,原则上不再随人口的增减而变动。股权可依法继承,也可在内部流转,但不得退股提现。

(六)稳妥界定成员资格。各改制社区根据具体实际确定成员资格界定日,并按照"依据法律、尊重历史、公平合理"的原则稳妥界定成员资格。认定成员资格和股份量化时,要充分考虑户籍不在社区的现役义务兵及在读大中专学生、户籍在本社区的农嫁女、计生优待对象等各种对象的利益,具体实施方案由镇(街)指导制定,并经社区成员会议民主讨论决定。成员资格初步认定后,要进行张榜公布,报镇(街)核准确定,社区居民有异议的,要重新审核、确定并张榜公布。

(七)规范社区股份合作组织运作。农村社区股份合作组织要按照现代企业制度要求,制订章程、制度,设置管理机构,建立产权清晰、权责明确、政企分开、管理科学的运作机制。社区股份合作组织资产应与社区居委会资产相剥离,独立核算。各级农村经济管理部门要加强对农村社区股份合作组织集体资产管理的监督和指导,开展日常财务审计监督,并对社区股份合作组织经营管理者实施离任审计。

三、支持发展社区股份合作经济

(八)支持鼓励农民在自愿基础上以资金、集体资产折价入股等多种形式,发展农村集体股份合作经济组织,按照"产权明晰、管理规范、自负盈亏"的现代企业制度要求,以市场化运作方式参与发展股份合作经济项目,争取每个被征地村和海域整治村都有一个股份合作经济组织和股份合作经济项目。

(九)对农村预留发展用地以及通过整治整理出来的旧宅基地、空闲地等集体建设用地,在符合规划且不改变土地所有权的前提下,允许采取折价入股、有偿使用、合资合作等多种方式,以社区股份合作经济组织名义因地制宜建设除商品住宅之外的商贸服务设施,为新城区、开发区提供现代物业配套。

(十)股份合作经济项目实行普惠制,所在村(居)民享受平等的参与权和收益权,鼓励他们在自愿基础上以征地补偿款、自有资金和集体资产折价入股等形式投资参股,参与岛内外一体化和社会主义新农村建设,逐步实现"资源资产化、资产资本化、资本股份化"。

(十一)对被征地村和海域整治村发展农民集资入股的股份合作经济项目,市、区、镇(街)根据项目规模、村(居)民参股等情况给予一定的财政补助。

(十二)对被征地村和海域整治村发展农民集资入股的股份合作经济项目自产生收益起五年内,根据其地方级收入情况由同级财政视情予以奖励。

(十三)股份合作经济项目经营和管理实行业主负责制,支持、鼓励物业配套项目通过招标形式聘请有资质的物业公司开展规范化管理和服务。

(十四)各区、镇(街)和开发区要加强统筹协调,按照市场需求科学规划,合理安排项目建设地点、建设内容、建设规模和建设时序,积极帮助做好项目招商招租工作。各开发区外来员工食宿等第三产业配套优先保障股份合作经济项目。

(十五)各区、镇(街)和开发区要加大投资力度,完善股份合作经济项目周边的水、电、路等公共设施配套,减轻公共设施的建设负担,减少投资成本,缩短资本回收期。

(十六)农业(农村)主管部门负责指导建立和完善公开透明的股权管理运作机制和财务公开制度,国土房产部门负责相关用地手续和产权办理,区、镇(街)对困难家庭要采取贴息贷款等必要的扶持措施,引导、支持金融部门开展信贷融资服务,确保每个村(居)民都平等享有投资和收益的权利。

四、加强领导,落实责任

(十七)农村集体资产改制、发展社区股份合作经济牵涉多个层面的利益,各级各有关部门要高度重视,按照"市指导、区负责、镇(街)主体、村(居)实施"

的工作机制,加强组织领导,落实工作措施,积极稳妥,加快推进改革进程。

(十八)各区要成立区分管领导为组长的农村社区股份合作经济改革工作领导小组,设立专门工作班子,研究制定具体的政策措施和实施方案,确保"村改居"社区在五年过渡期内完成改革工作。各镇(街)要成立相应的领导小组及工作班子,抓好改革试点。各试点村(居)要不等不靠、率先行动,全力以赴扎实推进。

(十九)坚持试点先行、稳步推进。各区要按照"一年试点,两年推行,三年全面推进,五年完成"的要求,以"村改居"为重点,选择一批基础条件好、基层组织战斗力强、群众积极性较高的村(居)为试点,通过试点摸索、积累经验,充分发挥以点带面示范作用,确保改革工作稳妥推进。

(二十)加大对农村集体资产改制、发展社区股份合作经济的宣传力度,充分利用报刊、电台、电视台、网络等媒体,大力宣传重大意义、目标任务、政策措施、工作成效和典型经验,凝聚共识、形成合力,形成各级各部门和全社会合力推进农村社区股份合作经济改革的良好氛围。

中共福州市委　福州市人民政府关于稳步推进农村集体产权制度改革的实施意见

榕委发〔2018〕8 号

各县(市)区委、政府,市直各部、委、办、局(公司),各人民团体,各高等学校,自贸区福州片区管委会:

《关于稳步推进农村集体产权制度改革的实施意见》已经市委、市政府研究同意,现印发给你们,请结合实际认真贯彻执行。

中共福州市委

福州市人民政府

2018 年 2 月 7 日

为全面贯彻落实《中共中央 国务院关于稳步推进农村集体产权制度改革的意见》和《中共福建省委 福建省人民政府印发关于稳步推进农村集体产权制度改革的实施意见的通知》精神,现就稳步推进我市农村集体产权制度改革提出如下实施意见。

一、总体要求

(一)指导思想。全面贯彻党的十九大精神,深入贯彻习近平新时代中国特色社会主义思想,大力传承弘扬"马上就办、真抓实干"等优良作风,紧紧围绕统筹推进"五位一体"总体布局和协调推进"四个全面"战略布局,进一步提振精气神,立足福州发展实际,以明晰农村集体产权归属、维护农村集体经济组织成员权利为目的,以推进集体经营性资产改革为重点任务,以发展股份合作等多种形式的合作与联合为导向,坚持农村土地集体所有,坚持家庭承包经营基础性地位,探索集体经济新的实现形式和运行机制,不断解放和发展农村社会生产力,促进农业发展、农民富裕、农村繁荣,为推进城乡协调发展、巩固党在农村的执政基础提供重要支撑,为"建设新福州,当好排头兵"提供坚实保障。

(二)基本原则

——把握正确改革方向。坚持社会主义市场经济改革方向,充分发挥市场在资源配置中的决定性作用和更好发挥政府作用,明确农村集体经济组织市场主体地位,完善农民对集体资产股份权能,把实现好、维护好、发展好广大农民的根本利益作为改革的出发点和落脚点,促进集体经济发展和农民持续增收。

——坚守法律政策底线。坚持农民集体所有不动摇,不能把集体经济改弱了、改小了、改垮了,防止集体资产流失。坚持农民权利不受损,不能把农民的财产权利改虚了、改少了、改没了,防止内部少数人控制和外部资本侵占,切实保障农民财产权利。坚持严格依法办事,妥善处理各种利益关系。

——尊重农民群众意愿。坚持发挥农民主体作用,支持农民创新创造,把选择权交给农民,确保农民知情权、参与权、表达权、监督权,坚持把公平、公正、公开贯穿于改革的全过程,通过民主协商解决改革中的矛盾问题,真正让农民成为改革的参与者和受益者。

——因地制宜有序推进。坚持从实际出发,根据集体资产的不同类型和不同地区条件确定改革任务,分类实施、稳步推进,实行"一村一策",不搞齐步走、不搞一刀切。坚持试点先行,确定改革的突破口和优先序,既鼓励大胆创新,又注重防范和化解风险,着力在关键环节和重点领域取得突破,做到稳慎有序,确保农村社会稳定。

——始终坚持党的领导。坚持农村基层党组织的领导核心地位不动摇,注重调动广大干部群众的积极性、主动性、创造性,围绕巩固党在农村的执政基础来谋划和实施农村集体产权制度改革,确保集体经济组织依法依规运行,逐步实现共同富裕。

(三)改革目标和进度安排。通过完成农村集体资产清产核资、科学确认农村集体经济组织成员身份、推进经营性资产股份合作制改革、发展壮大农村集体经济,逐步构建归属清晰、权能完整、流转顺畅、保护严格的农村集体产权制度,保护和发展农民作为农村集体经济组织成员的合法权益。按照试点先行、有序推进的要求,重点推进福清、晋安、仓山、长乐等4个省级农村集体产权制度改革试点。在总结闽侯县权能改革试点经验的基础上,由点及面推进,2017年开始在全市范围内部署开展集体资产清产核资;2018年全市基本完成清产核资,其中4个省级试点县还要先行完成农村集体经济组织成员身份确认,并着手开展有经营性资产股份合作制改革,其他县(市)区可以选取部分乡(镇)、村作为本县(市)区农村集体产权制度改革的试点,同步开展;2019 年,全市基本完成集体经济组织成员身份确认,4 个省级试点县有经营性资产的村镇先行完成股份合作制改革;2020 年全市有经营性资产的村镇基本完成股份合作制改革。

二、全面开展清产核资

(四)明确清产核资范围。农村集体资产包括农民集体所有的土地、森林、山岭、荒地、滩涂(海域滩涂除外)等资源性资产,用于经营的房屋、建筑物、机器设备、工具器具、农业基础设施、集体投资兴办的企业及其所持有的其他经济组织的资产份额、无形资产等经营性资产,用于公共服务的教育、科技、文化、卫生、体育等方面的非经营性资产。〔责任单位:各县(市)区党委、政府,市农业局(市委农办)〕

(五)有序开展清产核资。各县(市)区要成立清产核资工作指导小组,负责指导协调本辖区内的清产核资工作。各乡(镇)人民政府(街道办事处)要组成由乡村干部、财务人员、村民代表以及农业、林业、水利、海洋渔业、国土等方面专业技术人员参加的清产核资工作组,对集体所有的全部账内账外资产进行全面清理核实,重点清查核实未承包到户的资源性资产和集体统一经营的经营性资产以及现金、债权债务等,查实存量、价值和使用情况,并按经营性资产、资源性资产和非经营性资产分类登记造册,做到账证相符和账实相符。清产核资结果要向全体村民公示,并经村民大会或村民代表大会等民主决策程序确认。清产核资结束后,要建立健全集体资产登记、保管、使用、处置等制度,实行台账管理。〔责任单位:各县(市)区党委、政府,市农业局(市委农办)、财政局、国土局、林业局、海洋与渔业局〕

(六)明确集体资产所有权。在清产核资基础上,把农村集体资产的所有权确权到不同层级的农村集体经济组织成员集体,并依法由农村集体经济组织代表集体行使所有权。属于村农民集体所有的,由村集体经济组织代表集体行使所有权,未成立集体经济组织的由村民委员会代表集体行使所有权;分别属于村内两个以上农民集体所有的,由村内各该集体经济组织代表集体行使所有权,未成立集体经济组织的由村民小组代表集体行使所有权;属于乡镇农民集体所有的,由乡镇集体经济组织代表集体行使所有权。集体资产所有权确权要严格按照产权归属进行,不能打乱原集体所有的界限。〔责任单位:

各县(市)区党委、政府,市农业局(市委农办)、国土局〕

(七)强化农村集体资产财务管理。各县(市)区要加强农村集体资金资产资源监督管理,加强乡镇农村经营管理体系建设。县乡两级要建立完善农村集体资产监督管理平台,健全管理制度。稳定农村财会队伍,落实民主理财,规范财务公开,切实维护集体成员的监督管理权。加强农村集体经济组织审计监督,做好日常财务收支等定期审计,继续开展村干部任期和离任经济责任等专项审计,建立健全问题移交、定期通报和责任追究查处制度,防止侵占集体资产。对集体财务管理混乱的村,县级党委和政府要及时组织力量进行整顿,防止和纠正发生在群众身边的不正之风和腐败行为。〔责任单位:各县(市)区党委、政府,市委组织部,市农业局(市委农办)、财政局、监察局、审计局〕

三、确认农村集体经济组织成员身份

(八)科学制定成员身份确认办法。各县(市)区要借鉴闽侯县农村集体资产股份权能改革试点经验,依据有关法律法规,按照尊重历史、兼顾现实、程序规范、群众认可的原则,制定集体经济组织成员身份确认的指导意见,并督促各村(居)在群众民主协商基础上确认农村集体经济组织成员的具体程序、标准和管理办法。成员身份确认办法必须统筹考虑户籍关系、土地承包关系、对集体积累的贡献等因素,协调平衡各方利益,既要坚持民主协商、让多数人认可,又要防止多数人侵犯少数人权益,切实保护妇女合法权益。〔责任单位:各县(市)区党委、政府,市农业局(市委农办)、公安局、民政局,市妇联〕

(九)严格按照程序确认成员身份。集体经济组织成员身份确认情况应全程张榜公布。对身份确认有异议的,由集体经济组织通过村民大会或村民代表大会等民主决策程序讨论决定,确保集体经济组织成员利益不受侵害。对经确认的集体经济组织成员,要建立登记备案制度,准确记录村集体经济组织成员的具体信息,并报乡(镇)政府(街道办事处)和县级农村经管部门备案。〔责任单位:各县(市)区党委、政府,市农业局(市委农办)〕

四、有序推进经营性资产股份合作制改革

(十)加强对经营性资产股份合作制改革的指导。在清产核资和成员确认的基础上,将农村集体经营性资产以股份或者份额的形式量化到本集体成员,作为其参加集体收益分配的基本依据。股权设置以成员股为主,是否设置集体股以及集体股所占比例由本集体经济组织成员民主讨论决定。原则上集体股所占比例不大于30%。集体股可用于处置遗留问题、补缴税费、社会保障支出和必要的公益性支出。农村集体经营性资产股份合作制改革,要体现成员集体所有和特有的社区性,股权的变动只能在农村集体经济组织内部进行。〔责任单位:各县(市)区党委、政府,市农业局(市委农办)〕

(十一)保障农民集体资产股份权利。建立集体资产股权登记制度,记载农村集体经济组织成员持有的集体资产股份信息,并出具股权证书。健全集体收益分配制度,明确公积金、公益金提取比例,把农民集体资产股份收益分配权落到实处。股权管理提倡实行不随人口增减变动而调整的方式,原则上实行"量化到人、确权到户、户内共享"的管理模式。新增人口主要通过分享家庭内拥有的集体资产权益的办法,按章程获得集体资产份额和集体成员身份。探索农民对集体资产股份有偿退出的条件和程序,现阶段农民持有的集体资产股份有偿退出不得突破本集体经济组织的范围,可以在本集体内部转让或者由本集体赎回。指导农村集体经济组织制定成员持有集体资产股份继承的办法。〔责任单位:各县(市)区党委、政府,市农业局(市委农办)〕

五、发展壮大农村集体经济

(十二)发挥农村集体经济组织功能作用。农村集体经济组织是集体资产管理的主体,是特殊的经济组织,可以称为经济合作社,也可以称为股份经济合作社。现阶段可由县级以上政府主管部门按有关规定向农村集体经济组织发放组织登记证书,农村集体经济组织可据此向有关部门办理银行开户等相关手续。在基层党组织领导下,探索明晰农村集体经济组织与村民委员会的职能关系,有效承担集体经济经营管理事务和村民自治事务。有需要且条件许可的地方,可以实行村民委员会事务和集体经济事务分离。〔责任单位:各县(市)区党委、政府,市委组织部,市农业局(市委农办)、民政局〕

(十三)维护集体经济组织合法权利。严格保护集体资产所有权,防止被虚置。承包农户转让、互换土地承包权应在本集体经济组织内进行且需发包方同意;采取出租(转包)或其他方式流转土地经营权的,须报发包方书面备案。集体土地被征收的,集体经济组织有权就征地补偿安置方案等提出意见并依法获得补偿。在集体经营性建设用地入市和宅基地制度改革试点中,要正确处理国家、集体、农民三者利益分配关系,注重保护集体经济成员的利益,让农民享受更多的改革红利。对于经营性资产,要体现集体的维护、管理、运营权利;对于非经营性资产,不宜折股量化到户,要根据其不同投资来源和有

关规定统一运行管护。〔责任单位:各县(市)区党委、政府,市农业局(市委农办)、国土局〕

(十四)多种形式发展集体经济。农村集体经济组织可以利用未承包到户的集体"四荒"地(荒山、荒沟、荒丘、荒滩)、果园、养殖水面等资源,集中开发或者通过公开招投标等方式发展现代农业项目;可以利用生态环境和人文历史等资源发展休闲农业和乡村旅游;可以在符合规划前提下,探索利用闲置的各类房产设施、集体建设用地等,以自主开发、合资合作等方式发展相应产业。支持农村集体经济组织为农户和各类农业经营主体提供产前产中产后农业生产性服务。鼓励整合利用集体积累资金、政府帮扶资金等,通过入股或者参股农业产业化龙头企业、村与村合作、村企联手共建、扶贫开发等多种形式发展集体经济。没有经营性资产或经营性资产有限的村,可以结合当地实际,开展资源变资产、资产变股份、农民变股东等改革,赋予农民更加充分的财产权,维护农民的收益权,增强集体经济发展活力和实力。〔责任单位:各县(市)区党委、政府,市农业局(市委农办)、林业局、海洋与渔业局、财政局、国土局、旅发委〕

(十五)搭建农村产权流转交易平台。在坚持政府主导、公益方向前提下,建立符合农村实际需要的产权流转交易市场,开展农村承包土地经营权、集体林权、"四荒"地使用权、农业类知识产权、农村集体经营性资产出租等流转交易。县级以上地方政府要制定农村产权流转交易管理办法,建立健全规范的市场管理制度、产权交易规则和内部监督工作机制,扶持和引导农村产权流转交易市场健康发展。〔责任单位:各县(市)区党委、政府,市农业局(市委农办)、林业局、海洋与渔业局、财政局、国土局、知识产权局,市金融办〕

六、切实加强组织领导

(十六)建立工作机制。农村集体产权制度改革实行省级全面负责、市级组织、县级具体实施的领导体制和工作机制。各级党委书记特别是县乡党委书记要亲自挂帅,担负起领导责任。市级建立农村集体产权制度改革联席会议制度,由市委、市政府分管领导担任召集人,相关部门分管负责人担任成员,联席会议办公室的日常事务由市农业局(市委农办)负责。各县(市)区要成立相应的工作领导机构,并组建办公室,负责日常工作。健全组织协调机制,层层分解任务,落实工作措施,提出具体要求,提供保障条件,确保事有人管、责有人负。要加强改革的统筹协调,着力落实改革重大事项,切实解决改革中遇到的矛盾问题。涉及重大政策调整的,及时请示汇报。要加强工作经费保障,改革所需工作经费列入各级财政预算。〔责任单位:各县(市)区党委、政府,市直有关单位〕

(十七)精心组织实施。各级要加强领导,梳理细化各项改革任务,明确任务承担单位,制定配套的分工实施方案。有关部门要加强调查研究和工作指导,及时协调解决改革中遇到的困难和问题。各乡(镇)党委、政府要强化责任落实,指导各村(组)成立工作小组,制定改革实施方案,经村民大会或村民代表大会等民主决策程序讨论通过后实施。农村基层党建、脱贫攻坚、选派党员干部驻村等工作要把农村集体产权制度改革作为重要内容统筹兼顾,合力推进。〔责任单位:各县(市)区党委、政府,市委组织部、编办,市农业局(市委农办)、财政局〕

(十八)做好宣传培训。各县(市)区要广泛宣传发动,运用广播电视、报纸、墙报、入户走访、召开政策宣讲会等多种形式,编写通俗易懂的宣传材料,解读好农村集体产权制度改革的文件精神,让基层干部群众全面了解改革精神和政策要求。各级党委、政府要按照分级负责、分级培训的原则,做好基层党政领导、农业部门领导和业务骨干培训工作,确保准确领会中央、省委政策精神,有效推进我市农村集体产权制度改革工作落到实处。〔责任单位:各县(市)区党委、政府,市委组织部、宣传部,市农业局(市委农办)〕

(十九)强化政策支持。统筹安排农村集体经济组织发展所需用地。进一步完善财政引导、多元化投入共同扶持集体经济发展机制。积极扶持薄弱村村级集体经济的发展。支持财政项目资金直接投向符合条件的农村集体经济组织,允许财政补助形成的资产转交集体经济组织持有和管护。对政府拨款、减免税费等形成的资产归农村集体经济组织所有,可以量化为集体成员持有的股份。逐步增加政府对农村的公共服务支出,减少农村集体经济组织的相应负担。按规定落实税费优惠政策,在农村集体产权制度改革中,免征因权利人名称变更登记、资产产权变更登记涉及的契税,免征签订产权转移书据涉及的印花税,免收确权变更中的土地、房屋等不动产登记费。分步落实对农村集体经济组织的融资、担保等政策,为发展壮大集体经济营造良好金融环境。〔责任单位:市农业局(市委农办)、财政局、国土局、林业局、地税局,市金融办〕

(二十)加强督促检查。农村集体产权制度改革列入市委、市政府重点督查内容。各县(市)区要制定详细、符合实际的责任清单、月通报、督导检查等具体措施,抓好各年度工作计划的推进落实,对工作进度缓慢、成果质量存在问题的地方,要重点督导,限期整改。要严肃查处和纠正弄虚作假、侵害集体经济组织及其成员权益等行为。要注重改革的系统性、协同性,与正在推进的有关改革做好衔接,提高改革的综合效应。认真做好农村产权纠纷调解仲裁和司法救济工作。〔责任单位:各县(市)区党委、政府,市农业局(市委农办)〕。

福州市仓山区人民政府关于印发《福州市仓山区农村集体经济组织成员身份界定指导意见》的通知

各镇人民政府,各街道办事处,区直各部、委、办、局(公司),各人民团体,福州新区仓山功能区管委会,金山工业园区管委会,红星农场:

《福州市仓山区农村集体经济组织成员身份界定指导意见》已经区委区政府研究同意,现印发给你们,请结合实际认真组织实施。

福州市仓山区人民政府

2018 年 6 月 27 日

福州市仓山区农村集体经济组织成员身份界定指导意见

为贯彻落实中共中央、国务院《关于稳步推进农村集体产权制度改革的意见》(中发〔2016〕37 号)和《中共福建省委 福建省人民政府印发〈关于稳步推进农村集体产权制度改革的实施意见〉的通知》(闽委发〔2017〕24 号)文件精神,进一步加强指导我区农村集体经济组织成员身份界定工作,结合本区实际情况,制定本指导意见。

一、本次开展农村集体经济组织成员身份界定工作范围限定在我区村民委员会、村民小组建制的农村集体经济组织。本指导意见所称"农村集体经济组织"指村民委员会、村民小组建制的农村集体经济组织(以下简称"村集体经济组织")。

二、为统一时点界限,便于全区范围内开展村集体经济组织成员身份界定工作,各村集体经济组织应通过民主决策程序确定成员身份界定基准日,成员身份界定基准日最后时限不迟于 2018 年 6 月 30 日 24 时。改革后的股权实行不随人员增减变动调整的静态管理方式,基准日之后的新增人员可通过分享家庭内部拥有的集体资产权益,按章程规定获得集体资产份额和集体成员身份。

三、村集体经济组织成员身份界定应坚持尊重历史、兼顾现实、程序规范、群众认可的原则,同时应坚持合法性、唯一性、因村制宜原则。

四、村集体经济组织是上世纪人民公社的生产大队及生产队演化而来的区域性的公有制经济组织,开展村集体经济组织成员身份界定的标准、条件,要尊重人民公社时期形成的认定社员资格的规则,以是否以本村集体经济组织资产为基本生活保障、是否与本村集体经济组织形成较为固定的生产生活关系为主要标准和条件,以是否依法登记为本村集体经济组织所在地常住户口为综合考虑因素,兼顾是否有丧失原有农村集体经济组织成员资格的情形。注意防止一些人受利益驱动非正常迁移或不迁移户口,造成富裕的村集体经济组织人口畸形膨胀,影响真正应当享受该村集体经济组织利益的成员的合法权益。

五、村集体经济组织成员资格的取得有以下几种情形:

(一)原始取得。通过人口的自然繁衍,祖祖辈辈生活在本村集体经济组织所在地,父母双方或一方具有本村集体经济组织成员资格,其生育的子女于基准日前户口登记在本村,取得本村集体经济组织成员资格。

(二)合法婚姻关系取得。与本村男性村民依法结婚的女性配偶,以及与本村女性村民依法结婚且符合本指导意见认定条件的男性配偶,基准日前户口已迁入本村,在本村集体经济组织生产、生活,取得本村集体经济组织成员资格。

(三)收养关系取得。本村集体经济组织成员家庭经合法程序收养的子女,基准日前户口登记在本村,取得本村集体经济组织成员资格。

(四)协商方式取得。基准日之前,经本村集体经济组织民主决策程序同意履行了加入手续的来自其他村集体经济组织的人员。

六、村集体经济组织成员资格的丧失有以下几种情形:

(一)基准日前死亡(包括自然死亡和宣告死亡)的人员,其村集体经济组织成员资格自死亡时起丧失。

(二)取得其他村集体经济组织成员资格的人员,其原村集体经济组织成员资格自取得其他村集体经济组织成员资格时起丧失。

(三)纳入(国家)全民保障体系的机关(含参公单位)、事业单位、国有企业、国有控股企业等正式在编的人员,自正式成为机关(含参公单位)、事业单位、国有企业、国有控股企业等正式在编人员之日起其原有的村集体经济组织成员资格丧失。

（四）以书面形式向村集体经济组织申请自愿放弃本村集体经济组织成员资格的，自放弃申请公告之日起丧失本村集体经济组织成员资格。

七、有下列情形之一且基准日时户籍在本村的人员，可以确认为本村集体经济组织成员：

（一）本村集体经济组织女性成员出嫁到城镇，但仍在本村集体经济组织生产、生活，且享有本村集体土地家庭承包经营权的。

（二）本村女性村民嫁到外村或本村男性村民结婚后到女方住所落户，基准日时户籍在本村，仍在本村实际生产、生活，与本村建立生活保障依存关系，未享有其他村集体经济组织集体资产利用权及利益分配权等权益的。

（三）本村集体经济组织女性成员嫁到外村或本村集体经济组织男性成员结婚后到女方住所落户，后离婚或丧偶，基准日时本人及其子女的户籍已迁回本村，与本村集体经济组织形成较为固定的生产生活关系，且未享有其他村集体经济组织集体资产利用权及利益分配权等权益的。

（四）本村集体经济组织成员家庭为有女无儿、儿子没有赡养能力或女儿尽主要赡养义务的，与该家庭女儿结婚且到女方住所落户的男性配偶及其子女，与本村集体经济组织形成较为固定的生产生活关系，且未享有其他集体经济组织集体资产利用权及利益分配权等权益的。

（五）与本村集体经济组织成员结婚的来自外村的女性配偶或符合本指导意见认定条件的来自外村的男性配偶，在离婚、丧偶后仍在本村集体经济组织生产、生活，未享有其他村集体经济组织集体资产利用权及利益分配权等权益的。

（六）与本村集体经济组织成员结婚的来自外村的再婚嫁入女或符合本指导意见认定条件的来自外村的再婚男性配偶，未享有其他集体经济组织集体资产利用权及利益分配权等权益的。

（七）原本村村民已成为机关（含参公单位）、事业单位、国有企业、国有控股企业正式在编人员，其配偶及子女与本村集体经济组织形成较为固定的生产生活关系的。

八、有下列情形之一且基准日时户籍不在本村的人员，可以确认为本村集体经济组织成员：

（一）外村的女性村民与本村集体经济组织男性成员在基准日前依法结婚登记，以及双方生育的子女已经在本村生产、生活，并依赖本村集体资产作为基本生活保障的，认定有本村集体经济组织成员资格，但已享有其他集体经济组织集体资产利用权及利益分配权等权益的除外。

（二）1994年2月1日以前，已与本村集体经济组织男性成员形成事实婚姻关系的来自外村的女性配偶及双方生育的子女，户口无法落户本村，但一直在本村生产、生活，未取得其他集体经济组织集体资产利用权及利益分配权等权益的。

（三）与本村集体经济组织男性成员结婚的来自外村的女性配偶及双方生育的子女，因男性成员房屋拆迁、项目建设户籍冻结、正在服兵役等客观原因，户口无法落户本村，但一直在本村生产、生活，未取得其他集体经济组织集体资产利用权及利益分配权等权益的。

（四）本村集体经济组织成员因房屋拆迁后购买商品房或被安置落户到本村集体经济组织以外的。

（五）本村集体经济组织成员参军入伍，在基准日前户口迁往部队的现役义务兵和初级士官，或该类人员在基准日时已退出现役，但户口尚未迁回本村，在自主就业时未成为机关（含参公单位）、事业单位、国有企业、国有控股企业正式在编人员的。

（六）本村集体经济组织成员被判刑，在基准日前已注销户口的尚在服刑的人员。

（七）本村集体经济组织成员因犯罪入狱刑满释放后回原籍地实际生产、生活，其户口因特殊客观原因无法回迁本村，且没有其他社会保障来源的。

（八）本村集体经济组织成员家庭的子女，因就读大中专院校将户口从本村迁出的尚在校的。

九、有下列情形之一的人员，虽然基准日时户籍在本村，但不予确认为本村集体经济组织成员：

（一）已经成为机关（含参公单位）、事业单位、国有企业、国有控股企业正式在编人员、离（退）休人员。

（二）20世纪80、90年代，原本村村民因国家征用村集体土地而享受当时土地征用招工安置政策的。

（三）20世纪80、90年代，原本村村民的子女在其父或母退休（退职）后顶替补员的。

（四）服兵役人员在服役期间提干，转业或退役时根据有关政策法规安置录用为机关(含参公单位)、事业单位、国有企业、国有控股企业正式在编人员的。

(五)根据有关政策规定,由县(区)级以上人民政府的组织、人事、劳动部门统一分配安置就业的大中专毕业生。

(六)自户口迁入时起,未与本村集体经济组织形成较为固定的生产生活关系的,以及没有与本村集体经济组织其他成员形成较为固定并且具有延续性联系(即寄居户、空挂户)的人员。

(七)本村集体经济组织女性成员出嫁到外村或男性成员结婚后到女方住所生产生活,已享有其他村集体经济组织集体资产利用权及利益分配权等权益,在基准日之前将本人及配偶、子女的户口迁回本村的,其本人及配偶、子女不予认定。

(八)与本村集体经济组织成员结婚的来自外村的配偶或其随迁子女,在其他村集体经济组织享有集体资产利用权及利益分配权等权益的。

(九)离婚、丧偶的媳妇与外村村民再婚后,已取得其他村集体经济组织集体资产利用权及收益分配权的,其本人、再婚配偶以及与再婚配偶所生子女均不予认定成员身份。

(十)基准日前,原本村村民移居海外(包括港澳台地区),并取得所移居国家的国籍或港澳台等地区的永久居留权,但未注销户口的。

十、各村集体经济组织可以通过民主决策程序表决适用本指导意见开展村集体经济组织成员身份界定工作;亦可根据本指导意见,结合各村实际情况,在不违反国家现行法律、法规前提下,通过民主决策程序制定各村集体经济组织成员资格的认定标准和条件。

本指导意见未列明的类型,可由各村结合各自实际情况,以民主决策程序制定认定标准和条件或直接表决确认集体经济组织成员身份。

在本指导意见施行前已经民主决策程序制定成员资格认定方案的村,可在尊重历史、兼顾现实、合法合规的基础上,界定本村集体经济组织成员身份资格。

十一、本指导意见所称民主决策程序是指召开村民会议、户代表会议或户代表授权的村民代表会议(含户代表会议授权和百分之八十及以上的户代表书面委托授权)方式进行表决。会议参加人数、通过人数的要求按照《中华人民共和国村民委员会组织法》的规定执行。

十二、各村应当设立村产权制度改革工作小组,负责本村集体经济组织成员分类登记、资料搜集、调查初审、异议复查、统计汇总等具体认定工作。村民应配合提供相关证明材料,若提供虚假材料或采取欺骗手段获得村集体经济组织成员资格的,或者在取得本村集体经济组织成员资格后又取得其他村集体经济组织成员资格的,一经发现,本村集体经济组织有权取消其成员资格。

各村集体经济组织成员身份界定标准和条件经民主决策程序表决通过后,村产权制度改革工作小组应当按照该界定标准和条件逐一核实认定、分类登记,对初审无异议的人员进行第一榜公示。公示期限为7个自然日。

村民对第一榜公示名单有异议的,村民可以在公示期内向村产权制度改革工作小组申请复核,并附相应的证据,由村产权制度改革工作小组复查评议;村民对自己未在第一榜公示名单有异议的,可以在公示期内向村产权制度改革工作小组申请复核,并附相应的证据,由村产权制度改革工作小组复查评议。对查实可予认定为村集体经济组织成员的人员进行第二榜公示。公示期限为7个自然日。

对第二榜公示名单仍有异议的,村民可以在第二榜公示期内向村产权制度改革工作小组申请提交本村经户代表授权的村民代表会议进行审议,经村民代表会议组成人员三分之二以上同意后通过。

对经户代表授权的村民代表会议审议确认后的名单进行第三榜公示。第三榜公示的人员名单为本村集体经济组织成员的最终结果。

各村集体经济组织应将最终确定的成员名单登记造册并报所在的镇(街道)和本区农业行政主管部门备案。

十三、各村界定村集体经济组织成员身份,不溯及既往,不得以本次确认为村集体经济组织成员身份主张往年集体资产的分配事宜。

外嫁女及其子女或已成为机关(含参公单位)、事业单位、国有企业、国有控股企业正式在编人员的配偶及其子女等人员被确认为村集体经济组织成员的,其权益份额大小和具体行使的方式,由各村集体经济组织根据相关法律规定并结合各村实际情况确定。

十四、本指导意见由仓山区农村集体产权制度改革工作领导小组办公室负责解释。

十五、本指导意见自公布之日起施行。本指导意见实施后,国家、福建省、福州市就有关村集体经济组织成员资格认定出台相应的规范性文件的,本指导意见与之相冲突的部分,从其规定。

附录三　城中村集体经济股份合作组织章程

M 股份经济合作社章程

第一章　总则

第一条　为确保"村改居"后原村级集体经济的正常运行,进一步深化农村经济体制改革,加快推进农村城市化进程,维护股份经济合作社及其成员的合法权益,依据国家有关法律、法规和市、区文件精神,制定本章程。

第二条　本股份经济合作社,是在坚持社会主义集体所有制的前提下,将原村所有的集体资产量化到人后,新组建的社区性合作经济组织。股份经济合作社集体所有的财产、土地等属本社全体股东共同所有。

第三条　股份经济合作社,受街道党委、政府指导和监督,并在国家法律、法规、政策规定的范围内,按照本章程规定,实行自主经营、独立核算、自负盈亏、民主管理。努力把股份经济合作社办成产权明晰、职责明确、利益共享、风险共担、管理规范的集体经济组织。

第二章　资产折股

第四条　用以折股量化的资产应是集体经营性净资产。非经营性资产暂不列入折股量化范围。

第五条　用以折股量化的集体经营性净资产,分别采取以下办法进行折股:

1.生产性固定资产(包括在建工程),按原值扣除折旧后其净值折入股份;

2.长期投资通过清理后,按实折入股份;

3.流动资产按其有效额减去实际负债后,其差额折入股份;

4.其他资产(主要是自征土地),按实际投资额折入股份。

第六条　(财务数据)

第三章　股份量化

第七条　改制基准日期的界定

本次改制的依照期以 1981 年 1 月 1 日(第一轮土地承包责任制落实的当年)起至 2003 年 6 月 13 日(撤销村委会设立社区居委会的时间)止和 2003 年 6 月 14 日至方案通过日止两个阶段。以此为依照期界定村集体经济组织成员资格。

第八条　参与分配对象及分配份额

股份分配份额设置全额股为 1.5 股。1981 年 1 月 1 日到 2003 年 6 月 13 日户口在本村的原农业户口,包括在此期间服义务兵役及因上学户口迁出本村的(以下简称"原村民"),每人 1.5 股。

与以下条款相关的,按以下条款执行。

1.1981 年 1 月 1 日至方案通过日,原村民娶入的配偶及其子女,户口从未迁入的,每人 0.5 股;2003 年 6 月 14 日至方案通过日期间本村的原村民娶入的配偶及子女,户口在册的,每人 1 股。

2.1981 年 1 月 1 日到 2003 年 6 月 13 日期间已出嫁的本村女子(无论户口是否在册,包括"农转非"之前配偶户口未迁入本村的),每人 0.5 股。

3.本村原村民纯女户,可有一女招婿入户,其女婿在 1981 年 1 月 1 日至 2003 年 6 月 13 日前户口迁入本村,其本人及其在这个时间内所生子女,每人 1.5 股。2003 年 6 月 14 日至方案通过日前户口迁入的及出生的子女,每人 1 股。户口未迁入的参照条款 1 执行。

4.出嫁外村或外地的本村女子,在农转非前因离婚或丧偶户口迁回本村且是农业户口的,及经法院判决后归其抚养的子女,每人 0.5 股,违反计划生育政策规定的除外。农转非前嫁入本村的女子所携带的(是农业户口的非本村出生但户口随母迁入)子女,每人 0.5 股。

5.1981 年 1 月 1 日至方案通过日前,本村原村民的独生子女户,每户奖励 0.75 股份份额,若该户夫妻双方因婚姻变故又再生育的,其奖励股份即时起取消。

6.属于计划生育政策外生育及非法抱养的本村原村民子女,每人 0.5 股。其父母及子女在处罚期内(父母 7 年,子女 14 年)股权保留,但不享受分红,待处罚期满后恢复分红。

7.按计划生育管理规定,一次不参加"查环查孕"的取消夫妻双方一季度分红份额,两次不参加"查环查孕"的取消当年夫妻双方分红。独生子女户如发生以上情况,除按上述处罚外,并取消奖励股份的当年分红。

8.本方案表决通过之日后,按方案获得股份股权的股东,若有违反计划生育政策生育的,取消夫妻双方股份分红,如是独生子女户违反计划生育政策的,其奖励股份即时起取消。

9.1981 年 1 月 1 日后原农业户口分到责任田的由于补员招工等原因迁出就业现又下岗且户口已经迁回本村的,每人 1 股。

10.1981 年 1 月 1 日后失踪五年以上的人员保留股权,但不参与分红,待回来后再恢复股权、参与分红。

11.1981 年 1 月 1 日后死亡人口采取一次性补偿的办法,具体数额另行规定。

第九条　不参与分配对象

1.1981 年 1 月 1 日后寄户或挂靠人员和农转非前的非农户口。

2.有正式编制的行政机关、事业单位在职工作人员,以及区级以上(含区级)的行政机关、大集体企事业离退休人员。

3.1981 年 1 月 1 日前户口已迁出本村后又迁回的非农户口及其子女。

4.农转非后嫁入本村的女子所携带的(非在本村出生)子女。

5.本村的外嫁女子的子女。

第十条　以上条款规定范围外的个别情况,由改制领导小组审议后作出处理决定。

第四章　股权管理

第十条　股份量化到人后,股份经济合作社应向股东出具统一印制的集体资产记名股权证书,作为持股和领取股份收益分配的凭证。股权证书不能抵押,不能作其他证书使用,遗失须及时报失,并申请补办手续。

第十一条 股权可以继承,股份的继承按《继承法》相关规定执行;允许股权在股份经济合作社股东之间内部转让,股权的转让必须经过董事会的审核批准,股权不得退股提现。股权继承或转让后,应及时申请办理变更登记手续,只有将继承人或受让人的姓名、住所和身份证号码等记载于股份经济合作社的股东名册上才能发生效力。

第十二条 股权的继承是从股东死亡时开始。股权的继承,为被继承人的配偶、子女、父母。

第十三条 股权的转让是在被转让人和转让人之间双方自愿并经董事会审核同意的基础上进行的,转让时双方必须签订规范的书面合同或书面协议并必须在公证部门办理公证手续。

第十四条 股权在每届股份经济合作社任职期间不随人口增减而变动,换届之后是否重新调整股权,由股东大会表决通过。

第五章 股东的权利与义务

第十五条 凡持有本股份经济合作社股权,并取得本股份经济合作社核发的股权证书,承认本章程,履行股东义务的,为股份经济合作社股东。

第十六条 股东享有以下权利:

1.凡年满 18 周岁,持有股份经济合作社股权证书的股东有选举权,持股在 1.5 股以上的股东有被选举权;

2.有按股分配的权利,但对集体财产没有直接的处置权;

3.有向本股份经济合作社提出改进经营管理方法和监督经营管理活动、财务收支的权利;

4.股东有根据股份份额参与股份合作社项目投资的权利。

第十七条 股东应尽以下义务:

1.自觉遵守国家的法律、法规和党的各项方针、政策,做到依法行事;

2.必须遵守本股份经济合作社章程和各项制度,执行股东代表大会和董事会的各项决议;

3.承担股份经济合作社的经营风险。

第十八条 股份量化中对独生子女户所奖励的股份只作为分红奖励的依

据,该股份不承担风险,也无参与投资的权利。

第六章　财务管理

第十九条　股份经济合作社,按照财政部、农业部关于《村合作经济组织财务管理制度》及《村合作经济组织会计制度》规定,做好财务管理和会计核算工作。

第二十条　股份经济合作社以制定《财务管理制度》来规范本社资产经营和财务运行行为。

第二十一条　股份经济合作社应正确处理积累与消费、集体与个人的关系,严格控制非生产性开支。

第二十二条　股份经济合作社应实行民主管理。财务收支等经济活动必须按季上墙公布,接受群众监督。

第七章　收益分配

第二十三条　收益分配

1.股份经济合作社的当年收益分配,从当年合作社净收益(扣除村民实际投资收益后的净收益)中提取 30％的公益金(社会事务费),委托社区居委会代为管理社区公共事务。为保证社区居委会公共管理职能的顺利履行,当所提取的公益金低于 60 万元时,按 60 万计提。提取公益金后的净收益,再按照股东所持份额大小进行分配。每年分配一次,分配方案由董事会提出,报街道党委、政府审核同意后,由股东(代表)大会讨论通过后执行。

2.股东收益分配必须遵守以下原则:

(1)收益分配时要与股东的权利和义务结合起来;

(2)必须坚持同股同利的原则,但刑释解教人员在服刑、劳教期间,不享受股利分配,其股利充入股份经济合作社盈余公积;

(3)收益分配要兼顾原经济合作社福利水平,根据当年实际收益情况,按分配额的一定比例进行分配。

第八章　组织机构

第二十四条　股东(代表)大会

1.股东(代表)大会,是股份经济合作社的最高权力机构,一般每年召开一次,在特殊情况下,由三分之二以上的股东代表提议可以临时召开。股东代表由有选举权的股东选举产生,代表人数一般不少于有选举权人数总额的5%,股东代表每届任期3年,可连选连任。

2.为保证股份经济合作社和社区管理工作的延续性,第一届股东代表由现有享有全额股份的居民代表和原社区两委成员直接过渡,以后各届股东代表按规定由股东大会选举产生。

3.股东(代表)大会由董事会召集,董事长主持;

4.股东代表大会实行一人一票制,须有三分之二以上股东代表到会,会议决议经到会股东代表三分之二以上通过生效;

5.股东代表大会的职权:

(1)审议通过股份经济合作社的重大投资决策、经营方针、年度计划及执行情况;

(2)选举和更换董事;

(3)选举和更换由股东代表出任的监事;

(4)审议批准董事会和监事会或监事的报告;

(5)审议批准本股份经济合作社的收益分配方案和弥补亏损方案;

(6)修改本股份经济合作社章程;

(7)讨论和通过股份经济合作社的其他重大事项。

第二十五条　董事会

1.股份经济合作社的董事会由股东代表大会选举产生,是本股份经济合作社的常务决策机构和管理机构,股份经济合作社实行股东代表大会领导下的董事长负责制,董事长是股份经济合作社的法定代表人。董事会由5人组成,下设董事长和1名副董事长。董事长和副董事长由董事会推选产生,任期三年,可连选连任。

2.为保证股份经济合作社和社区管理工作的延续性,第一届董事会由现社区总支委员会成员直接过渡,董事长由原社区总支委员会书记兼任,以后各届董事会按规定由股东代表大会选举产生。

3.董事会的职权

(1)负责召开股东大会,并向股东大会报告工作;

(2)决定本股份经济合作社的经济发展规划、投资方案、财务收支计划和分配计划等;

（3）制订本股份经济合作社的收益分配方案和弥补亏损方案；

（4）董事会定期召开会议，董事会议应有二分之一以上董事出席，作出决议时，应经全体董事的过半数通过。

4.董事长的职权

（1）负责召集股东代表大会和董事会会议；

（2）负责董事会决议的实施；

（3）负责处理本股份经济合作社的日常经营管理活动。

第二十六条　监事会

1.监事会是股份经济合作社的监督机构，对股东（代表）大会负责。监事不得兼任董事。监事由股东代表大会选举产生，监事会由 3 人组成，下设主席和监事。监事会主席由监事会推选产生，任期三年，可连选连任。

2.为保证股份经济合作社和社区管理工作的延续性，第一届监事会由现有居民委员会成员直接过渡，监事长由现居民委员会主任兼任，以后各届监事会按规定由股东代表大会选举产生。

3.监事会的职权

（1）检查股份经济合作社的财务；

（2）对董事执行股份经济合作社职务时违反法律、法规或本股份经济合作社章程的行为进行监督；

（3）当董事的行为损害股份经济合作社利益时，要求董事予以纠正；

（4）监事可以列席董事会会议。

第九章　附　则

第二十七条　本章程于　　通过，开始施行。

第二十八条　本章程的解释权为本股份经济合作社董事会。本章程如有修改，须经股东代表大会讨论通过。

Y 股份制经济合作社章程

第一章 总 则

第一条 为规范股份经济合作社的组织及运作,保障本社及全体股东的合法权益,根据有关法律、法规和政策,结合本社实际,制定本章程。

第二条 本社名称:Y 股份经济合作社。本社住所: 。

第三条 本社是以资产为纽带,以股东为成员的股份合作制经济组织,代表全体股东行使集体资产经营管理权。

第四条 本社执行国家的法律、法规和政策,实行独立核算、自主经营、自负盈亏、民主管理。

第五条 依法属于本社集体所有经营性资产、非经营性资产,是本社全体股东所有的集体资产。

第六条 本社的基本职能是资产经营、资产管理、资产积累和收益分配等,实现保值增值、壮大集体经济、维护股东权益。

第七条 本章程对本社及其股东、股东大会、股东代表会议、董事会、监事会均具有约束力。

第八条 本社接受区行政主管部门和街道的指导和监督。

第二章 股 东

第九条 持有本社股权,并取得本社核发的股权证书的股权人为股份经济合作社股东。

第十条 本社股东享有下列权利:

1.本社年满 18 周岁并具有完全民事行为能力的股东享有选举权、被选举权和表决权;

2.对本社资产状况、资产运行、资产处置、收益分配方案的知情权;

3.由本社提供的生产、生活服务和劳保福利的权利;

4.对本社工作的质询权、批评权、建议权和监督权；

5.按照股份取得分红的权利；

6.本社清盘解散后,有依法取得本社剩余资产的权利；

7.享有本社提供的其他权利；

8.股权继承者,除不享有上述第 1 项权利外,享有以上其他权利。

第十一条　本社股东应履行下列义务：

1.自觉遵守有关法律、法规和党的各项方针政策,依法行事；

2.遵守本社章程；

3.执行股东大会、股东代表会议和董事会的各项决议；

4.关心本社的资产经营管理活动,维护本社合法权益；

5.根据所持股份额依法承担相应的经营风险；

6.履行股东应尽的其他义务。

第三章　股份量化与管理

第十二条　本社对经营性资产进行折股量化。非经营性资产暂不列入折股量化范围。

第十三条　本社总股数为 825 股,现有股东 1 人 1 股。不设集体股。

第十四条　经清产核资,本社集体资产账面原值 元,净资产 元,其中经营性资产为 元。用于本社股份量化的资产 元,按 825 股计算每股股值为 元。

第十五条　集体资产量化到个人后,本社向股东核发记名《股权证》,股权证是对股东股权的确认,股东必须认真保管,股东变更、股权证书遗失、股权证所载股份发生变动的,都要及时申请补办或变更。

第十六条　本社办理股权继承过户手续时,必须凭股东本人的书面遗嘱、公正部门的公证文书及《股权证》、继承人的合法有效身份,没有书面遗嘱时,股权按《继承法》继承顺序由其亲属继承。其权利、义务参照本章程第十条、第十一条规定。

第十七条　股份量化到人后,不得退股提现、抵押。股份可以在本社成员之间整股转让。股份转让必须经本社登记更名备案方可生效。每个本社成员受让他人股份最多不超过个人原始股 3 倍。股份转让后,股东的权利及退休待遇自行消失。股份受让方其选举权及退休待遇不叠加。

第十八条　股份实行静态管理,生不增死不减。

第四章 组织机构

第十八条 本社设立股东大会、股东代表会议、董事会和监事会等治理机构,完善治理机制,保障股东权益。

第十九条 股东大会是本社的最高权力机构,由年满 18 周岁且具有完全民事行为能力的全体个人原始股股东组成。凡涉及股东切身利益的重大事项,由董事会提出方案,提交股东大会讨论决定。股东大会实行"一人一票制"的表决方式。

召开股东大会应当由选举权的过半数股东参加,所做决定须经有选举权股东过半数通过方能生效。有十分之一以上有选举权的股东提议,应当召集股东大会。

第二十条 股东大会的主要职权是:

(一)制定和修改章程;

(二)选举、补选和罢免董事会成员和监事会成员;

(三)听取并审议董事会、监事会的工作报告、财务收支计划和执行情况报告;

(四)审议决定本社发展规划、资产经营和集体资产经营管理方案;

(五)讨论决定董事会、监事会成员报酬方式和标准;

(六)讨论决定财务管理制度、财务预算、收益分配方案;

(七)撤销或者改变股东代表会议、董事会不适当的决定;

(八)讨论决定其他重大事项。

第二十一条 股东代表会议是本社的议事和决策机构,股东大会可授权股东代表会议讨论决定属于股东大会讨论决定的事项,但选举、补选和罢免董事会成员的事项除外。

第二十二条 股东代表由本社具有选举权的全体股东依民主程序或者直接选举的方式产生,人数 37 人。股东代表每届任期 3 年,可连选连任。

为保证股份经济合作社工作的延续性,第一届股东代表由原经济合作社社员代表直接过渡,以后各届股东代表按规定由股东大会选举产生。

第二十三条 股东代表会议至少每季度召开一次,特殊情况或者有三分之一以上有选举权的股东代表提议,应当召开股东代表会议。

股东代表会议实行"一人一票制"的表决方式。召开股东代表会议,应当有过半数股东代表参加,所做出的决定应经与会股东代表的过半数通过方能生效。

第二十四条　董事会是本社的执行机构和经营管理机构,对股东大会及股东代表会议负责。

第二十五条　董事会由股东大会选举产生,董事会共 3 人,设董事长 1人。董事会每届任期 3 年,董事会成员可连选连任。董事长为本社法定代表人。

为保证股份经济合作社工作的延续性,第一届董事会由原经济合作社社管会直接过渡,原主任为首届董事长,以后各届董事会由股东大会选举产生。

第二十六条　本社五分之一以上有选举权的股东对董事会成员的工作不满意的,可以提出罢免要求。董事会成员的罢免须经本社全体有选举权的股东过半数通过。

第二十七条　董事会的主要职权是:

(一)召集股东大会和股东代表会议,并报告工作;

(二)执行股东大会和股东代表会议的决定、决议;

(三)拟订并实施本社发展规划、经营计划和管理方案;

(四)对重大投资项目进行可行性论证,提出投资决策方案;

(五)拟定财务管理制度、财务预算、收益分配方案;

(六)提出董事会、监事会成员的报酬方案;

(七)负责日常社务工作,制定内部管理制度。

(八)换届选举前,董事会应当将本社财务审计结果向股东公布。

第二十八条　董事长的主要职权是:

(一)主持股东大会和股东代表会议;

(二)主持召开董事会会议;

(三)负责董事会决议的实施。

第二十八条　董事会议实行"一人一票制",董事会议形成的决议须经全体董事过半数通过。

第三十条　监事会是本社的监督机构,对股东大会及股东代表会议负责。监事会由 3 人组成,由股东大会或股东代表会议选举产生。监事会设监事主任一名,由监事会成员推选产生,监事会每届任期 3 年,成员可连选连任。第一届监事会由原经济合作社监事会直接过渡,以后各届按规定选举。

第三十一条　董事会成员及其配偶和直系亲属、本社财会人员不得担任监事会成员。

第三十二条　本社五分之一以上有选举权的股东对监事会成员的工作不满意的,可以提出更换要求。监事会成员的更换须经本社有选举权的股东过半数或者有选举权的股东代表过半数通过。补选监事会成员按原选举方式进行。

第三十三条　监事会向股东大会或股东代表会议报告工作,其主要职权是:

(一)监督本社章程的执行情况;

(二)监督股东大会和股东代表会议决议的执行情况;

(三)检查、监督社务公开及财务收支情况;

(四)协助开展集体财务审计;

(五)监督董事会对股东提出的意见和建议的落实情况。

第三十四条　监事会议应有 2/3 以上的监事参加方可举行。监事会议每年至少召开 2 次,经 1/3 以上监事提议可以召开监事会议。

监事会议由监事主任召集,监事主任因特殊原因不能履行职务时,由监事主任指定的其他监事代为召集和主持。

监事会决定事项实行"一人一票制",由全体监事过半数通过。每年至少一次向股东大会或者股东代表会议报告工作。

第五章　资产管理与经营

第三十五条　本社应以效益为中心,以资产的保值、增值为目标,加强对本社集体资金、集体资产的经营管理。

第三十六条　本社借鉴现代企业制度的要求,加强管理,建立完善经营机制。

第三十七条　董事会应积极开展资产租赁,争取其他经营性项目,提交项目可行性方案报股东代表会议审议。

第三十八条　在资产租赁等重要经营活动时,董事会应提交竞标等方案,报股东代表会议审议。租赁后董事会还应监督承租方等生产经营活动。

第三十八条　要加强集体资金管理,不得私分。

第三十九条　建立集体资产登记制度,每年开展一次资产清查核实,登记造册,并向街道备案。

第六章　财务管理与收益分配

第四十条　本社要按照《福建省村集体财务管理条例》的规定,切实加强财务管理和会计核算。

第四十二条　本社实行计划理财,严格执行股东大会或股东代表会议决定的财务会计制度和董事会年初财务计划。

第四十三条　本社实行民主理财,财务收支情况按季度向股东公开。财务预决算和重大开支项目,须经股东大会或股东代表会议审查通过,并接受业务指导机构的审计。

第四十五条　本社坚持勤俭办社、民主办社方针,杜绝铺张浪费,严格控制非生产开支。

第四十六条　本社应正确处理国家、集体、个人之间的关系,实行同股同利,搞好收益分配。

第四十七条　在当年净收益中提取 30％的公积公益金,然后按照股东持有的股份比例进行分配。

第四十八条　原股东男 60 周岁,女 55 周岁,享有退休金待遇。原股东亡故及股份继承人不享受退休金待遇。

第四十九条　收益分配方案由董事会提出,由股东代表会议讨论通过,并报街道审核备案后执行。

第七章　附　则

第四十八条　本章程经第一届股东大会审议通过,自　年　月　日起生效,并送区、街道备案。

第五十一条　本章程由董事会负责解释。

后　记

　　诚如奥斯特罗姆所言：知识的自然增长是从实证观察到理论建构多次反复的持续进程，本书的完成正是这一持续进程中的阶段成果。这本书是在我的博士论文的基础上增删修改而成的，也是我多年来跟踪研究城中村集体产权制度改革的一个小结。它记录了我的行走、观察、对话与思考，但它不仅仅是我一个人的成果，还凝聚着我所在研究团队的积累与贡献，以及师友们的指教与关爱。

　　我所在的研究团队——福建农林大学软科学研究所，在郑庆昌教授的带领下自 2000 年年初就开始了对农村集体产权制度改革与基层治理机制改革的持续研究，调查足迹遍布福建、广东、浙江、北京等省市，主持完成了国家重大、省级重大重点项目等多项相关课题，所里的老师和同学也完成了包括硕博士论文在内的一系列研究成果。在和研究团队一起开展田野调查、课题研究和学术研讨的过程中，我走进许多村社、接触到不同身份角色的人，听到各种各样的故事，对城中村这个地方、集体产权制度改革这件事越来越熟悉和清晰，就将其作为自己的研究主题并持续至今，在研究过程中获得了国家社科基金一般项目、福建省社科基金项目等支持。

　　回首既往，2000 年和 2006 年研究团队接受了厦门市湖里区马垅社区的委托，为马垅社区集体资产股份合作制改革提供改革方案和辅导咨询服务；2013 年开始为福州市仓山区城中村集体产权制度改革提供咨询服务以及试点村改革方案设计。研究团队进入城中村改革的田野，驻村调研，参与改革的动员、讨论、制度设计和实施等全过程，与村民、村社干部、镇街区市省各级政府相关官员打交道，与村民、干部、官员们一起到省内外改革先进地区参访调研、共同讨论改革的方向、面对棘手的矛盾、摸索前行的路径，经历过方案最终通过的喜悦、受挫的沮丧，还有处理复杂村社关系的烦恼。这个过程让我们体验到鲜活的经验、获取了翔实的数据和真实的案例。

我们服务过的村社都和我们建立起了很好的关系,常邀请我们回去村社看看,有了新进展、出现了新问题都来和我们讨论。每年假期,我们也会带着学生来到村社调研。在此,衷心感谢福州燎原经合社林美珍主任、林雪水委员、厦门马垅社区陈宏舟书记等各村社干部和村民们,感谢福建省农业厅、福州市城中村改制办、仓山区委区政府、仓山区农林水局等相关部门和各镇街、村(社)为调研提供的大力支持,没有他们的帮助,调研乃至写作不可能顺利完成。

书稿的写作,是需要征服的又一个艰苦而难忘的历程,从找到主题、回顾文献、提出问题、对话理论、分析资料、形成观点……整个过程不断的讨论、对话、否定、修改,期间百感交集,时常彷徨焦虑,也收获了关怀与喜悦。落其实者思其树,饮其流者怀其源,文其成时念吾师。首先要衷心感谢我的导师郑传芳教授,感谢老师对我的论文所付出的智慧和心血,感谢老师对我的爱护和宽容,老师严谨的治学态度、广阔的学术视野、谦和质朴的品格,令我感怀与敬佩,督促我不断前行。感谢郑庆昌教授、刘伟平教授、张春霞教授、黄和亮教授、徐学荣教授、王文烂教授、王林萍教授、阮晓菁研究员,以及钱鼎炜博士、邓衡山博士等各位老师,在学习和写作中给予的指导。感谢温铁军教授、黄祖辉教授、钱文荣教授、朱朝枝教授、管曦副教授等各位老师在开题与成稿过程给予的建议。

衷心感谢农业农村部发展规划司潘扬彬校友、刘小峰博士、邵昱晔博士以及研究所张丽萍、林火水、谢丹、张协嵩、郭海婷等各位同事同学,和我一起调研、共同讨论,在本书的思路设计和内容修改上提供了莫大的启迪与帮助。感谢王喆、翁赛玉、陈山、苏萍萍、章静芳、赖敬予、黄显均、谢莉莉、朱婷婷等同学,辛苦参与问卷调查、协助整理数据资料。本书的出版得到了福建农林大学科技创新专项基金、福建省"双一流"建设公共管理高原学科建设项目的资助,在此一并表示感谢。

黄静晗

2020 年 9 月 9 日